U0624748

Report on Non-Government Education
Development in Shandong

山东省民办教育发展报告

2011—2016

◎王 坦 夏季亭 主编

中国海洋大学出版社

·青岛·

图书在版编目（CIP）数据

山东省民办教育发展报告：2011—2016 / 王坦，夏季亭主编．—青岛：中国海洋大学出版社，2018.3

ISBN 978-7-5670-1744-3

Ⅰ．①山… Ⅱ．①王… ②夏… Ⅲ．①社会办学－研究报告－山东－2011—2016 Ⅳ．①G522.74

中国版本图书馆 CIP 数据核字（2018）第 058346 号

出版发行	中国海洋大学出版社			
社　　址	青岛市香港东路 23 号		邮政编码	266071
出 版 人	杨立敏			
网　　址	http://www.ouc-press.com			
电子信箱	appletjp@163.com			
订购电话	0532－82032573（传真）			
责任编辑	滕俊平　董超		电　　话	0532－85902342
装帧设计	青岛汇英栋梁文化传媒有限公司			
印　　制	日照日报印务中心			
版　　次	2018 年 4 月第 1 版			
印　　次	2018 年 4 月第 1 次印刷			
成品尺寸	170 mm × 240 mm			
印　　张	18.5			
字　　数	390 千			
印　　数	1～2000			
定　　价	56.00 元			

如有印刷质量问题，请与印刷厂联系，电话 0633－2298958。

编 委 会

主　　任　　王　坦　夏季亭

副 主 任　　梅亚宁　帅相志　赵远征

委　　员　　张继梁　石　猛　肖俊茹　王　蕾

主　　编　　王　坦　夏季亭

副 主 编　　梅亚宁　帅相志

编　　者　　王　坦　夏季亭　梅亚宁　帅相志

　　　　　　石　猛　肖俊茹　王　蕾　蔡　云

　　　　　　左媛媛　郭云卿　侯文雪　杨　炜

　　　　　　刘　蕾　周国庆

Preface 序言

《国家中长期教育改革和发展规划纲要(2010—2020)》明确指出，"民办教育是我国教育事业的重要组成部分"，"是教育事业的重要增长点，是促进教育改革的重要力量"。同时指出，"各级政府要把发展民办教育作为重要工作职责"，"支持民办学校创新体制机制和育人模式，提高质量，办出特色，办好一批高水平民办学校"，并从加大公共财政扶持、明确地方政府责任、保障民办学校及其教师和学生权益、加强对民办学校的管理和监督等各方面规定了支持和促进民办高校发展的举措。中共十八届三中全会审议通过了《中共中央关于全面深化改革若干重大问题的决定》，强调公有制经济和非公有制经济都是社会主义市场经济的重要组成部分，都是我国经济社会发展的重要基础，必须毫不动摇地鼓励、支持、引导非公有制经济发展，激发非公有制经济活力和创造力。这不仅明确了新时期民办教育在实现教育现代化、教育强国、促进经济社会发展中的战略地位和重要作用，也奠定了民办教育事业发展的方向和基调，为民办教育事业拓宽了发展空间。

"十二五"以来，民办教育获得快速发展。截至2016年底，全国共有各级各类民办学校17.1万所，在校学生4825.47万人，分别占全国各级各类学校总数和在校生总数的22%、15%。民办教育的发展，弥补了公办教育资源的不足，增加了教育资源的有效供给，创新了教育的体制机制，为满足人民群众多样化的教育需求和经济社会发展需要做出了积极贡献。我国著名高等教育专家潘懋元先生指出，民办教育的这一作用既有宪法依据，又有统计证明，已经成为社会的共识。仅在缓解公共财政压力方面，"十二五"期间，按照各级各类学校的生均经费标准折算，举办和发展民办教育，每年约为国家节省公共财政2500亿元。同时，各级各类民办学校的建立，也拉动了地方经济发展，创造了就业岗位，2016年全国民办学校教职工人数达到423.4万人。

作为民办教育的发祥地、全国的教育和生源大省，改革开放以来，山东省民办教育迅速崛起，逐步形成了从学前教育到高等教育、从学历教育到非学历教育，层次类型多样化的发展格局。国家和山东省的教育规划纲要颁布以来，民办教育在规范发展的基础上进一步壮大，呈现出办学主体多元化、办学形式多样化、运营管理日趋规范化、办学特色逐渐鲜明等特点。截至2016年底，山东省共有民办幼儿园7873所、民办小学266所、民办普通初中306所、民办普通高中145所、民办中等职业学校111所、民办普通高等学校39所，分别占山东省同类学校总数的41.76%、2.65%、10.47%、25%、25.93%、27.08%。各级民办学校的数量规模均超过了全国同级民办学校的平均规模。在内涵建设和质量提升方面，相继涌现出了国家级精品课程、国家级教学名师、国家级教学团队、山东省民办本科高等教育特色名校立项建设单位、山东省政府学位委员会硕士学位授予立项培育建设单位等一批显著成果。山东省民办教育逐渐成为全省教育事业的一张名片，在解决公共财政办学压力、满足人民多元化差异化教育需求、助力全省教育领域综合改革等方面做出了重要贡献。

政府的支持与重视是民办学校快速发展的重要保证。"十二五"期间，山东省紧跟社会发展需求，把握政策发展脉搏，立足当下，着眼未来，紧贴形势，从政策制定、规范管理、财政扶持等方面，统筹规划民办教育事业，陆续出台了一系列政策，如《山东省非营利性民办职业院校认定管理办法（试行）》（鲁教职发〔2013〕8号）、《山东省民办普通中小学校（幼儿园）分类认定办法（试行）》（鲁教职发〔2015〕1号）、《关于对民办教育 文化 卫生 体育 养老新上项目实行贷款贴息的通知》（鲁财办发〔2015〕17号）、《关于开展非营利性民办学校教师养老保险与公办学校教师同等待遇试点工作的指导意见》（鲁政办发〔2015〕57号）等，规范民办学校办学行为，拓宽民办教育资助方式，探索民办教师福利待遇保障等。同时，不断完善体制机制和扶持制度，在财政支持民办教育发展方面迈出较大步伐，促进各个阶段民办教育健康发展。在学前教育阶段，大力扶持普惠性民办幼儿园发展。自2011年起，山东省财政结合中央补助政策，设立"民办幼儿园发展奖补资金"，截至2016年，累计拨款

7.6亿元,鼓励引导各地多渠道、多形式扩大学前教育资源。在义务教育阶段,自2016年春季学期起,山东省调整完善城乡义务教育经费保障政策,将民办义务教育学校纳入公用经费补助范围,对民办学校按照普通小学每生每年710元、初中每生每年910元的标准补助公用经费。在高等教育阶段,大力支持民办本科高校优势特色专业建设,对优质民办高校给予财政补贴。2014—2016年,山东省财政累计安排1.18亿元,实施"民办本科高校优势特色专业支持计划",支持全省民办本科高校60个优势特色专业建设。2016年,山东省财政安排民办高校奖励资金5400万元,对山东英才学院、山东协和学院等15所办学成效显著、为社会培养高素质人才数量较多的民办高校给予奖励。在民办学校学生资助、师资培训方面,山东省各级财政部门坚持公办、民办一视同仁的原则,将学生资助政策覆盖到全部民办学校,并按与公办学校一致的办法,核定下达民办学校学生资助资金,组织开展大量师资培训,让民办学校教师和公办学校教师接受同样高质量的培训。此外,山东省创新财政投入方式,自2015年开始,对符合条件的民办学校新上项目给予贷款贴息。2015年和2016年累计下达贴息资金4600余万元,吸引社会资本扩大优质教育资源供给。这一系列政策的"破冰"和"试水",为民办教育事业筑造了越来越好的政策氛围和发展环境。

诚然,山东省民办教育发展势头良好,但也同样面临着诸多困难和问题,主要包括:资金来源渠道比较单一,师资队伍流动性较大,内部治理体系不健全,民办非企业法人属性定位缺少民法支持,政府对民办教育的服务支撑体系尚待完善,等等。

"十三五"时期是山东省全面建成小康社会的决胜阶段,也是完成国家、山东省中长期教育规划纲要目标的攻坚时期,教育改革发展面临新的形势和任务。如何深入学习习近平总书记新时代中国特色社会主义思想,全面贯彻党的教育方针,坚持教育为人民服务、为中国共产党治国理政服务、为巩固和发展中国特色社会主义制度服务、为改革开放和社会主义现代化建设服务,继续深化改革,提高教育教学质量,成为包括民办教育在内的各级各类教育的奋斗目标。当前,新修改的《中华人民共和国民办教育促进法》已经施行,这是我国民办教育改革的重大转折点。由此,各级各类民办学校站在了历史性选择的"十字路口",如何继续为民办教育事业发展提供良好的秩序保障,推动各级各类民办学校在改革潮流中依据各自所长，借助政策红利获得持久、健康发展，成为摆在政府面前的重要课题。

　　在此背景下，受山东省教育厅委托，山东英才学院组织编制了《山东省民办教育发展报告(2011—2016)》。这是我省首例民办教育发展专题报告，报告力求系统梳理"十二五"期间以及"十三五"开局之年山东省民办教育发展的整体进程、基本态势和主要成绩，总结民办教育前期发展经验，分析尚存在的问题，提出有针对性的改进路径和建议，以期为政府和教育行政部门的科学决策提供较详实的数据资料，为全省民办学校把握新时代、抓住新机遇、做出新贡献提供信息参考和服务，为山东省各级各类民办学校持续健康发展带来一定的启示和参考作用。

2018 年元旦

Contents 目 录

第一部分

民办教育政策

教育部关于鼓励和引导民间资金进入教育领域促进民办教育健康发展的实施意见

教发〔2012〕10号

各省、自治区、直辖市教育厅（教委），各计划单列市教育局，新疆生产建设兵团教育局，有关部门（单位）教育司（局），部属各高等学校：

为贯彻落实《国务院关于鼓励和引导民间投资健康发展的若干意见》（国发〔2010〕13号）、《国家中长期教育改革和发展规划纲要（2010—2020年）》，鼓励和引导民间资金发展教育和社会培训事业，促进民办教育健康发展，提出以下意见。

一、充分发挥民间资金推动教育事业发展的作用

（一）民办教育是社会主义教育事业的重要组成部分，是教育事业发展的重要增长点和促进教育改革的重要力量。要充分发挥民间资金的作用，把鼓励和引导民间资金进入教育领域、促进民办教育发展作为各级政府的重要职责。

（二）健全以政府投入为主，多渠道筹措经费的教育投入体制。加大政府教育投入的同时，采取积极有效措施，鼓励和引导民间资金进入教育领域，形成以政府办学为主体、全社会积极参与、公办教育与民办教育共同发展的格局。

（三）完善民办教育相关政策和制度，调动全社会参与教育的积极性，进一步激发民办教育体制机制上的优势和活力，满足人民群众多层次、多样化的教育需求，探索完善民办学校分类管理的制度、机制。

二、拓宽民间资金参与教育事业发展的渠道

（四）鼓励和引导民间资金以多种方式进入教育领域。社会力量按照国家有关规定，以独立举办、合作举办等多种形式兴办民办学校（含其他教育机构，以下同），拓宽民间资金进入教育领域、参与教育事业改革和发展的渠道。

（五）鼓励和引导民间资金进入学前教育和学历教育领域。积极扶持民办幼儿园特别是面向大众、收费较低的普惠性幼儿园，引导民办中小学校办出特色，鼓励发展民办职业教育，积极支持有特色、高水平、高质量民办高校发展。

（六）鼓励和引导民间资金参与培训和继续教育。以社会需求为导向，积极

鼓励民间资金参与在职人员职业培训、农村劳动力转移培训、转岗培训等各类非学历教育与教育培训,推进终身学习体系和学习型社会建设。完善政府统筹协调和监管机制,培育、规范非学历教育和教育培训发展环境,建立健全培训服务质量保障体系。

(七)允许境内外资金依法开展中外合作办学。外商投资公司在我国境内开展教育活动须符合《外商投资产业指导目录(2011年修订)》的规定。允许外资通过中外合作办学的境外一方依照《中外合作办学条例》及其实施办法参与合作办学。鼓励民间资金与我国境内学校合作,参与引进境外优质教育资源,依法举办高水平的中外合作办学机构。中外合作办学机构中境外资金的比例应低于50%。鼓励民间资金与我国境内学校合作赴境外办学,增强我国教育的国际竞争力。

三、制定完善促进民办教育发展的政策

(八)完善民办学校办学许可制度。进一步清理教育行政审批事项,改进审批方式,简化审批流程,规范民办学校审批工作。民办学校设置,执行同类型同层次公办学校的设置标准,可以适当放宽幼儿园审批条件。民办高校申请学士、硕士和博士学位授予权的,按与公办高校相同的程序和要求进行审批。

(九)清理并纠正对民办学校的各类歧视政策。依法清理与法律法规相抵触的、不利于民办教育改革发展的规章、政策和做法,落实民办学校与公办学校平等的法律地位。各级教育行政部门在自查自纠基础上,积极协调相关部门,重点清理纠正教育、财政、税收、金融、土地、建设、社会保障等方面不利于民办教育发展的政策,保护民办学校及其相关方的合法权益,完善促进民办教育发展的政策。

(十)落实民办学校办学自主权。民办学校依法自主制定发展规划,设立内部组织机构,聘任教师和职员,管理学校资产财务。实施高等学历教育和中等职业学历教育的民办学校,按照国家课程标准和有关规定自主设置和调整专业、开设课程、选用教材、制订教学计划和人才培养方案。基础教育阶段的民办学校在完成国家规定课程的前提下可以自主开展教育教学活动;民办学校引进的境外课程需报省级教育行政部门审核,对境外教材应依法进行审定。

(十一)落实民办学校招生自主权。支持民办高校参与高等学校招生改革试点。进一步扩大民办本科学校招生自主权,省级教育行政部门可视生源情况允许民办本科学校调整招生批次。完善民办高等专科学校、高等职业学校自主招生制度,有条件的地区教育行政部门可允许办学规范、管理严格的学校,在核

定的办学规模内自主确定招生范围和年度招生计划。中等层次以下民办学校按照核定的办学规模,与当地公办学校同期面向社会自主招生。

（十二）落实民办学校教师待遇。民办学校教师在资格认定、职称评审、进修培训、课题申请、评先选优、国际交流等方面与公办学校教师享受同等待遇,在户籍迁移、住房、子女就学等方面享受与当地同级同类公办学校教师同等的人才引进政策。民办学校要依法依规保障教师工资、福利待遇,按照有关规定为教师办理社会保险和住房公积金,鼓励为教师办理补充保险。支持地方人民政府采取设立民办学校教师养老保险专项补贴等办法,探索建立民办学校教师年金制度,提高民办学校教师的退休待遇。建立健全民办学校教师人事代理服务制度,保障教师在公办学校和民办学校之间合理流动,鼓励高校毕业生、专业技术人员到民办学校任教任职。

（十三）保障民办学校学生权益。民办学校学生与公办学校学生同等纳入国家助学体系,在政府资助、评奖评优、升学就业、社会优待等方面与同级同类公办学校学生享有同等权利。民办普惠性幼儿园与公办幼儿园在园儿童享受同等的资助政策。

（十四）完善民办学校税费政策。民办学校用电、用水、用气、用热与公办学校同价。捐资举办和出资人不要求取得合理回报的民办学校执行与公办学校同等的税收政策。教育行政部门要积极配合协调相关部门制定出资人要求取得合理回报的民办学校、经营性教育培训机构和开展营利性民办学校试点的民办学校享受的税收优惠政策。民办学校向受教育者收取的学费、各种代收代办费用的项目和标准执行相关价格政策。

（十五）支持高水平有特色民办学校建设。扶持和资助民办学校提高管理水平,加强教师队伍建设,建立民办学校与公办学校共享优质教育资源的机制,深化教育教学改革,创新人才培养模式,推动民办学校不断提高办学水平和人才培养质量。

四、引导民办教育健康发展

（十六）健全民办学校内部治理结构。规范民办学校董事会(理事会)成员构成,限定学校举办者代表的比例,校长及学校关键管理岗位实行亲属回避制度。完善董事会议事规则和运行程序,董事会召开会议议决学校重大事项,应做会议记录并请董事会全体成员签字、存档备查。健全校长和领导班子的遴选和培养机制,实行校长任期制,保障校长、学校管理机构依法行使教育教学权和行政管理权。要切实加强民办学校党的建设工作,实现民办高校党组织全覆盖,充分发挥民办学校党组织政治核心作用,健全民办高校督导专员制度,建立民办学校教职工代表大会制度。民办高校要根据相关规定和实际工作需要,配备足够数量的辅导员和班主任。建立健全校园安全管理和保卫制度,配备安全保卫力量,完善安全防控体系,维护校园安全稳定。

(十七)健全民办学校资产和财务管理制度。依法落实学校法人财产权,学校存续期间,任何组织和个人不得侵占学校法人财产。民办学校应将举办者投入的资产、办学积累的资产、政府资助形成的资产分类登记建账,将学费收入、政府资助等公共性资金存入学校银行专款账户,主管部门要对学校公共性资金的银行专款账户进行监管,确保办学经费不被挪作他用。完善财务管理和会计制度,加强财务监督和资产监管,实行财务公开。民办学校应当在每个会计年度结束时依规定出具财务会计报告,委托会计师事务所依法进行审计,审计结果报审批机关备案,并向社会公布。

(十八)建立民办学校风险防范机制。各地要加强民办学校办学管理信息系统建设,完善办学风险评估、预警机制,制定工作预案。学校主管部门应关注民办学校举办者的运行情况,对举办者非法干预学校运行、管理,抽逃出资,挪用学校办学经费等违法行为要加强监管,对可能影响所举办学校的重大事件及时了解、快速预警,督促学校规避风险、平稳运行。

(十九)建立民办学校退出机制。民办学校终止办学,要严格按照法律法规规定的程序,提出清算和安置方案,保证有序退出,保护师生权益,防范国有资产流失,维护社会稳定。民办学校举办者退出举办、转让举办者权益或者内部治理结构发生重大变更的,应事先公告,按规定程序变更后报学校审批机关依法核准或者备案。

五、健全民办教育管理与服务体系

(二十)将民办教育纳入地方经济社会发展和教育发展规划。各地在制定本地区教育事业发展规划、调整学校布局时,要充分考虑民办教育的作用,挖掘民间资金的潜力。新增教育资源要统筹考虑公办学校和民办学校的发展实际。

(二十一)加强对民办学校办学行为的监督。教育行政部门和有关部门要加强协调合作,开展民办学校年度检查,向社会公布检查结果,并将检查结果作为政府资助等扶持政策重要依据,不断完善政府扶持政策体系。健全民办学校督导、评估制度,强化督导专员的责任,发挥中介机构的作用,提高民办学校督导评价科学化水平。将检查、督导、评估作为规范民办教育的重要手段。

(二十二)提高民办教育管理和服务水平。各地要逐步建立满足公众需求、方便办学者需要、有利于提高政府管理服务水平的民办教育服务和管理信息平台,推进民办教育信息化建设,加强民间资金参与教育事业和社会培训事业的信息统计和发布工作。引导民办教育中介机构健康发展,加强民办教育研究机构建设。积极宣传民办教育先进典型、改革成果和发展成就,积极协调相关部门制定进一步促进民办教育发展的政策措施,营造全社会支持民办教育发展的良好环境。

中华人民共和国教育部

二〇一二年六月十八日

全国人民代表大会常务委员会关于修改《中华人民共和国民办教育促进法》的决定

（2016年11月7日第十二届全国人民代表大会常务委员会第二十四次会议通过）

第十二届全国人民代表大会常务委员会第二十四次会议决定对《中华人民共和国民办教育促进法》做如下修改。

一、第一章增加一条，作为第九条："民办学校中的中国共产党基层组织，按照中国共产党章程的规定开展党的活动，加强党的建设。"

二、将第十八条改为第十九条，修改为："民办学校的举办者可以自主选择设立非营利性或者营利性民办学校。但是，不得设立实施义务教育的营利性民办学校。

"非营利性民办学校的举办者不得取得办学收益，学校的办学结余全部用于办学。

"营利性民办学校的举办者可以取得办学收益，学校的办学结余依照公司法等有关法律、行政法规的规定处理。

"民办学校取得办学许可证后，进行法人登记，登记机关应当依法予以办理。"

三、将第十九条改为第二十条，修改为："民办学校应当设立学校理事会、董事会或者其他形式的决策机构并建立相应的监督机制。

"民办学校的举办者根据学校章程规定的权限和程序参与学校的办学和管理。"

四、将第三十条改为第三十一条，修改为："民办学校应当依法保障教职工的工资、福利待遇和其他合法权益，并为教职工缴纳社会保险费。

"国家鼓励民办学校按照国家规定为教职工办理补充养老保险。"

五、将第三十七条改为第三十八条，修改为："民办学校收取费用的项目和标准根据办学成本、市场需求等因素确定，向社会公示，并接受有关主管部门的监督。

"非营利性民办学校收费的具体办法，由省、自治区、直辖市人民政府制定；营利性民办学校的收费标准，实行市场调节，由学校自主决定。

"民办学校收取的费用应当主要用于教育教学活动、改善办学条件和保障教职工待遇。"

六、将第四十条改为第四十一条，修改为："教育行政部门及有关部门依法对民办学校实行督导，建立民办学校信息公示和信用档案制度，促进提高办学质量；组织或者委托社会中介组织评估办学水平和教育质量，并将评估结果向社会公布。"

七、将第四十五条改为第四十六条，修改为："县级以上各级人民政府可以采取购买服务、助学贷款、奖助学金和出租、转让闲置的国有资产等措施对民办学校予以扶持；对非营利性民办学校还可以采取政府补贴、基金奖励、捐资激励等扶持措施。"

八、将第四十六条改为第四十七条，修改为："民办学校享受国家规定的税收优惠政策；其中，非营利性民办学校享受与公办学校同等的税收优惠政策。"

九、将第五十条改为第五十一条，修改为："新建、扩建非营利性民办学校，人民政府应当按照与公办学校同等原则，以划拨等方式给予用地优惠。新建、扩建营利性民办学校，人民政府应当按照国家规定供给土地。

"教育用地不得用于其他用途。"

十、删去第五十一条。

十一、将第五十九条第二款修改为："非营利性民办学校清偿上述债务后的剩余财产继续用于其他非营利性学校办学；营利性民办学校清偿上述债务后的剩余财产，依照公司法的有关规定处理。"

十二、将第六十二条修改为："民办学校有下列行为之一的，由县级以上人民政府教育行政部门、人力资源社会保障行政部门或者其他有关部门责令限期改正，并予以警告；有违法所得的，退还所收费用后没收违法所得；情节严重的，责令停止招生、吊销办学许可证；构成犯罪的，依法追究刑事责任：

"（一）擅自分立、合并民办学校的；

"（二）擅自改变民办学校名称、层次、类别和举办者的；

"（三）发布虚假招生简章或者广告，骗取钱财的；

"（四）非法颁发或者伪造学历证书、结业证书、培训证书、职业资格证书的；

"（五）管理混乱严重影响教育教学，产生恶劣社会影响的；

"（六）提交虚假证明文件或者采取其他欺诈手段隐瞒重要事实骗取办学许可证的；

"（七）伪造、变造、买卖、出租、出借办学许可证的；

"（八）恶意终止办学、抽逃资金或者挪用办学经费的。"

十三、将第六十三条修改为："县级以上人民政府教育行政部门、人力资源社会保障行政部门或者其他有关部门有下列行为之一的，由上级机关责令其改正；情节严重的，对直接负责的主管人员和其他直接责任人员，依法给予处分；

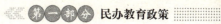

造成经济损失的,依法承担赔偿责任;构成犯罪的,依法追究刑事责任:

　　"(一)已受理设立申请,逾期不予答复的;

　　"(二)批准不符合本法规定条件申请的;

　　"(三)疏于管理,造成严重后果的;

　　"(四)违反国家有关规定收取费用的;

　　"(五)侵犯民办学校合法权益的;

　　"(六)其他滥用职权、徇私舞弊的。"

　　十四、将第六十四条修改为:"违反国家有关规定擅自举办民办学校的,由所在地县级以上地方人民政府教育行政部门或者人力资源社会保障行政部门会同同级公安、民政或者工商行政管理等有关部门责令停止办学、退还所收费用,并对举办者处违法所得一倍以上五倍以下罚款;构成违反治安管理行为的,由公安机关依法给予治安管理处罚;构成犯罪的,依法追究刑事责任。"

　　十五、删去第六十六条。

　　十六、将第十一条改为第十二条,将第七条、第八条、第十二条中的"劳动和社会保障行政部门"修改为"人力资源社会保障行政部门"。

　　本决定自 2017 年 9 月 1 日起施行。

　　本决定公布前设立的民办学校,选择登记为非营利性民办学校的,根据依照本决定修改后的学校章程继续办学,终止时,民办学校的财产依照本法规定进行清偿后有剩余的,根据出资者的申请,综合考虑在本决定施行前的出资、取得合理回报的情况以及办学效益等因素,给予出资者相应的补偿或者奖励,其余财产继续用于其他非营利性学校办学;选择登记为营利性民办学校的,应当进行财务清算,依法明确财产权属,并缴纳相关税费,重新登记,继续办学。具体办法由省、自治区、直辖市制定。

　　国务院及其教育行政等有关部门和各省、自治区、直辖市在依照本决定实施民办学校分类管理改革时,应当充分考虑有关历史和现实情况,保障民办学校受教育者、教职工和举办者的合法权益,确保民办学校分类管理改革平稳有序推进。

　　《中华人民共和国民办教育促进法》根据本决定做相应修改,重新公布。

中华人民共和国民办教育促进法*
（2017年9月1日起施行）

中华人民共和国主席令 第五十五号

《全国人民代表大会常务委员会关于修改〈中华人民共和国民办教育促进法〉的决定》已由中华人民共和国第十二届全国人民代表大会常务委员会第二十四次会议于2016年11月7日通过，现予公布，自2017年9月1日起施行。

中华人民共和国主席 习近平
2016年11月7日

中华人民共和国民办教育促进法

（2002年12月28日第九届全国人民代表大会常务委员会第三十一次会议通过 根据2013年6月29日第十二届全国人民代表大会常务委员会第三次会议《关于修改〈中华人民共和国文物保护法〉等十二部法律的决定》第一次修正 根据2016年11月7日第十二届全国人民代表大会常务委员会第二十四次会议《关于修改〈中华人民共和国民办教育促进法〉的决定》第二次修正）

第一章 总则

第一条 为实施科教兴国战略，促进民办教育事业的健康发展，维护民办学校和受教育者的合法权益，根据宪法和教育法制定本法。

第二条 国家机构以外的社会组织或者个人，利用非国家财政性经费，面向社会举办学校及其他教育机构的活动，适用本法。本法未作规定的，依照教育法和其他有关教育法律执行。

第三条 民办教育事业属于公益性事业，是社会主义教育事业的组成部分。

国家对民办教育实行积极鼓励、大力支持、正确引导、依法管理的方针。

各级人民政府应当将民办教育事业纳入国民经济和社会发展规划。

第四条 民办学校应当遵守法律、法规，贯彻国家的教育方针，保证教育质

---

* 资料来源：中华人民共和国民办教育促进法（含草案说明）[M]．北京：中国法制出版社，2016．

量,致力于培养社会主义建设事业的各类人才。

民办学校应当贯彻教育与宗教相分离的原则。任何组织和个人不得利用宗教进行妨碍国家教育制度的活动。

第五条 民办学校与公办学校具有同等的法律地位,国家保障民办学校的办学自主权。

国家保障民办学校举办者、校长、教职工和受教育者的合法权益。

第六条 国家鼓励捐资办学。

国家对为发展民办教育事业做出突出贡献的组织和个人,给予奖励和表彰。

第七条 国务院教育行政部门负责全国民办教育工作的统筹规划、综合协调和宏观管理。

国务院人力资源社会保障行政部门及其他有关部门在国务院规定的职责范围内分别负责有关的民办教育工作。

第八条 县级以上地方各级人民政府教育行政部门主管本行政区域内的民办教育工作。

县级以上地方各级人民政府人力资源社会保障行政部门及其他有关部门在各自的职责范围内,分别负责有关的民办教育工作。

第九条 民办学校中的中国共产党基层组织,按照中国共产党章程的规定开展党的活动,加强党的建设。

第二章 设立

第十条 举办民办学校的社会组织,应当具有法人资格。举办民办学校的个人,应当具有政治权利和完全民事行为能力。

民办学校应当具备法人条件。

第十一条 设立民办学校应当符合当地教育发展的需求,具备教育法和其他有关法律、法规规定的条件。

民办学校的设置标准参照同级同类公办学校的设置标准执行。

第十二条 举办实施学历教育、学前教育、自学考试助学及其他文化教育的民办学校,由县级以上人民政府教育行政部门按照国家规定的权限审批;举办实施以职业技能为主的职业资格培训、职业技能培训的民办学校,由县级以上人民政府人力资源社会保障行政部门按照国家规定的权限审批,并抄送同级教育行政部门备案。

第十三条 申请筹设民办学校,举办者应当向审批机关提交下列材料:

(一)申办报告,内容应当主要包括:举办者、培养目标、办学规模、办学层次、办学形式、办学条件、内部管理体制、经费筹措与管理使用等;

（二）举办者的姓名、住址或者名称、地址；

（三）资产来源、资金数额及有效证明文件，并载明产权；

（四）属捐赠性质的校产须提交捐赠协议，载明捐赠人的姓名、所捐资产的数额、用途和管理方法及相关有效证明文件。

第十四条　审批机关应当自受理筹设民办学校的申请之日起三十日内以书面形式做出是否同意的决定。

同意筹设的，发给筹设批准书。不同意筹设的，应当说明理由。

筹设期不得超过三年。超过三年的，举办者应当重新申报。

第十五条　申请正式设立民办学校的，举办者应当向审批机关提交下列材料：

（一）筹设批准书；

（二）筹设情况报告；

（三）学校章程、首届学校理事会、董事会或者其他决策机构组成人员名单；

（四）学校资产的有效证明文件；

（五）校长、教师、财会人员的资格证明文件。

第十六条　具备办学条件，达到设置标准的，可以直接申请正式设立，并应当提交本法第十三条和第十五条（三）、（四）、（五）项规定的材料。

第十七条　申请正式设立民办学校的，审批机关应当自受理之日起三个月内以书面形式做出是否批准的决定，并送达申请人；其中申请正式设立民办高等学校的，审批机关也可以自受理之日起六个月内以书面形式做出是否批准的决定，并送达申请人。

第十八条　审批机关对批准正式设立的民办学校发给办学许可证。

审批机关对不批准正式设立的，应当说明理由。

第十九条　民办学校的举办者可以自主选择设立非营利性或者营利性民办学校。但是，不得设立实施义务教育的营利性民办学校。

非营利性民办学校的举办者不得取得办学收益，学校的办学结余全部用于办学。

营利性民办学校的举办者可以取得办学收益，学校的办学结余依照公司法等有关法律、行政法规的规定处理。

民办学校取得办学许可证后，进行法人登记，登记机关应当依法予以办理。

第三章　学校的组织与活动

第二十条　民办学校应当设立学校理事会、董事会或者其他形式的决策机构并建立相应的监督机制。

民办学校的举办者根据学校章程规定的权限和程序参与学校的办学和管理。

第二十一条 学校理事会或者董事会由举办者或者其代表、校长、教职工代表等人员组成。其中三分之一以上的理事或者董事应当具有五年以上教育教学经验。

学校理事会或者董事会由五人以上组成,设理事长或者董事长一人。理事长、理事或者董事长、董事名单报审批机关备案。

第二十二条 学校理事会或者董事会行使下列职权:

(一)聘任和解聘校长;

(二)修改学校章程和制定学校的规章制度;

(三)制定发展规划,批准年度工作计划;

(四)筹集办学经费,审核预算、决算;

(五)决定教职工的编制定额和工资标准;

(六)决定学校的分立、合并、终止;

(七)决定其他重大事项。

其他形式决策机构的职权参照本条规定执行。

第二十三条 民办学校的法定代表人由理事长、董事长或者校长担任。

第二十四条 民办学校参照同级同类公办学校校长任职的条件聘任校长,年龄可以适当放宽。

第二十五条 民办学校校长负责学校的教育教学和行政管理工作,行使下列职权:

(一)执行学校理事会、董事会或者其他形式决策机构的决定;

(二)实施发展规划,拟订年度工作计划、财务预算和学校规章制度;

(三)聘任和解聘学校工作人员,实施奖惩;

(四)组织教育教学、科学研究活动,保证教育教学质量;

(五)负责学校日常管理工作;

(六)学校理事会、董事会或者其他形式决策机构的其他授权。

第二十六条 民办学校对招收的学生,根据其类别、修业年限、学业成绩,可以根据国家有关规定发给学历证书、结业证书或者培训合格证书。

对接受职业技能培训的学生,经政府批准的职业技能鉴定机构鉴定合格的,可以发给国家职业资格证书。

第二十七条 民办学校依法通过以教师为主体的教职工代表大会等形式,保障教职工参与民主管理和监督。

民办学校的教师和其他工作人员,有权依照工会法,建立工会组织,维护其合法权益。

第四章　教师与受教育者

第二十八条　民办学校的教师、受教育者与公办学校的教师、受教育者具有同等的法律地位。

第二十九条　民办学校聘任的教师，应当具有国家规定的任教资格。

第三十条　民办学校应当对教师进行思想品德教育和业务培训。

第三十一条　民办学校应当依法保障教职工的工资、福利待遇和其他合法权益，并为教职工缴纳社会保险费。

国家鼓励民办学校按照国家规定为教职工办理补充养老保险。

第三十二条　民办学校教职工在业务培训、职务聘任、教龄和工龄计算、表彰奖励、社会活动等方面依法享有与公办学校教职工同等权利。

第三十三条　民办学校依法保障受教育者的合法权益。

民办学校按照国家规定建立学籍管理制度，对受教育者实施奖励或者处分。

第三十四条　民办学校的受教育者在升学、就业、社会优待以及参加先进评选等方面享有与同级同类公办学校的受教育者同等权利。

第五章　学校资产与财务管理

第三十五条　民办学校应当依法建立财务、会计制度和资产管理制度，并按照国家有关规定设置会计账簿。

第三十六条　民办学校对举办者投入民办学校的资产、国有资产、受赠的财产以及办学积累，享有法人财产权。

第三十七条　民办学校存续期间，所有资产由民办学校依法管理和使用，任何组织和个人不得侵占。

任何组织和个人都不得违反法律、法规向民办教育机构收取任何费用。

第三十八条　民办学校收取费用的项目和标准根据办学成本、市场需求等因素确定，向社会公示，并接受有关主管部门的监督。

非营利性民办学校收费的具体办法，由省、自治区、直辖市人民政府制定；营利性民办学校的收费标准，实行市场调节，由学校自主决定。

民办学校收取的费用应当主要用于教育教学活动、改善办学条件和保障教职工待遇。

第三十九条　民办学校资产的使用和财务管理受审批机关和其他有关部门的监督。

民办学校应当在每个会计年度结束时制作财务会计报告，委托会计师事务所依法进行审计，并公布审计结果。

第六章 管理与监督

第四十条 教育行政部门及有关部门应当对民办学校的教育教学工作、教师培训工作进行指导。

第四十一条 教育行政部门及有关部门依法对民办学校实行督导,建立民办学校信息公示和信用档案制度,促进提高办学质量;组织或者委托社会中介组织评估办学水平和教育质量,并将评估结果向社会公布。

第四十二条 民办学校的招生简章和广告,应当报审批机关备案。

第四十三条 民办学校侵犯受教育者的合法权益,受教育者及其亲属有权向教育行政部门和其他有关部门申诉,有关部门应当及时予以处理。

第四十四条 国家支持和鼓励社会中介组织为民办学校提供服务。

第七章 扶持与奖励

第四十五条 县级以上各级人民政府可以设立专项资金,用于资助民办学校的发展,奖励和表彰有突出贡献的集体和个人。

第四十六条 县级以上各级人民政府可以采取购买服务、助学贷款、奖助学金和出租、转让闲置的国有资产等措施对民办学校予以扶持;对非营利性民办学校还可以采取政府补贴、基金奖励、捐资激励等扶持措施。

第四十七条 民办学校享受国家规定的税收优惠政策;其中,非营利性民办学校享受与公办学校同等的税收优惠政策。

第四十八条 民办学校依照国家有关法律、法规,可以接受公民、法人或者其他组织的捐赠。

国家对向民办学校捐赠财产的公民、法人或者其他组织按照有关规定给予税收优惠,并予以表彰。

第四十九条 国家鼓励金融机构运用信贷手段,支持民办教育事业的发展。

第五十条 人民政府委托民办学校承担义务教育任务,应当按照委托协议拨付相应的教育经费。

第五十一条 新建、扩建非营利性民办学校,人民政府应当按照与公办学校同等原则,以划拨等方式给予用地优惠。新建、扩建营利性民办学校,人民政府应当按照国家规定供给土地。

教育用地不得用于其他用途。

第五十二条 国家采取措施,支持和鼓励社会组织和个人到少数民族地区、边远贫困地区举办民办学校,发展教育事业。

第八章 变更与终止

第五十三条 民办学校的分立、合并,在进行财务清算后,由学校理事会或者董事会报审批机关批准。

申请分立、合并民办学校的，审批机关应当自受理之日起三个月内以书面形式答复；其中申请分立、合并民办高等学校的，审批机关也可以自受理之日起六个月内以书面形式答复。

第五十四条　民办学校举办者的变更，须由举办者提出，在进行财务清算后，经学校理事会或者董事会同意，报审批机关核准。

第五十五条　民办学校名称、层次、类别的变更，由学校理事会或者董事会报审批机关批准。

申请变更为其他民办学校，审批机关应当自受理之日起三个月内以书面形式答复；其中申请变更为民办高等学校的，审批机关也可以自受理之日起六个月内以书面形式答复。

第五十六条　民办学校有下列情形之一的，应当终止：

（一）根据学校章程规定要求终止，并经审批机关批准的；

（二）被吊销办学许可证的；

（三）因资不抵债无法继续办学的。

第五十七条　民办学校终止时，应当妥善安置在校学生。实施义务教育的民办学校终止时，审批机关应当协助学校安排学生继续就学。

第五十八条　民办学校终止时，应当依法进行财务清算。

民办学校自己要求终止的，由民办学校组织清算；被审批机关依法撤销的，由审批机关组织清算；因资不抵债无法继续办学而被终止的，由人民法院组织清算。

第五十九条　对民办学校的财产按照下列顺序清偿：

（一）应退受教育者学费、杂费和其他费用；

（二）应发教职工的工资及应缴纳的社会保险费用；

（三）偿还其他债务。

非营利性民办学校清偿上述债务后的剩余财产继续用于其他非营利性学校办学；营利性民办学校清偿上述债务后的剩余财产，依照公司法的有关规定处理。

第六十条　终止的民办学校，由审批机关收回办学许可证和销毁印章，并注销登记。

第九章　法律责任

第六十一条　民办学校在教育活动中违反教育法、教师法规定的，依照教育法、教师法的有关规定给予处罚。

第六十二条　民办学校有下列行为之一的，由县级以上人民政府教育行政部门、人力资源社会保障行政部门或者其他有关部门责令限期改正，并予以警

告;有违法所得的,退还所收费用后没收违法所得;情节严重的,责令停止招生、吊销办学许可证;构成犯罪的,依法追究刑事责任:

(一)擅自分立、合并民办学校的;

(二)擅自改变民办学校名称、层次、类别和举办者的;

(三)发布虚假招生简章或者广告,骗取钱财的;

(四)非法颁发或者伪造学历证书、结业证书、培训证书、职业资格证书的;

(五)管理混乱严重影响教育教学,产生恶劣社会影响的;

(六)提交虚假证明文件或者采取其他欺诈手段隐瞒重要事实骗取办学许可证的;

(七)伪造、变造、买卖、出租、出借办学许可证的;

(八)恶意终止办学、抽逃资金或者挪用办学经费的。

第六十三条 县级以上人民政府教育行政部门、人力资源社会保障行政部门或者其他有关部门有下列行为之一的,由上级机关责令其改正;情节严重的,对直接负责的主管人员和其他直接责任人员,依法给予处分;造成经济损失的,依法承担赔偿责任;构成犯罪的,依法追究刑事责任:

(一)已受理设立申请,逾期不予答复的;

(二)批准不符合本法规定条件申请的;

(三)疏于管理,造成严重后果的;

(四)违反国家有关规定收取费用的;

(五)侵犯民办学校合法权益的;

(六)其他滥用职权、徇私舞弊的。

第六十四条 违反国家有关规定擅自举办民办学校的,由所在地县级以上地方人民政府教育行政部门或者人力资源社会保障行政部门会同同级公安、民政或者工商行政管理等有关部门责令停止办学、退还所收费用,并对举办者处违法所得一倍以上五倍以下罚款;构成违反治安管理行为的,由公安机关依法给予治安管理处罚;构成犯罪的,依法追究刑事责任。

第十章 附则

第六十五条 本法所称的民办学校包括依法举办的其他民办教育机构。

本法所称的校长包括其他民办教育机构的主要行政负责人。

第六十六条 境外的组织和个人在中国境内合作办学的办法,由国务院规定。

第六十七条 本法自 2003 年 9 月 1 日起施行。1997 年 7 月 31 日国务院颁布的《社会力量办学条例》同时废止。

国务院关于鼓励社会力量兴办教育促进民办教育健康发展的若干意见

国发〔2016〕81号

各省、自治区、直辖市人民政府，国务院各部委、各直属机构：

社会力量兴办教育是指各种社会力量以捐赠、出资、投资、合作等方式举办或者参与举办法律法规允许的各级各类学校和其他教育机构。改革开放以来，作为社会力量兴办教育主要形式的民办教育不断发展壮大，形成了从学前教育到高等教育、从学历教育到非学历教育，层次类型多样、充满生机活力的发展局面，有效增加了教育服务供给，为推动教育现代化、促进经济社会发展做出了积极贡献，已经成为社会主义教育事业的重要组成部分。同时，民办教育也面临许多制约发展的问题和困难。为鼓励社会力量兴办教育，促进民办教育健康发展，现提出如下意见。

一、总体要求

（一）指导思想。全面贯彻落实党的十八大和十八届三中、四中、五中、六中全会精神，深入贯彻习近平总书记系列重要讲话精神，按照"四个全面"战略布局和党中央、国务院决策部署，牢固树立并切实贯彻创新、协调、绿色、开放、共享五大发展理念，全面贯彻党的教育方针，坚持社会主义办学方向，坚持立德树人，培育和践行社会主义核心价值观。以实行分类管理为突破口，创新体制机制，完善扶持政策，加强规范管理，提高办学质量，进一步调动社会力量兴办教育的积极性，促进民办教育持续健康发展，培养德智体美全面发展的社会主义建设者和接班人。

（二）基本原则。育人为本，德育为先。把立德树人作为根本任务，把理想信念教育摆在首要位置，形成全员、全过程、全方位育人的工作格局，提高学生服务国家服务人民的社会责任感、勇于探索的创新精神和善于解决问题的实践能力。

分类管理，公益导向。实行非营利性和营利性分类管理，实施差别化扶持政策，积极引导社会力量举办非营利性民办学校。坚持教育的公益属性，无论是非营利性民办学校还是营利性民办学校都要始终把社会效益放在首位。

优化环境，综合施策。统筹教育、登记、财政、土地、收费等相关政策，营造有利于民办教育发展的制度环境。

依法管理，规范办学。简政放权、放管结合、优化服务，依法履职，规范办学秩序，全面提高民办教育治理水平。

鼓励改革，上下联动。依靠改革创新推动发展，坚持顶层设计与基层创新相结合，共同破解民办教育改革发展难题和障碍。

二、加强党对民办学校的领导

（三）切实加强民办学校党的建设。全面加强民办学校党的思想建设、组织建设、作风建设、反腐倡廉建设、制度建设，增强政治意识、大局意识、核心意识、看齐意识。完善民办学校党组织设置，理顺民办学校党组织隶属关系，健全各级党组织工作保障机制，选好配强民办学校党组织负责人。民办学校党组织要发挥政治核心作用，强化思想引领，牢牢把握社会主义办学方向，牢牢把握党对民办学校意识形态工作的领导权、话语权，切实维护民办学校和谐稳定。民办高校党组织负责人兼任政府派驻学校的督导专员。实现学校基层党组织全覆盖、党建工作上水平，有效发挥基层党组织的战斗堡垒作用和共产党员的先锋模范作用。积极做好党员发展和教育管理服务工作。坚持党建带群建，加强民办学校共青团组织建设。各地要把民办学校党组织建设、党对民办学校的领导作为民办学校年度检查的重要内容。

（四）加强和改进民办学校思想政治教育工作。把思想政治教育工作纳入学校事业发展规划，把思想政治工作队伍建设纳入学校人才队伍培养规划，全面提升思想政治教育工作水平。切实加强思想政治理论课和思想品德课课程、教材、教师队伍建设，深入推进中国特色社会主义理论体系进教材、进课堂、进头脑，把社会主义核心价值观融入教育教学全过程、教书育人各环节，不断增强广大师生中国特色社会主义道路自信、理论自信、制度自信、文化自信。提高思想政治教育的针对性、实效性和吸引力、感染力，切实加强理想信念、爱国主义、集体主义、中国特色社会主义教育和中华优秀传统文化、革命传统文化、民族团结教育，引导学生树立正确的世界观、人生观、价值观。大力开展社会实践和志愿服务，积极开展心理健康教育。创新网络思想政治教育方式，大力弘扬主旋律、传播正能量，全面提高教书育人、实践育人、科研育人、管理育人、服务育人的水平。

三、创新体制机制

（五）建立分类管理制度。对民办学校（含其他民办教育机构）实行非营利性和营利性分类管理。非营利性民办学校举办者不取得办学收益,办学结余全部用于办学。营利性民办学校举办者可以取得办学收益,办学结余依据国家有关规定进行分配。民办学校依法享有法人财产权。

举办者自主选择举办非营利性民办学校或者营利性民办学校,依法依规办理登记。对现有民办学校按照举办者自愿的原则,通过政策引导,实现分类管理。

（六）建立差别化政策体系。国家积极鼓励和大力支持社会力量举办非营利性民办学校。各级人民政府要完善制度政策,在政府补贴、政府购买服务、基金奖励、捐资激励、土地划拨、税费减免等方面对非营利性民办学校给予扶持。各级人民政府可根据经济社会发展需要和公共服务需求,通过政府购买服务及税收优惠等方式对营利性民办学校给予支持。

（七）放宽办学准入条件。社会力量投入教育,只要是不属于法律法规禁止进入以及不损害第三方利益、社会公共利益、国家安全的领域,政府不得限制。政府制定准入负面清单,列出禁止和限制的办学行为。各地要重新梳理民办学校准入条件和程序,进一步简政放权,吸引更多的社会资源进入教育领域。

（八）拓宽办学筹资渠道。鼓励和吸引社会资金进入教育领域举办学校或者投入项目建设。创新教育投融资机制,多渠道吸引社会资金,扩大办学资金来源。鼓励金融机构在风险可控前提下开发适合民办学校特点的金融产品,探索办理民办学校未来经营收入、知识产权质押贷款业务,提供银行贷款、信托、融资租赁等多样化的金融服务。鼓励社会力量对非营利性民办学校给予捐赠。

（九）探索多元主体合作办学。推广政府和社会资本合作（PPP）模式,鼓励社会资本参与教育基础设施建设和运营管理、提供专业化服务。积极鼓励公办学校与民办学校相互购买管理服务、教学资源、科研成果。探索举办混合所有制职业院校,允许以资本、知识、技术、管理等要素参与办学并享有相应权利。鼓励营利性民办学校建立股权激励机制。

（十）健全学校退出机制。捐资举办的民办学校终止时,清偿后剩余财产统筹用于教育等社会事业。2016年11月7日《全国人民代表大会常务委员会关于修改〈中华人民共和国民办教育促进法〉的决定》公布前设立的民办学校,选择登记为非营利性民办学校的,终止时,民办学校的财产依法清偿后有剩余的,按照国家有关规定给予出资者相应的补偿或者奖励,其余财产继续用于其他非营利性学校办学;选择登记为营利性民办学校的,应当进行财务清算,依法明确财产权属,终止时,民办学校的财产依法清偿后有剩余的,依照《中华人民共和国公司法》有关规定处理。具体办法由省、自治区、直辖市制定。2016年11月7日后设立的民办学校终止时,财产处置按照有关规定和学校章程处理。

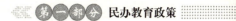

各地要结合实际,健全民办学校退出机制,依法保护受教育者的合法权益。

四、完善扶持制度

（十一）加大财政投入力度。各级人民政府可按照《中华人民共和国预算法》《中华人民共和国教育法》《中华人民共和国民办教育促进法》等法律法规和制度要求,因地制宜,调整优化教育支出结构,加大对民办教育的扶持力度。财政扶持民办教育发展的资金要纳入预算,并向社会公开,接受审计和社会监督,提高资金使用效益。

（十二）创新财政扶持方式。地方各级人民政府应建立健全政府补贴制度,明确补贴的项目、对象、标准、用途。完善政府购买服务的标准和程序,建立绩效评价制度,制定向民办学校购买就读学位、课程教材、科研成果、职业培训、政策咨询等教育服务的具体政策措施。地方各级人民政府可按照国家关于基金会管理的规定设立民办教育发展基金,支持成立相应的基金会,组织开展各类有利于民办教育事业发展的活动。

（十三）落实同等资助政策。民办学校学生与公办学校学生按规定同等享受助学贷款、奖助学金等国家资助政策。各级人民政府应建立健全民办学校助学贷款业务扶持制度,提高民办学校家庭经济困难学生获得资助的比例。民办学校要建立健全奖助学金评定、发放等管理机制,应从学费收入中提取不少于5%的资金,用于奖励和资助学生。落实鼓励捐资助学的相关优惠政策措施,积极引导和鼓励企事业单位、社会组织和个人面向民办学校设立奖助学金,加大资助力度。

（十四）落实税费优惠等激励政策。民办学校按照国家有关规定享受相关税收优惠政策。对企业办的各类学校、幼儿园自用的房产、土地,免征房产税、城镇土地使用税。对企业支持教育事业的公益性捐赠支出,按照税法有关规定,在年度利润总额12%以内的部分,准予在计算应纳税所得额时扣除;对个人支持教育事业的公益性捐赠支出,按照税收法律法规及政策的相关规定在个人所得税前予以扣除。非营利性民办学校与公办学校享有同等待遇,按照税法规定进行免税资格认定后,免征非营利性收入的企业所得税。捐资建设校舍及开展表彰资助等活动的冠名依法尊重捐赠人意愿。民办学校用电、用水、用气、用热,执行与公办学校相同的价格政策。

（十五）实行差别化用地政策。民办学校建设用地按科教用地管理。非营利性民办学校享受公办学校同等政策,按划拨等方式供应土地。营利性民办学校按国家相应的政策供给土地。只有一个意向用地者的,可按协议方式供地。土地使用权人申请改变全部或者部分土地用途的,政府应当将申请改变用途的土地收回，按时价定价，重新依法供应。

（十六）实行分类收费政策。规范民办学校收费。非营利性民办学校收费，通过市场化改革试点，逐步实行市场调节价，具体政策由省级人民政府根据办学成本以及本地公办教育保障程度、民办学校发展情况等因素确定。营利性民办学校收费实行市场调节价，具体收费标准由民办学校自主确定。政府依法加强对民办学校收费行为的监管。

（十七）保障依法自主办学。扩大民办高等学校和中等职业学校专业设置自主权，鼓励学校根据国家战略需求和区域产业发展需要，依法依规设置和调整学科专业。民办中小学校在完成国家规定课程前提下，可自主开展教育教学活动。支持民办学校参与考试招生制度改革。社会声誉好、教学质量高、就业有保障的民办高等职业学校，可在核定的办学规模内自主确定招生范围和年度招生计划。中等以下层次民办学校按照国家有关规定，在核定的办学规模内，与当地公办学校同期面向社会自主招生。各地不得对民办学校跨区域招生设置障碍。

（十八）保障学校师生权益。完善学校、个人、政府合理分担的民办学校教职工社会保障机制。民办学校应依法为教职工足额缴纳社会保险费和住房公积金。鼓励民办学校按规定为教职工建立补充养老保险，改善教职工退休后的待遇。落实跨统筹地区社会保险关系转移接续政策，完善民办学校教师户籍迁移等方面的服务政策，探索建立民办学校教师人事代理制度和交流制度，促进教师合理流动。民办学校教师在资格认定、职务评聘、培养培训、评优表彰等方面与公办学校教师享有同等权利。非营利性民办学校教师享受当地公办学校同等的人才引进政策。民办学校学生在评奖评优、升学就业、社会优待、医疗保险等方面与同级同类公办学校学生享有同等权利。依法落实民办学校师生对学校办学管理的知情权、参与权，保障师生参与民主管理和民主监督的权利。完善民办学校师生争议处理机制，维护师生的合法权益。

五、加快现代学校制度建设

（十九）完善学校法人治理。民办学校要依法制定章程，按照章程管理学校。健全董事会（理事会）和监事（会）制度，董事会（理事会）和监事（会）成员依据学校章程规定的权限和程序共同参与学校的办学和管理。董事会（理事会）应当优化人员构成，由举办者或者其代表、校长、党组织负责人、教职工代表等共同组成。监事会中应当有党组织领导班子成员。探索实行独立董事（理事）、监事制度。健全党组织参与决策制度，积极推进"双向进入、交叉任职"，学校党组织领导班子成员通过法定程序进入学校决策机构和行政管理机构，党员校长、副校长等行政机构成员可按照党的有关规定进入党组织领导班子。学校党组织要支持学校决策机构和校长依法行使职权,督促其依法治教、规范管理。完善校长选聘机制,依法保障校长行使管理权。民办学校校长应熟悉教育及相关法律法规,具有 5 年以上教育管理经验和良好办学业绩,个人信用状况良好。学校关键管理岗位实行亲属回避制度。完善教职工代表大会和学生代表大会制度。

(二十)健全资产管理和财务会计制度。民办学校应当明确产权关系,建立健全资产管理制度。民办学校举办者应依法履行出资义务,将出资用于办学的土地、校舍和其他资产足额过户到学校名下。存续期间,民办学校对举办者投入学校的资产、国有资产、受赠的财产以及办学积累享有法人财产权,任何组织和个人不得侵占、挪用、抽逃。进一步规范民办学校会计核算,建立健全第三方审计制度。非营利性和营利性民办学校按照登记的法人属性,根据国家有关规定执行相应的会计制度。民办学校要明晰财务管理,依法设置会计账簿。民办学校应将举办者出资、政府补助、受赠、收费、办学积累等各类资产分类登记入账,定期开展资产清查,并将清查结果向社会公布。各地要探索制定符合民办学校特点的财务管理办法,完善民办学校年度财务、决算报告和预算报告报备制度。

(二十一)规范学校办学行为。民办学校要诚实守信、规范办学。办学条件应符合国家和地方规定的设置标准和有关要求,在校生数要控制在审批机关核定的办学规模内。要按照国家和地方有关规定做好宣传、招生工作,招生简章和广告须经审批机关备案。具有举办学历教育资格的民办学校,应按国家有关规定做好学籍管理工作,对招收的学历教育学生,学习期满成绩合格的颁发毕业证书,未达到学历教育要求的发给结业证书或者其他学业证书;对符合学位授予条件的学生,颁发相应的学位证书。各类民办学校对招收的非学历教育学生,发给结业证书或者培训合格证书。

(二十二)落实安全管理责任。民办学校应遵守国家有关安全法律、法规和规章,重视校园安全工作,确保校园安全技术防范系统建设符合国家和地方有关标准,学校选址和校舍建筑符合国家抗震设防、消防技术等相关标准。建立健全安全管理制度和应急机制,制定和完善突发事件应急预案,定期开展安全检查、巡查,及时发现和消除安全隐患。加强学生和教职员工安全教育培训,定期开展针对上课、课间、午休等不同场景的安全演练,提高师生安全意识和逃生自救能力。建立安全工作组织机构,配备学校内部安全保卫人员,明确安全工作职责。

六、提高教育教学质量

（二十三）明确学校办学定位。积极引导民办学校服务社会需求，更新办学理念，深化教育教学改革，创新办学模式，加强内涵建设，提高办学质量。学前教育阶段鼓励举办普惠性民办幼儿园，坚持科学保教，防止和纠正"小学化"现象。中小学校要执行国家课程方案和课程标准，坚持特色办学优质发展，满足多样化需求。职业院校应明确技术技能人才培养定位，服务区域经济和产业发展，深化产教融合、校企合作，提高技术技能型人才培养水平。鼓励举办应用技术类本科高等学校，培养适应经济结构调整、产业转型升级和新产业、新业态、新商业模式需要的人才。充分发挥民办教育在完善终身教育体系、构建学习型社会中的积极作用。

（二十四）加强教师队伍建设。各级人民政府和民办学校要把教师队伍建设作为提高教育教学质量的重要任务。各地要将民办学校教师队伍建设纳入教师队伍建设整体规划。民办学校要着力加强教师思想政治工作，建立健全教育、宣传、考核、监督与奖惩相结合的师德建设长效机制，全面提升教师师德素养。加强辅导员、班主任队伍建设。加强教学研究活动，重视青年教师培养，加大教师培训力度，不断提高教师的业务能力和水平。学校要在学费收入中安排一定比例资金用于教师培训。要关心教师工作和生活，提高教师工资和福利待遇。吸引各类高层次人才到民办学校任教，做到事业留人、感情留人、待遇留人。

（二十五）引进培育优质教育资源。鼓励支持高水平有特色民办学校培育优质学科、专业、课程、师资、管理，整体提升教育教学质量，着力打造一批具有国际影响力和竞争力的民办教育品牌，着力培养一批有理想、有境界、有情怀、有担当的民办教育家。允许民办高等学校和中等职业学校与世界高水平同类学校在学科、专业、课程建设以及人才培养等方面开展交流。

七、提高管理服务水平

（二十六）强化部门协调机制。各级人民政府要将发展民办教育纳入经济社会发展和教育事业整体规划，加强制度建设、标准制定、政策实施、统筹协调等工作，积极推进民办教育改革发展。国务院建立由教育部牵头，中央编办、国家发展改革委、公安部、民政部、财政部、人力资源社会保障部、国土资源部、住房城乡建设部、人民银行、税务总局、工商总局、银监会、证监会等部门参加的部际联席会议制度，协调解决民办教育发展中的重点难点问题，不断完善制度政策，优化民办教育发展环境。各地也应建立相应的部门协调机制。要将鼓励支持社会力量兴办教育作为考核各级人民政府改进公共服务方式的重要内容。

（二十七）改进政府管理方式。各级人民政府和行政管理部门要积极转变职能，减少事前审批，加强事中事后监管，提高政府管理服务水平。进一步清理涉及民办教育的行政许可事项，向社会公布权力清单、责任清单，严禁法外设权。改进许可方式，简化许可流程，明确工作时限，规范行政许可工作。建立民办教育管理信息系统，推广电子政务和网上办事，逐步实现日常管理事项网上并联办理，及时主动公开行政审批事项，提高服务效率，接受社会监督。

（二十八）健全监督管理机制。加强民办教育管理机构建设，强化民办教育督导，完善民办学校年度报告和年度检查制度。加强对新设立民办学校举办者的资格审查。完善民办学校财务会计制度、内部控制制度、审计监督制度，加强风险防范。推进民办教育信息公开，建立民办学校信息强制公开制度。建立违规失信惩戒机制，将违规办学的学校及其举办者和负责人纳入"黑名单"，规范学校办学行为。健全联合执法机制，加大对违法违规办学行为的查处力度。大力推进管办评分离，建立民办学校第三方质量认证和评估制度。民办学校行政管理部门根据评估结果，对办学质量不合格的民办学校予以警告、限期整改直至取消办学资格。

（二十九）发挥行业组织作用。积极培育民办教育行业组织，支持行业组织在行业自律、交流合作、协同创新、履行社会责任等方面发挥桥梁和纽带作用。依托各类专业机构开展民办学校咨询服务等工作。支持非营利性民办高等学校联盟等行业组织及其他教育中介组织在引导民办学校坚持公益性办学、创新人才培养模式、提升人才培养质量等方面发挥作用。

（三十）切实加强宣传引导。深入推进民办教育综合改革，鼓励地方和学校先行先试，总结推广试点地区和学校的成功做法和先进经验。加大对民办教育的宣传力度，按照国家有关规定奖励和表彰对民办教育改革发展做出突出贡献的集体和个人，树立民办教育良好社会形象，努力营造全社会共同关心、共同支持社会力量兴办教育的良好氛围。

鼓励社会力量兴办教育，促进民办教育健康发展，是一项事关当前、又利长远的重要任务。国务院有关部门要进一步解放思想，凝聚共识，加强领导，周密部署，切实落实鼓励社会力量兴办教育的各项政策措施。地方各级人民政府要根据本意见，因地制宜，积极探索，稳步推进，抓紧制定出台符合地方实际的实施意见和配套措施。

国务院

2016 年 12 月 29 日

教育部等五部门关于印发《民办学校分类登记实施细则》的通知

教发〔2016〕19号

各省、自治区、直辖市教育厅（教委）、人力资源社会保障厅（局）、民政厅（局）、编办、工商行政管理局：

2016年11月7日，全国人民代表大会常务委员会通过了《全国人民代表大会常务委员会关于修改〈中华人民共和国民办教育促进法〉的决定》，规定对民办学校实行非营利性和营利性分类管理，并以国家主席习近平签署的中华人民共和国主席令（第五十五号）予以公布。《国务院关于鼓励社会力量兴办教育促进民办教育健康发展的若干意见》（国发〔2016〕81号，以下简称《若干意见》），全面部署了民办教育改革发展的各项政策措施。为深入贯彻落实党中央、国务院的决策部署，稳妥推进民办学校分类管理改革，特研究制定《民办学校分类登记实施细则》，现予印发。

民办学校分类管理是党中央、国务院确定的重大改革方向，是贯彻落实《民办教育促进法》修法精神的重要举措，是深化教育领域综合改革的重要内容。请各地务必高度重视，紧密结合《民办教育促进法》和《若干意见》的贯彻落实，做好民办学校的分类管理与分类登记工作，明确任务，细化要求，落实责任，确保党中央、国务院决策部署的切实落地和教育系统的和谐稳定。

教育部　人力资源社会保障部

民政部　中央编办

工商总局

2016年12月30日

民办学校分类登记实施细则

第一章　总则

第一条　为贯彻落实《国务院关于鼓励社会力量兴办教育促进民办教育健康发展的若干意见》，推动民办教育分类管理，促进民办教育健康发展，根据《中华人民共和国教育法》《中华人民共和国民办教育促进法》和2016年11月

7日《全国人民代表大会常务委员会关于修改〈中华人民共和国民办教育促进法〉的决定》等法律法规,制定本细则。

第二条 民办教育是社会主义教育事业的重要组成部分。民办学校应当遵守国家法律法规,全面贯彻党的教育方针,坚持党的领导,坚持社会主义办学方向,坚持公益性导向,坚持立德树人,对受教育者加强社会主义核心价值观教育,培养德、智、体、美等方面全面发展的社会主义建设者和接班人。

第二章 设立审批

第三条 民办学校分为非营利性民办学校和营利性民办学校。民办学校的设立应当依据《中华人民共和国民办教育促进法》等法律法规和国家有关规定进行审批。经批准正式设立的民办学校,由审批机关发给办学许可证后,依法依规分类到登记管理机关办理登记证或者营业执照。

第四条 设立民办学校应当具备《中华人民共和国教育法》《中华人民共和国民办教育促进法》和其他有关法律法规规定的条件,符合地方经济社会和教育发展的需要。

第五条 民办学校的设立应当参照国家同级同类学校设置标准,无相应设置标准的由县级以上人民政府按照国家有关规定制定。申请设立民办学校,应当提交《中华人民共和国民办教育促进法》等法律法规和学校设置标准规定的材料、学校党组织建设有关材料。

第六条 审批机关对批准正式设立的民办学校发给办学许可证;对不批准正式设立的,应当以书面形式向申请人说明理由。

第三章 分类登记

第七条 正式批准设立的非营利性民办学校,符合《民办非企业单位登记管理暂行条例》等民办非企业单位登记管理有关规定的到民政部门登记为民办非企业单位,符合《事业单位登记管理暂行条例》等事业单位登记管理有关规定的到事业单位登记管理机关登记为事业单位。

第八条 实施本科以上层次教育的非营利性民办高等学校,由省级人民政府相关部门办理登记。实施专科以下层次教育的非营利性民办学校,由省级人民政府确定的县级以上人民政府相关部门办理登记。

第九条 正式批准设立的营利性民办学校,依据法律法规规定的管辖权限到工商行政管理部门办理登记。

第十条 登记管理机关对符合登记条件的民办学校,依法依规予以登记,并核发登记证或者营业执照;对不符合登记条件的,不予登记,并以书面形式向申请人说明理由。

第十一条　民办学校的名称应当符合国家有关规定,体现学校的办学层次和类别。

第四章　事项变更和注销登记

第十二条　民办学校涉及办学许可证、登记证或者营业执照上事项变更的,依照法律法规和有关规定到原发证机关办理变更手续。其中,民办本科高等学校办学许可证上除名称外需核准的其他事项变更,由省级人民政府核准。

第十三条　民办学校终止办学应当及时办理撤销建制、注销登记手续,将办学许可证、登记证或者营业执照正副本缴回原发证机关。

第五章　现有民办学校分类登记

第十四条　现有民办学校选择登记为非营利性民办学校的,依法修改学校章程,继续办学,履行新的登记手续。

第十五条　现有民办学校选择登记为营利性民办学校的,应当进行财务清算,经省级以下人民政府有关部门和相关机构依法明确土地、校舍、办学积累等财产的权属并缴纳相关税费,办理新的办学许可证,重新登记,继续办学。

第十六条　民办学校变更登记类型的办法由省级人民政府根据国家有关规定,结合地方实际制定。

第六章　附则

第十七条　本细则所称现有民办学校为2016年11月7日《全国人民代表大会常务委员会关于修改〈中华人民共和国民办教育促进法〉的决定》公布前经批准设立的民办学校。本细则所称的审批机关包括县级以上教育、人力资源社会保障部门以及省级人民政府。本细则所称的登记管理机关包括县级以上民政、编制、工商行政管理部门。

第十八条　本细则由教育部、人力资源社会保障部、民政部、中央编办、工商总局负责解释。

教育部 人力资源社会保障部 工商总局关于印发《营利性民办学校监督管理实施细则》的通知

教发〔2016〕20号

各省、自治区、直辖市教育厅(教委)、人力资源社会保障厅(局)、工商行政管理局:

2016年11月7日,全国人民代表大会常务委员会通过了《全国人民代表大会常务委员会关于修改〈中华人民共和国民办教育促进法〉的决定》,规定对民办学校实行非营利性和营利性分类管理,并以国家主席习近平签署的中华人民共和国主席令(第五十五号)予以公布。《国务院关于鼓励社会力量兴办教育促进民办教育健康发展的若干意见》(国发〔2016〕81号,以下简称《若干意见》),全面部署了民办教育改革发展的各项政策措施。为深入贯彻落实党中央、国务院的决策部署,确保分类管理改革的有序推进,特研究制定《营利性民办学校监督管理实施细则》,现予印发。

民办学校分类管理是党中央、国务院确定的重大改革方向,是贯彻落实《民办教育促进法》修法精神的重要举措,是深化教育领域综合改革的重要内容。请各地务必高度重视,紧密结合《民办教育促进法》和《若干意见》的贯彻落实,科学稳妥做好营利性民办学校监督管理各项工作,明确任务,细化要求,落实责任,确保党中央、国务院决策部署的切实落地和教育系统的和谐稳定。

教育部 人力资源社会保障部 工商总局

2016年12月30日

营利性民办学校监督管理实施细则

第一章 总则

第一条 为贯彻落实《国务院关于鼓励社会力量兴办教育促进民办教育健康发展的若干意见》,规范营利性民办学校办学行为,促进民办教育健康发展,根据《中华人民共和国教育法》《中华人民共和国民办教育促进法》和2016年11月7日《全国人民代表大会常务委员会关于修改〈中华人民共和国民办教育促进法〉的决定》等法律法规,制定本细则。

第二条 社会组织或者个人可以举办营利性民办高等学校和其他高等教育机构、高中阶段教育学校和幼儿园，不得设立实施义务教育的营利性民办学校。

社会组织或者个人不得以财政性经费、捐赠资产举办或者参与举办营利性民办学校。

第三条 营利性民办学校应当遵守国家法律法规，全面贯彻党的教育方针，坚持党的领导，坚持社会主义办学方向，坚持立德树人，对受教育者加强社会主义核心价值观教育，培养德、智、体、美等方面全面发展的社会主义建设者和接班人。

营利性民办学校应当坚持教育的公益性，始终把培养高素质人才、服务经济社会发展放在首位，实现社会效益与经济效益相统一。

第四条 审批机关、工商行政管理部门和其他相关部门在职责范围内，依法对营利性民办学校行使监督管理职权。

第二章 学校设立

第五条 批准设立营利性民办学校参照国家同级同类学校设置标准，一般分筹设、正式设立两个阶段。经批准筹设的营利性民办学校，举办者应当自批准筹设之日起3年内提出正式设立申请，3年内未提出正式设立申请的，原筹设批复文件自然废止。

营利性民办学校在筹设期内不得招生。

第六条 审批机关应当坚持高水平、有特色导向批准设立营利性民办学校。设立营利性民办高等学校，应当纳入地方高等学校设置规划，按照学校设置标准、办学条件和学科专业数量等严格核定办学规模。中等以下层次营利性民办学校办学规模由省级人民政府根据当地实际制定。

第七条 营利性民办学校注册资本数额要与学校类别、层次、办学规模相适应。

第八条 举办营利性民办学校的社会组织或者个人应当具备与举办学校的层次、类型、规模相适应的经济实力，其净资产或者货币资金能够满足学校建设和发展的需要。

第九条 举办营利性民办学校的社会组织，应当具备下列条件：

（一）有中华人民共和国法人资格。

（二）信用状况良好，未被列入企业经营异常名录或严重违法失信企业名单，无不良记录。

（三）法定代表人有中华人民共和国国籍，在中国境内定居，信用状况良好，无犯罪记录,有政治权利和完全民事行为能力。

第十条 举办营利性民办学校的个人,应当具备下列条件:

(一)有中华人民共和国国籍,在中国境内定居。

(二)信用状况良好,无犯罪记录。

(三)有政治权利和完全民事行为能力。

第十一条 申请筹设营利性民办学校,举办者应当提交下列材料:

(一)筹设申请报告。内容主要包括:举办者的名称、地址或者姓名、住址及其资质,筹设学校的名称、地址、办学层次、办学规模、办学条件、培养目标、办学形式、内部管理机制、党组织设置、经费筹措与管理使用等。

(二)设立学校论证报告。

(三)举办者资质证明文件。举办者是社会组织的,应当包括社会组织的许可证、登记证或者营业执照、法定代表人有效身份证件复印件,决策机构、权力机构负责人及组成人员名单和有效身份证件复印件,有资质的会计师事务所出具的该社会组织近2年的年度财务会计报告审计结果,决策机构、权力机构同意投资举办学校的决议。举办者是个人的,应当包括有效身份证件复印件、个人存款、有本人签名的投资举办学校的决定等证明文件。

(四)资产来源、资金数额及有效证明文件,并载明产权。

(五)民办学校举办者再申请举办营利性民办学校的,还应当提交其举办或者参与举办的现有民办学校的办学许可证、登记证或者营业执照、组织机构代码证、校园土地使用权证、校舍房屋产权证明复印件,近2年年度检查的证明材料,有资质的会计师事务所出具的学校上年度财务会计报告审计结果。

(六)有两个以上举办者的,应当提交合作办学协议,明确各举办者的出资数额、出资方式、权利义务,举办者的排序、争议解决办法等内容。出资计入学校注册资本的,应当明确各举办者计入注册资本的出资数额、出资方式、占注册资本的比例。

第十二条 申请正式设立营利性民办学校,举办者应当提交下列材料:

(一)正式设立申请报告。

(二)筹设批准书。

(三)举办者资质证明文件。提交材料同本细则第十一条第(三)项。

(四)学校章程。

(五)学校首届董事会、监事(会)、行政机构负责人及组成人员名单和有效身份证件复印件。

(六)学校党组织负责人及组成人员名单和有效身份证件复印件,教职工党员名单。

（七）学校资产及其来源的有效证明文件。

（八）学校教师、财会人员名单及资格证明文件。

第十三条　直接申请正式设立营利性民办学校的，须提交本细则第十一条第（二）项规定的材料、第十二条除第（二）项以外的材料。

第十四条　审批机关对批准正式设立的营利性民办学校发给办学许可证；对不批准正式设立的，应当书面说明理由。经审批正式设立的营利性民办学校应当依法到工商行政管理部门登记。

第十五条　设立营利性民办学校，要坚持党的建设同步谋划、党的组织同步设置、党的工作同步开展。

第三章　组织机构

第十六条　营利性民办学校应当建立董事会、监事（会）、行政机构，同时建立党组织、教职工（代表）大会和工会。

营利性民办学校法定代表人由董事长或者校长担任。

第十七条　营利性民办学校董事会、行政机构、校长应当依据国家有关法律法规和学校章程设立和行使职权。

第十八条　营利性民办学校监事会中教职工代表不得少于 1/3，主要履行以下职权：

（一）检查学校财务。

（二）监督董事会和行政机构成员履职情况。

（三）向教职工（代表）大会报告履职情况。

（四）国家法律法规和学校章程规定的其他职权。

第十九条　有犯罪记录、无民事行为能力或者限制行为能力者不得在学校董事会、监事会、行政机构任职。一个自然人不得同时在同一所学校的董事会、监事会任职。

第二十条　营利性民办学校应当切实加强党组织建设，强化党组织政治核心和政治引领作用，在事关学校办学方向、师生重大利益的重要决策中发挥指导、保障和监督作用。推进双向进入、交叉任职，党组织书记应当通过法定程序进入学校董事会和行政机构，党员校长、副校长等行政机构成员可按照党的有关规定进入党组织领导班子。监事会中应当有党组织领导班子成员。营利性民办学校应当加强共青团组织建设，充分发挥教职工（代表）大会和工会的作用。

第四章　教育教学

第二十一条　营利性民办学校应当以培养人才为中心，遵循教育规律，不断提高教育教学质量,增强受教育者的社会责任感、创新精神、实践能力。

第二十二条 营利性民办学校应当抓好思想政治教育和德育工作。加强思想政治理论课和思想品德课教学,推进中国特色社会主义理论体系进教材、进课堂、进头脑。深入开展理想信念、爱国主义、集体主义、中国特色社会主义教育和中华优秀传统文化、革命传统文化、民族团结教育,引导师生员工树立正确的世界观、人生观、价值观。

第二十三条 实施学历教育的营利性民办学校应当按照国家规定设置专业、开设课程、选用教材。营利性民办幼儿园应当依据国家和地方有关规定科学开展保育和教育活动。

第二十四条 营利性民办学校招收学历教育学生、境外学生应当遵守国家有关规定,招生简章和广告应当报审批机关备案。其中,本科高等学校的招生简章和广告应当报省级人民政府教育行政部门备案。

第二十五条 营利性民办学校聘任的教师应当具备国家规定的教师资格或者相关专业技能资格,学校应当按照《中华人民共和国教师法》《中华人民共和国劳动合同法》等国家法律法规和有关规定与教职工签订劳动合同。学校应当加强教师师德建设和业务培训,依法保障教职工工资、福利待遇和其他合法权益。学校聘任外籍教师应当符合国家有关规定。

第五章 财务资产

第二十六条 营利性民办学校执行《中华人民共和国公司法》及有关法律规定的财务会计制度。学校应当独立设置财务管理机构,统一学校财务核算,不得账外核算。

第二十七条 营利性民办学校应当建立健全财务内部控制制度,按实际发生数列支,不得虚列虚报,不得以计划数或者预算数代替实际支出数。

第二十八条 营利性民办学校按学期或者学年收费,收费项目及标准应当向社会公示 30 天后执行。不得在公示的项目和标准外收取其他费用,不得以任何名义向学生摊派费用或者强行集资。

第二十九条 营利性民办学校收入应当全部纳入学校财务专户,出具税务部门规定的合法票据,由学校财务部门统一核算、统一管理,保障学校的教育教学、学生资助、教职工待遇以及学校的建设和发展。学校应当将党建工作、思想政治工作和群团组织工作经费纳入学校经费预算。

第三十条 营利性民办学校拥有法人财产权,存续期间,学校所有资产由学校依法管理和使用,任何组织和个人不得侵占、挪用、抽逃。营利性民办学校举办者不得抽逃注册资本,不得用教育教学设施抵押贷款、进行担保,办学结余分配应当在年度财务结算后进行。

第三十一条 营利性民办学校应当建立健全学校风险防范、安全管理制度和应急预警处理机制，保障学校师生权益、生命财产安全，维护学校安全稳定。学校法定代表人是学校安全稳定工作的第一责任人。

第六章 信息公开

第三十二条 营利性民办学校应当依据法律法规建立信息公开制度及信息公开保密审查机制，公开的信息不得危及国家安全、公共安全、经济安全、社会稳定和学校安全稳定。

第三十三条 营利性民办高等学校信息公开内容应当执行《高等学校信息公开办法》等国家有关规定，其他营利性民办学校信息公开办法由地方人民政府学校主管部门制定。

第三十四条 营利性民办学校应当按照《企业信息公示暂行条例》规定，通过国家企业信用信息公示系统，公示年度报告信息、行政许可信息以及行政处罚信息等信用信息。

第三十五条 营利性民办学校信息应当通过学校网站、信息公告栏、电子屏幕等场所和设施公开，并可根据需要设置公共阅览室、资料索取点方便调取和查阅。除学校已经公开的信息外，社会组织或者个人可以书面形式向学校申请获取其他信息。

第七章 变更与终止

第三十六条 营利性民办学校分立、合并、终止及其他重大事项变更，应当由学校董事会通过后报审批机关审批、核准，并依法向工商行政管理部门申请变更、注销登记手续。其中，营利性民办本科高等学校分立、合并、终止、名称变更由教育部审批，其他事项变更由省级人民政府核准。

第三十七条 营利性民办学校分立、合并、终止及其他重大事项变更，应当制定实施方案和应急工作预案，并按隶属关系报学校主管部门备案，保障学校教育教学秩序和师生权益不受影响。

第三十八条 营利性民办学校有下列情形之一的，应当终止：

（一）根据学校章程规定要求终止，并经审批机关批准的。

（二）被吊销办学许可证的。

（三）因资不抵债无法继续办学的。

第三十九条 营利性民办学校终止时，应当依法进行财务清算，财产清偿依据《中华人民共和国民办教育促进法》等法律法规和学校章程的规定处理，切实保障学校师生和相关方面的权益。

第四十条 营利性民办学校终止时,应当及时办理建制撤销、注销登记手续,将学校办学许可证正副本、印章交回原审批机关,将营业执照正副本缴回原登记管理机关。

第四十一条 营利性民办学校发生分立、合并、终止等重大事项变更,学校党组织应当及时向上级党组织报告,上级党组织应当及时对学校党组织的变更或者撤销做出决定。

第八章 监督与处罚

第四十二条 教育、人力资源社会保障行政部门依据《中华人民共和国民办教育促进法》规定的管理权限,对营利性民办学校实施年度检查制度。工商行政管理部门对营利性民办学校实施年度报告公示制度。

第四十三条 教育、人力资源社会保障行政部门依据《中华人民共和国民办教育促进法》规定的管理权限,加大对营利性民办学校招生简章的监管力度,对于使用未经备案的招生简章、发布虚假招生简章的民办学校依法依规予以处理。

第四十四条 教育、人力资源社会保障行政部门依据《中华人民共和国民办教育促进法》规定的管理权限,加强对营利性民办学校办学行为和教育教学质量的监督管理,依法依规开展督导和检查,组织或者委托社会组织定期进行办学水平和教育教学质量评估,并向社会公布评估结果。

第四十五条 教育行政部门应当加强对实施学历教育的营利性民办学校执行电子学籍和学历证书电子注册制度情况的监督,对非法颁发或者伪造学历证书、学位证书的营利性民办学校依法予以处理。

第四十六条 地方教育、人力资源社会保障及其他相关部门应当通过实施审计、建立监管平台等措施对营利性民办学校财务资产状况进行监督。

第四十七条 营利性民办学校违反《中华人民共和国教育法》《中华人民共和国民办教育促进法》及相关法律法规,有下列行为之一的,由教育、人力资源社会保障、工商行政部门或者其他相关部门依法责令限期改正,并予以警告;有违法所得的,退还所收费用后没收违法所得;情节严重的,责令停止招生、吊销办学许可证;构成犯罪的,依法追究刑事责任:

(一)办学方向、教学内容、办学行为违背党的教育方针,违反国家相关法律规定。

(二)办学条件达不到国家规定标准,存在安全隐患。

(三)提供虚假资质或者进行虚假广告、宣传等行为。

(四)筹设期间违规招生,办学期间违规收费。

（五）因学校责任造成教育教学及安全事故。

（六）抽逃办学资金、非法集资。

（七）存在其他违反法律法规行为。

第四十八条　民办学校有下列情形之一的,其举办者不得再举办或者参与举办营利性民办学校:

（一）法人财产权未完全落实。

（二）民办学校属营利性的,其被列入企业经营异常名录或严重违法失信企业名单。

（三）办学条件不达标。

（四）近2年有年度检查不合格情况。

（五）法律法规规定的其他情形。

第九章　附则

第四十九条　营利性民办培训机构参照本细则执行。

第五十条　本细则由教育部、人力资源社会保障部、工商总局负责解释。

山东省非营利性民办职业院校认定管理办法（试行）

鲁教职发〔2013〕8号

各市教育局、发展改革委、财政局、人力资源社会保障局：

　　现将《山东省非营利性民办职业院校认定管理办法（试行）》印发给你们，请认真贯彻执行。

山东省教育厅　山东省发展和改革委员会

山东省财政厅　山东省人力资源和社会保障厅

2013 年 12 月 31 日

山东省非营利性民办职业院校认定管理办法（试行）

　　第一条　为加快发展现代职业教育，积极支持鼓励社会力量投资兴办职业教育，尽快形成公办民办互补、有序竞争和良性发展的多元办学格局，根据《中华人民共和国民办教育促进法》《山东省中长期教育改革和发展规划纲要（2011—2020 年）》和《山东省人民政府关于加快建设适应经济社会发展的现代职业教育体系的意见》（鲁政发〔2012〕49 号）《山东省人民政府办公厅关于贯彻落实鲁政发〔2012〕49 号文件推进现代职业教育体系建设的实施意见》（鲁政办字〔2013〕126 号）等，制定本办法。

　　第二条　本办法所指民办职业院校包括设区市以上政府及其所属部门批准设立实施学历教育的民办中等职业学校（含技工学校）、高等职业学校、应用型本科院校以及技师学院。

　　第三条　民办职业院校的非营利性认定，由举办者自愿申报，设区市教育行政部门确认，报省教育行政部门备案；技工院校由设区市人力资源社会保障部门会同教育部门确认，报省人力资源社会保障部门和教育部门备案。认定的依据为举办者提供的办学性质确认申请、办学章程、财务报告、资产评估或验资报告及有关材料。

　　第四条　明确提出不以营利为目的，办学结余不用于举办者分配而全部用于本学校发展，且法人治理结构健全、法人财产权独立完整、办学活动规范的，确认为非营利性民办职业院校。

　　学校性质一经确认，无特殊理由一般不予变更。

第五条　捐资举办的非营利性民办职业院校终止办学,剩余资产由学校审批部门的本级人民政府统筹用于公益性教育事业。出资举办的非营利性民办职业院校,出资者拥有实际出资额包括学校存续期间追加投资额的财产所有权,终止办学,依法依规进行财务清算,按投入额度为限取得补偿,剩余资产由学校审批部门的本级人民政府统筹用于公益性教育事业。非营利性民办职业院校举办者变更,按实际出资额为限取得补偿。

第六条　对办学活动规范的非营利性民办职业院校在扣除办学成本、社会捐助、国家资助的资产,预留发展基金以及按国家有关规定提取其他必需的费用后形成的办学结余,由设区市人民政府相关部门决定,可以提取一定比例用于奖励出资人。奖励资金继续用于本学校发展,转为出资额。对未从办学结余提取奖励的,可以在初次认定出资额时参照上述规定提取奖励。

第七条　非营利性民办职业院校应建立健全财务、资产等管理制度,按要求定期向设区市教育行政部门(技工院校向设区市人力资源社会保障部门)报送财务会计报告,接受财务监督。年度财务决算报告必须委托会计师事务所依法审计。

非营利性民办职业院校占有使用国有资产的,按照行政事业国有资产管理有关规定执行。

第八条　非营利性民办职业院校聘用的教师,按公办学校教师标准参加事业单位社会保险,并按事业单位社会保险政策享受退休待遇。非营利性民办职业院校教师中原参加企业职工基本养老保险的人员,按有关规定办理养老保险关系的转移接续手续。

第九条　按照扶优扶强的原则,对非营利性民办职业院校给予更多公共资源支持,探索定额补助、项目补助、专项奖励等多元化的公共财政资助政策。

对办学规范、办学效益好的非营利性民办中等职业学校,可参照公办中等职业学校公用经费拨款标准拨付公用经费。

第十条　本办法2014年3月1日起在青岛市、潍坊市、德州市试行,有效期至2016年2月29日。全省范围内实施的办法将根据试行情况另行制定。

山东省教育厅等4部门关于印发《山东省民办普通中小学(幼儿园)分类认定办法(试行)》的通知

鲁教职发〔2015〕1号

各市教育局、机构编制委员会办公室、民政局、工商行政管理局：

现将《山东省民办普通中小学校(幼儿园)分类认定办法(试行)》印发给你们，请遵照执行。

山东省教育厅　　山东省机构编制委员会办公室
山东省民政厅　　山东省工商行政管理局
2015年3月20日

山东省民办普通中小学校(幼儿园)分类认定办法(试行)

第一条　为贯彻落实党的十八大和十八届三中、四中全会精神，建立适应民办教育改革发展新形势的民办学校分类管理机制，进一步促进民办教育健康持续发展，根据《国家中长期教育改革和发展规划纲要(2010—2020)》和《省委办公厅省政府办公厅关于推进基础教育综合改革的意见》(鲁办发〔2014〕55号)精神，制定本办法。

第二条　本办法所指民办普通中小学校(幼儿园)包括县(市、区)、市以上人民政府及其所属部门批准设立实施学历教育的民办普通中小学校和幼儿园。

第三条　民办普通中小学校(幼儿园)按照非营利性与营利性进行分类登记。

第四条　举办者明确提出不取得办学收益，办学结余不用于举办者分配而继续投入本学校发展，形成的资产归学校法人所有，且法人治理结构健全、法人财产权独立完整、办学活动规范的，可认定为非营利性民办普通中小学校(幼儿园)。

第五条　举办者要求取得办学收益，办学结余依据国家及省有关规定进行分配，形成的资产归举办者所有，学校自主运营、自负盈亏的，可认定为营利性民办普通中小学校(幼儿园)。

第六条　营利性民办普通中小学校（幼儿园）举办者可以用货币出资，也可以用实物、知识产权、土地使用权等，可以用货币估价并可以依法转让的非货币财产作价出资，经依法设立的验资机构验资并出具证明。营利性民办普通中小学校（幼儿园）接受的国家资助、向学生收取的费用、接受的捐赠财产不属于举办者的出资。

第七条　非营利性民办普通中小学校（幼儿园），可按规定到民政部门登记为民办非企业单位或机构编制部门登记为事业单位法人；营利性民办普通中小学校（幼儿园）按照企业法人到工商部门进行登记。

民办普通中小学校（幼儿园），应当取得相应的民办学校办学许可证，按照有关规定办理相应的法人登记手续。

第八条　举办者自愿提出非营利性办学性质申请，提供办学章程、财务报告、资产评估或验资报告及有关材料，由学校审批机关予以认定。举办者凭非营利性认定书和办理登记手续所需提交的其他材料到登记管理机关进行登记。营利性民办普通中小学校（幼儿园）根据企业设立登记的有关规定办理登记手续。

第九条　非营利性民办普通中小学校（幼儿园）由民政部门登记的，按照民办非企业单位有关法律法规和制度政策进行管理；由机构编制部门登记的，参照事业单位有关法律法规和制度政策进行管理；企业法人由工商部门登记，按照企业有关法律法规和制度政策进行管理。

第十条　民办普通中小学校（幼儿园）的非营利性或营利性属性一经确认，无特殊理由一般不予变更。确需变更的，需进行资质审查和财务审计，符合条件的，经学校审批机关确认，向原登记机关申请注销登记后，由新的登记机关进行登记。

第十一条　民办普通中小学校（幼儿园）接受审批机关的管理与监督。审批机关依法对民办普通中小学校（幼儿园）实行督导，组织或委托社会组织评估办学水平和教育质量，并向社会公布评估结果。

第十二条　非营利性民办普通中小学校（幼儿园）终止办学时，由学校审批机关批准，收回办学许可证后，向原登记机关申请注销登记。

非营利性民办普通中小学校（幼儿园）在办理注销登记前，应在审批机关和其他有关机关的指导下，成立清算组织，完成清算工作，清算期间不得开展清算以外的活动。属捐资举办的，清偿后剩余财产继续用于教育事业。其他的依照国家和我省有关规定清偿债权债务后的剩余资产，从中提取一定比例的经费，给予举办者相应的奖励，其余资产继续用于教育事业。

第十三条 营利性民办普通中小学校(幼儿园)终止办学时,资产处置按照公司法和学校章程的相关规定处理。经原审批机关批准,收回办学许可证后,持批准文件和《公司登记管理条例》规定的文件,向原登记机关申请注销登记。

第十四条 本办法自 2015 年 6 月 1 日起施行,有效期至 2017 年 5 月 31 日。

(2015 年 3 月 20 日印发)

关于对民办教育　文化　卫生　体育　养老新上
项目实行贷款贴息的通知

鲁财办〔2015〕17 号

各市财政局、教育局、民政局、文化广电新闻出版局、卫生计生委、体育局：

为积极贯彻《山东省人民政府关于运用财政政策措施进一步推动全省经济转方式调结构稳增长的意见》（鲁政发〔2015〕14 号）精神，落实好民办教育、文化、卫生、体育、养老新上项目贷款财政贴息政策，鼓励引导社会资本发展公益性事业，现就有关事项通知如下。

一、政策内容

2015 年，对民办教育、文化、卫生、体育、养老新上项目从银行类金融机构取得的实际贷款，按中国人民银行一年期贷款基准利率给予财政贴息，贴息期限为 1～3 年。贴息资金由省财政负担 70%，市县财政负担 30%，市县负担比例由各市财政局确定。

（一）支持对象

山东省行政区域内（不含青岛）民办教育、文化、卫生、体育、养老机构。具体支持对象及项目类型包括：

1. 各级各类民办学校（含民办幼儿园和社会资本举办的独立学院，不含民办培训机构）新上基本建设、设备购置、房屋租赁项目。

2. 各级民办文化馆、图书馆、博物馆、美术馆、画院（不含画廊）、传统文化传习机构、非物质文化遗产展示传承保护机构、演出机构新上基本建设、设备购置、房屋租赁项目。

3. 各级各类符合区域卫生规划和卫生资源配置标准，依法取得设置审批或执业许可的民办医疗机构新上基本建设、取得卫生计生行政部门配置许可证的甲类和乙类大型医用设备购置、房屋租赁项目。

4. 各级民办体育场馆、全民健身场所、全民健身活动组织、体育竞赛表演组织、运动康复机构、体育休闲旅游基地或体育公园、体育项目学校、体育资源服务信息平台、体育文化传播与科学研究机构新上基本建设、设备购置、房屋租赁项目。

5. 民办养老机构新上项目,具体包括:养老院、老年养护院等各类养老机构(不含养老地产)基本建设、设备购置和房屋租赁项目;改善老年人居住条件和生活环境的便利化社区养老服务设施和养老服务信息平台建设项目;为老年人提供生活照料、健康服务、文化娱乐、精神慰藉、法律咨询服务的居家养老服务型小微企业,以及各类规模化、连锁化、品牌化的养老服务组织和机构建设项目。

(二)申请贴息机构条件

1. 依法在有关部门登记或按规定免予登记的民办学校、公益性文化、医疗、体育、养老机构或其举办者,具有独立法人资格。

2. 依法经营、规范管理,具有健全的核算和管理体系,近三年未发生骗取、套取财政扶持资金等行为。

3. 财务状况良好,具有较高资信等级和相应的资金筹措能力。

(三)贷款金额

实际贷款金额原则上不低于 10 万元。

(四)贷款日期

2015 年 1 月 1 日～2015 年 11 月 15 日。

(五)贴息限额

省财政对符合规定的同一独立法人机构一次贷款给予贴息,贴息总额不超过 500 万元。

二、贴息申请

(一)县级教育、民政、文化、卫生计生、体育主管部门(以下简称"主管部门")会同财政部门具体负责项目组织申报工作。符合本通知规定的民办机构可向所在县(市、区)主管部门申请贷款贴息,市本级项目可直接向市级主管部门提出申请。

(二)申请主体应如实提供项目立项依据或相关证明、银行贷款协议及入账证明、机构或项目举办者法人登记、个人身份证明及承诺书等有关材料,并对材料真实性、合法性负责。

三、申报审核

(一)县级主管部门会同财政部门对申报项目进行初审,将符合条件的项目报市级审核。市级主管部门会同财政部门审核通过后,汇总并报送省财政厅驻有关市财政检查办事处(以下简称"检查办事处")审查。省财政直接管理县

（市）（以下简称"省直管县"）贷款贴息申报材料由所在市负责审核汇总。

（二）经检查办事处审查通过后，市级主管部门会同财政部门以正式文件，并附《贷款情况汇总表》（见附件）及申请主体申报材料，报省级主管部门。

（三）省级主管部门会同省财政厅对各市汇总上报申请项目进行审核确认，确定省级补助贴息项目及金额。省财政厅将分别于2015年8月底、12月底前下达贴息资金。

2015年度省财政贴息资金申报工作分两批进行。2015年1月1日至6月30日和2015年7月1日至11月15日两个时间区间内获得银行贷款的项目，市级主管部门会同财政部门应分别于7月31日和11月30日前向省级主管部门提报申请文件。

四、有关要求

（一）各市财政局、教育局、民政局、文化广电新闻出版局、卫生计生委、体育局，要认真按照本通知要求，结合当地实际，科学合理制定实施细则和工作方案，明确任务分工，认真履行职责，严格审核项目，确保贴息政策有效落实。

（二）各级各有关部门要将审核认定的贷款贴息项目，通过当地媒体、部门网站等途径，向社会公开，并接受审计检查和各方监督。

（三）对获得财政贴息的银行贷款项目，贷款主体应对项目立项、实施、验收等全程信息进行公开。

（四）若申请主体提前还贷或贷款项目中止，财政部门将视情况收回部分或全部贴息资金。

（五）享受财政贴息的贷款资金不得用于借新还旧及偿还各类债务。

（六）对弄虚作假套取财政贴息资金的，按有关法律法规进行处理。

山东省财政厅　山东省教育厅　山东省民政厅
山东省文化厅　山东省卫生计生委　山东省体育局
2015年6月29日

山东省人民政府办公厅转发省人力资源社会保障厅等部门《关于开展非营利性民办学校教师养老保险与公办学校教师同等待遇试点工作的指导意见》的通知

鲁政办发〔2015〕57号

各市人民政府,各县(市、区)人民政府,省政府各部门、各直属机构,各大企业,各高等院校:

省人力资源社会保障厅、省教育厅、省财政厅《关于开展非营利性民办学校教师养老保险与公办学校教师同等待遇试点工作的指导意见的通知》已经省政府同意,现转发给你们,请认真贯彻实施。

山东省人民政府办公厅

2015年12月28日

关于开展非营利性民办学校教师养老保险与公办学校教师同等待遇试点工作的指导意见

省人力资源社会保障厅 省教育厅 省财政厅

根据《省委办公厅省政府办公厅关于推进基础教育综合改革的意见》(鲁办发〔2014〕55号)、《山东省人民政府办公厅关于贯彻落实鲁政发〔2012〕49号文件推进现代职业教育体系建设的实施意见》(鲁政办字〔2013〕126号),结合我省实际,现就开展非营利性民办学校教师养老保险与公办学校教师同等待遇试点工作提出以下指导意见。

一、目标任务

按照党的十八大和十八届五中全会提出的建立更加公平更可持续的社会保障制度的要求,以增强公平性、适应流动性、保证可持续性为重点,在非营利性民办学校开展教师参加机关事业单位养老保险试点,实现非营利性民办学校教师养老保险与公办学校教师同等待遇,促进民办教育发展,推动教育体制改革。2015年,我省已在青岛、潍坊、德州三市率先启动试点;2016年,在全省启动试点。

二、基本原则

（一）坚持公平原则。以贯彻《中华人民共和国教师法》为依据,以非营利性办学为前提,以教师为参保对象,健全完善民办学校教师养老保险制度,使民办学校教师与公办学校教师享受同等的养老保险待遇。

（二）坚持权利义务相对应原则。引导非营利性民办学校及其教师,依照国家和省关于机关事业单位养老保险制度改革的有关政策,切实履行缴费义务,享受相应的养老保险待遇,形成责任共担、成果共享机制。

（三）坚持自愿原则。充分尊重非营利性民办学校和教师的意愿,允许非营利性民办学校及其教师,根据自身实际选择参加机关事业单位或企业职工养老保险,保证教师在公办学校与民办学校之间养老保险关系顺畅转移接续,促进人才合理流动和优化配置。

（四）坚持先行试点、稳步推进的原则。统筹规划、合理安排,逐步扩大试点范围,确保试点积极稳妥实施。

三、参保范围

（一）参保的非营利性民办学校范围。本意见所指非营利性民办学校,包括民办普通高等学校、民办中等职业学校、民办技工院校、民办普通中小学,其他学校暂不纳入。本意见印发前已按规定认定为非营利性民办学校的,不再重新认定;对于今后学校法人属性发生变更的或者新设立的民办学校,参照《山东省教育厅等4部门关于印发〈山东省民办普通中小学（幼儿园）分类认定办法（试行）〉的通知》（鲁教职发〔2015〕1号）有关规定执行。

被认定为非营利性民办学校的,应通过董事会、教代会形成决议,以学校为单位,自愿选择参加机关事业单位养老保险或企业职工养老保险。参保类型一经确认,原则上不再变更。

（二）参保的人员范围。同时具备以下条件的非营利性民办学校教师,可参照公办学校教师标准参加机关事业单位养老保险:按照《中华人民共和国教师法》规定,取得国家规定的教师资格;从事教育教学工作;与所在学校签订劳动合同。

符合上述条件的公办学校中具有教师资格且在教师岗位的编制外人员,可参照本意见执行。

非营利性民办学校中其他教辅人员,按照国家和省有关规定参加企业职工养老保险。

各市可结合实际,做出补充规定。

四、参保办法

非营利性民办学校教师参加机关事业单位养老保险的相关政策,参照《国务院关于机关事业单位工作人员养老保险制度改革的决定》(国发〔2015〕2号)、《山东省人民政府关于机关事业单位工作人员养老保险制度改革的实施意见》(鲁政发〔2015〕4号)等有关规定执行。

(一)符合条件的非营利性民办学校及其教师,按照属地原则参加当地机关事业单位养老保险,并按规定缴纳基本养老保险费和职业年金。

(二)非营利性民办学校教师参加机关事业单位养老保险,核定基本养老保险和职业年金缴费基数时,参照当地公办学校教师同类人员的标准和办法执行。

(三)非营利性民办学校及其教师参加机关事业单位养老保险的时间,按所在市确定的试点时间执行。

五、养老金计发

参加机关事业单位养老保险的非营利性民办学校教师退休时,按国家和省有关规定计发基本养老金和职业年金待遇。待遇计发办法,统一按机关事业单位养老保险制度改革后的新办法执行,不设立过渡期,不实行新老待遇计发办法对比。

六、养老保险关系转移接续

(一)公办学校教师到非营利性民办学校任教的,按国家和省有关规定办理养老保险关系转移接续手续,其机关事业单位养老保险制度改革前在公办学校的工作年限,按规定认定为视同缴费年限,并与改革后的实际缴费年限合并计算。

(二)原参加企业职工养老保险的非营利性民办学校教师,试点后参加机关事业单位养老保险的,以及被机关事业单位或公办学校录(聘)用的,按国家和省有关规定办理养老保险关系转移接续手续,其参加企业职工养老保险与参加机关事业单位养老保险的缴费年限合并计算。

（三）试点后参加机关事业单位养老保险的非营利性民办学校教师，因学校终止办学等原因退出教师岗位，或流动到企业工作以及灵活就业的，按国家和省有关规定办理养老保险关系转移接续手续，其参加机关事业单位养老保险与参加企业养老保险的缴费年限合并计算。

七、财政补助

当地财政部门应充分考虑学校缴费规模，对参加试点的非营利性民办学校给予适当补助。省级财政将对纳入试点范围（不含青岛市）的民办普通高等学校予以补助。

八、组织实施

各市要制定具体工作方案，积极稳妥开展试点。要准确把握政策，加强宣传引导，做好工作预案，切实维护社会稳定。各级人力资源社会保障部门负责非营利性民办学校教师参加养老保险工作和非营利性民办技工院校的确认工作。各级社会保险经办机构具体承办非营利性民办学校教师参加养老保险的业务工作。各级教育部门负责教师资格的确认工作和其他非营利性民办学校的确认工作。各级财政部门负责安排资金，做好对非营利性民办学校缴费给予补助的有关工作。非营利性民办学校负责申请办理养老保险参保登记、养老保险费申报缴纳等手续。

各市要积极探索和总结试点经验，妥善解决试点中出现的矛盾和问题，确保试点工作顺利进行。重要情况要及时向省人力资源社会保障厅、省教育厅、省财政厅报告。

山东省教育厅关于进一步加强民办非学历教育机构规范管理的通知

鲁教民函〔2016〕16 号

各市教育局,各民办非学历高等教育机构:

近期,我省个别民办学校违规办学行为被媒体曝光后,引发舆论关注,不仅损害了学员权益,而且造成不良社会影响。为进一步加强对民办非学历教育机构(含民办非学历高等教育机构,以下简称民教机构)管理,切实规范教育教学秩序,引导其依法办学、规范办学,促进我省民办教育事业健康发展,现就有关事项通知如下。

一、严格民教机构审批

各级教育行政部门要认真贯彻执行《中华人民共和国民办教育促进法》及其实施条例和有关政策规定,增强审批工作的责任意识,完善民教机构的审批程序和办法,依法审查举办者的办学资质和办学条件。各级教育行政部门审批的民教机构应以实施自学考试助学及其他文化教育为主要教育教学内容。未经有关部门(单位)批准,不得举办其他内容和形式的教育培训。

二、规范民教机构办学行为

民教机构要严格按照审批机关核发的《民办学校办学许可证》确定的学校名称、地址、类别、办学内容等开展教育教学活动。招生简章和广告要真实、准确、合法,并依法报审批机关备案。坚持学员自愿入学原则,严禁以误导、欺骗、强制等不正当手段抢拉生源。学员入学前,民教机构应主动与学员或其监护人签订书面培训协议或合同。教学内容应当符合国家宪法、法律和法规的规定,按制定的教学计划、教学大纲组织开展教学活动,确保教育教学质量。严格教师准入制度,严禁聘用无教师资格证、不具备相应素质的人员任教。加强对教师的师德师风教育,规范从教行为,并依法保障教职工的工资、福利待遇。进一步加强财务资产管理,在校内公示收费项目与标准,不得跨学年度预收费,不得以任何名义向学生及其家长收取储备金等,不得以高额回报为名面向社会募集资金。要建立健全安全工作制度和管理机制,制定安全应急预案,消除各类安全隐患,切实保障学生的人身安全。

三、加强民办非学历高等教育机构管理

民办非学历高等教育机构不具有颁发学历证书资格，办学应以高等教育自学考试助学或高等教育层次培训为主要教育教学内容，设立高等学校学历继续教育校外教学站（点、中心）的，应严格执行主办高校的招生和教学管理等有关规定；招生简章和广告要明确学历取得的方式、学历证书颁发学校和证书性质，严禁将学历教育与非学历教育、普通高等教育与高等教育自学考试、成人高等教育、现代远程教育等形式的高等学历继续教育混淆，进行误导性宣传。对于办学内容和办学条件已不符合或达不到民办非学历高等教育机构办学定位和标准的，支持其转设为其他非高等教育类型的民办学校或教育机构。市级教育行政部门要配合省教育行政部门做好民办非学历高等教育机构日常监督和检查的组织实施工作。

四、切实做好管理指导和服务工作

各级教育行政部门要进一步完善民教机构年度报告制度，采取有效措施强化日常监督与管理，做好对民教机构招生宣传、教学管理、教师聘用、学生管理、财务管理、学校安全、突发事件应急管理与舆情处置等的指导检查工作。主动与有关部门协调合作，加大执法检查力度，及时曝光查处违规办学典型。建立健全信息公开制度，促进和接受社会监督。要注重正面引导，大力宣传推广一批规范办学、优质特色的民教机构，引导学员合理选择民教机构参加培训学习，维护受教育者的合法权益。努力营造优化教育培训市场发展的良好氛围和发展环境。

五、开展专项清理检查

各级教育行政部门要立即组织力量对民教机构开展专项清理检查，重点排查针对未成年人以网戒、矫正为主要教育内容的民教机构，在未出台此类教育的相关标准或规范之前，暂停举办此类教育培训，并做好学生的安置、分流等善后工作，确保安全、稳妥、有序。要做好突发事件应急管理与舆情处置，避免引发群体性事件，防止影响社会不稳定因素的产生。按照本通知精神，对发现的其他问题要限期整改，存在重大安全隐患和严重违法办学行为的，要会同有关部门依法严肃处理。各市教育局将专项检查情况于 12 月 31 日前书面报送我厅民办教育与继续教育处。联系人：赵远征、谭庆龙，联系电话：0531-81916557、81916550，电子邮箱：sdedumjc@126.com。

山东省教育厅

2016 年 11 月 16 日

第二部分
综合报告

山东省民办教育总体发展状况及问题分析

民办教育是改革开放的产物，与民营经济的发展具有同步性。随着民营经济的发展，山东省民办教育起步，逐渐成为全省教育事业的重要组成部分，为经济社会的发展与和谐社会的创建做出了重要贡献。在全国民办教育版图中，山东省的民办教育起步并不早，但具有发展快、规模大的特征，已经成为山东省教育事业的一张名片。特别是在教育领域综合改革不断深化的今天，山东省民办教育领域的部分改革创新经验，完全可以成为其他省份的重要借鉴。诚然，山东省民办教育的发展还面临着一些困难与挑战，但在分类管理政策落实之际，只要政府、社会、学校共同努力，民办学校会实现更快、更健康的发展。

一、山东省民办教育发展的基本态势

《国家中长期教育改革和发展规划纲要（2011—2016）》（简称《纲要》）颁布以来，山东省民办教育健康发展。到 2016 年底，全省共有民办幼儿园 7873 所，入园幼儿 42.31 万人，在园幼儿 115.26 万人，分别占全省总数的 41.76%、40.17% 和 41.88%；民办小学 266 所，招生 6.81 万人，在校生 41.40 万人，分别占全省总数的 2.65%、5.49% 和 5.99%；民办初中 306 所，招生 12.68 万人，在校生 35.29 万人，分别占全省总数的 10.47%、12.12% 和 11.17%；民办普通高中 145 所，招生 7.77 万人，在校生 18.03 万人，分别占全省总数的 25.00%、13.94% 和 10.83%；民办中等职业学校 111 所，招生 4.25 万人，在校生 10.63 万人，分别占全省总数的 25.93%、14.75% 和 13.12%；民办普通高等学校 39 所，普通本专科招生 12.16 万人，在校生 36.84 万人，分别占全省总数的 27.08%、19.47% 和 18.46%。

在全省民办教育体系中，民办幼儿园占有份额最大，为 90.08%；民办普通高校份额最小，占比 0.45%。其他各级民办学校的情况为，民办小学占比 3.04%，民办初中占比 3.50%，民办普通高中占比 1.66%，民办中等职业学校占比 1.27%，民办普通高校占比 0.45%。各级民办学校的数量规模都超过了全国同级民办学校的平均规模，具体占比情况为，民办幼儿园占比 5.11%，民办小学占比 4.45%，民办初中占比 6.02%，民办普通高中占比 5.20%，民办中等职业学院占比 5.25%，民办普通高校占比 5.26%。

2016 年全省民办教育经费总投入为 200.31 亿元，比 2015 年的 162.58 亿元增加 37.73 亿元，增长 23.21%。其中，财政性教育经费收入 50.33 亿元，比上年增加 12.46 亿元，占比 25.13％，增长 32.91％；非财政性教育经费收入 149.98 亿元，比上年增加 25.27 亿元，占比 74.87％，增长了 20.26％。在教育经费总投入中，民办学校举办者投入 11.42 亿元，占比 5.70％，增长了 68.93％。全省民办学校产权与非产权占地面积 9500 多万平方米，其中民办普通高校最多，占地面积 3200 多万平方米；初中次之，占地面积 2500 多万平方米。全省产权与非产权校舍建筑面积 4300 多万平方米，其中民办普通高校最多，建筑面积 1200 多万平方米；初中次之，建筑面积 1100 多万平方米。

（一）民办幼儿园实现平稳发展，有效缓解"入园难"问题

2010 年，国务院发布了《关于当前学前教育发展的若干意见（2010）》（简称《意见》），提出要积极发展学前教育，而且要以县为单位编制学前教育三年行动计划，着力解决当前存在的"入园难"问题，满足适龄儿童入园需求，促进学前教育事业的发展。各级政府纷纷出台相关措施，鼓励、扶持学前教育的发展。山东省人民政府贯彻落实《纲要》和《意见》的精神，积极推动三年行动计划，各地市也明确了学前三年的目标与规划。在政策推动下，学前教育发展相对稳定。一是幼儿园规模总体上有所增长。2011 年，全省幼儿园 18455 所，2016 年增长到 18853 所，增长了 398 所，增长率为 2.16％。二是幼儿园在园规模持续增长。2011 年，全省幼儿园在园幼儿 242.30 万人，2016 年增加到 275.18 万人，增加 32.88 万人，增长 13.57％。三是学前三年入园率持续增长。2011 年，学前三年入学率为 73.90％，2016 年增加到 84.86％，增长 10.96％。虽然入园率在提高，但由于人口出生率的原因，全省幼儿园招生规模总体上处于下降的状态，与 2011 年相比，2016 年幼儿园招生人数下降了 10.58 万人，详见表 1。

表 1　2011—2016 年山东省幼儿园发展情况

年份	幼儿园数（所）	幼儿园招生数（万人）	幼儿园在园数（万人）	学前三年入园率（％）
2011	18455	115.92	242.30	73.90
2012	17530	112.63	251.86	76.20
2013	18528	116.10	262.43	80.80
2014	18512	110.72	262.83	81.60
2015	18648	108.93	271.78	81.97
2016	18853	105.34	275.18	84.86

资料来源：根据山东省教育事业统计资料整理而成。

民办幼儿园借助政策的驱动，实现了稳定发展。与 2011 年相比，山东省民办幼儿园从 8523 所减少到 2014 年的 7185 所，减少 15.70％。2014 年，省人民政府第 24 次常务会议通过了《山东省学前教育规定》，确立了县级人民政府在

区域学前教育发展中的主要责任,并且规定了政府主导、社会参与、公办民办并举的原则。在此激励下,全省民办幼儿园数、民办幼儿园招生数、民办幼儿园在园幼儿数量在 2015 年和 2016 年都有明显的攀升。其中,2016 年相比 2015 年,山东省民办幼儿园数、招生数和在园幼儿数分别增加 463 所、3.18 万人、9.58万人,详见表 2。

表 2　2011—2016 年山东省民办幼儿园发展情况

年份	民办幼儿园数(所)	民办幼儿园招生数(万人)	民办幼儿园在园数(万人)
2011	8523	47.73	98.62
2012	7385	39.87	95.28
2013	7332	40.38	98.11
2014	7185	38.92	98.69
2015	7410	39.13	105.68
2016	7873	42.31	115.26

资料来源:根据山东省教育事业统计资料整理而成。

从 2011 年到 2016 年底,全省幼儿园在园规模从 242.3 万人增加到 275.18万人,民办幼儿园在园规模从 98.62 万人增加到 115.26 万人,民办幼儿园在园规模占全省幼儿园在园规模的比重在经过短暂降低后达到现在的 41.88%,详见表 3。民办幼儿园助力全省幼儿园入园率从 2011 年的 73.90% 提升到 2016年的 84.86%。

表 3　2011—2016 年山东省民办幼儿园占比情况

年份	民办幼儿园数量占比(%)	民办幼儿园招生数占比(%)	民办幼儿园在园数占比(%)
2011	46.18	41.18	40.70
2012	42.13	35.40	37.83
2013	39.57	34.79	37.39
2014	38.81	35.15	37.55
2015	39.74	35.92	38.88
2016	41.76	40.17	41.88

资料来源:根据山东省教育事业统计资料整理而成。

（二）民办中小学成为义务教育的重要增长点

受教育资源融合、学校撤校及合并等教育政策的影响,义务教育阶段学校基本处于一种递减的趋势,特别是小学,在 6 年间累计减少 2020 所,差不多每天减少 1 所。但小学的招生数和在校生数在绝对总量上有所增长,其中 2016 年的在校生规模比 2011 年增加 47.24 万人,增长 7.33%。初中学校数除 2016 年相对于 2015 年有所增长外(增长 33 所),其他几年基本处于递减的状态;招生数和在校生数虽然在 2016 年有所增长,但相比 2011 年在绝对数值上还是有所下降,其中在校生数下降 8.47%,详见表 4。

表 4 2011—2016 年山东省中小学发展情况

年份	小学学校数（所）	小学招生数（万人）	小学在校生数（万人）	初中学校数（所）	初中招生数（万人）	初中在校生数（万人）
2011	12047	119.40	644.07	3004	105.78	345.16
2012	11573	109.55	627.67	2965	101.70	328.10
2013	11151	115.69	625.98	2917	99.64	317.98
2014	10770	124.70	648.47	2917	97.66	314.80
2015	10404	124.43	674.63	2891	95.75	310.81
2016	10027	123.91	691.31	2924	104.57	315.91

资料来源:根据山东省教育事业统计资料整理而成。

民办中小学的学校数量、招生数量与在校生数量总体上处于稳步增长的状态。2011—2016 年,民办小学学校数从 232 所增加到 266 所,增长 14.66%;招生数从 4.21 万人增加到 6.81 万人,增长 61.76%;在校生数从 25.77 万人增加到 41.40 万人,增长 60.65%。民办初中学校数从 220 所增加到 306 所,增长 39.09%;招生数从 8.34 万人增加到 12.68 万人,增长 52.04%;在校生数从 24.58 万人增加到 35.29,增长 43.57%,详见表 5。

表 5 2011—2016 年山东省民办中小学发展情况

年份	民办小学学校数(所)	民办小学招生数（万人）	民办小学在校生数（万人）	民办初中学校数(所)	民办初中招生数（万人）	民办初中在校生数（万人）
2011	232	4.21	25.77	220	8.34	24.58
2012	226	3.88	25.41	236	8.40	25.54
2013	231	4.16	25.92	245	9.06	26.86
2014	240	5.14	30.47	268	10.16	30.43
2015	249	5.42	32.76	272	10.58	31.81
2016	266	6.81	41.40	306	12.68	35.29

注:民办初中主要统计了民办初级中学,民办九年一贯制学校相关数据。

资料来源:根据山东省教育事业统计资料整理而成。

民办小学学校数占全省小学学校数的比重从 1.93% 持续增长到 2.65%,在校生数占全省小学生在校生数的比重从 4.00% 增长到 5.99%;民办初中校数占全省初中学校数的比重从 7.32% 增长到 10.47%，民办初中的在校生数占全省初级中学在校生数从 7.12% 增长到 11.17%。仅从相关数据来看，民办中小学成为义务教育阶段的重要增长点，彰显了其办学活力。

（三）民办普通高中发展相对稳定，民办中等职业学校规模变小

受适龄人口变化的影响，全省中等教育规模总体上呈下降趋势，其中普通高中发展相对平稳，而中等职业学校各指标下降的趋势都相对明显。2011—2016 年，全省普通高中学校数、在校生数绝对数值都有所提升，其中学校数由 565 所增长到 580 所，在校生数从 156.42 万人增加到 166.49 万人；而招生数经历了两年的增长后开始下降，从 2013 年的最高值 58.89 万人减少到 2016 年的 55.78 万人，详见表 6。

表 6　2011—2016 年山东省普通高中发展情况

年份	普通高中学校数（所）	普通高中招生数（万人）	普通高中在校生数（万人）
2011	565	56.05	156.42
2012	557	58.18	164.54
2013	547	58.89	170.50
2014	544	55.92	171.27
2015	555	55.37	169.12
2016	580	55.78	166.49

资料来源：根据山东省教育事业统计资料整理而成。

中等职业学校的学校数、招生数、在校生数连年下降，学校数从 2011 年的 591 所下降到 2016 年的 428 所，下降了 27.58%；招生数从 2011 年的 44.47 万人下降到 2016 年的 28.82 万人，下降了 35.19%；在校生数从 2011 年的 117.71 万人下降到 2016 年的 80.98 万人，下降了 31.20%，详见表 7。

表 7　2011—2016 年山东省中等职业学校发展情况

年份	中等职业学校数（所）	中等职业学校招生数（万人）	中等职业学校在校生数（万人）
2011	591	44.47	117.71
2012	560	40.47	114.70
2013	525	36.35	103.16
2014	460	31.91	94.82
2015	435	29.40	85.73
2016	428	28.82	80.98

资料来源：根据山东省教育事业统计资料整理而成。

与普通高中和中等职业学校的发展趋势相适应,民办普通高中的发展趋势相对稳定,民办中等职业学校的发展规模持续变小。民办普通高中学校数、招生数、在校生数都在增长。其中,学校数从 2011 年的 90 所增长到 2016 年的 145 所,增加 55 所,增长 61.11%;招生数从 2011 年的 4.36 万人增加到 2016 年的 7.77 万人,增长 78.21%;在校生数从 2011 年的 11.92 万人增加到 2016 年的 18.03 万人,增长 51.26%,详见表 8。

表 8　2011—2016 年山东省民办普通高中发展情况

年份	民办普通高中学校数(所)	民办普通高中学校数占比(%)	民办普通高中招生数(万人)	民办普通高中招生数占比(%)	民办普通高中在校生数(万人)	民办普通高中在校生数占比(%)
2011	90	15.93	4.36	7.79	11.92	7.62
2012	94	16.88	4.46	7.67	12.57	7.64
2013	94	17.18	4.14	7.03	11.73	6.88
2014	101	18.57	4.77	8.53	13.60	7.94
2015	117	21.08	5.94	10.72	15.05	8.90
2016	145	25.00	7.77	13.94	18.03	10.83

注:民办高中主要统计了民办高级中学,民办十二年一贯制学校和民办完全中学相关数据。
资料来源:根据山东省教育事业统计资料整理而成。

民办中等职业学校数、招生数和在校生数都在持续减小,其中学校数从 2011 年的 155 所减少到 2016 年的 111 所,减少 28.39%;招生数从 2011 年的 5.68 万人减少到 2016 年的 4.25 万人,减少 25.18%;在校生数从 2011 年的 16.17 万人减少到 2016 年的 10.63 万人,减少 34.26%,详见表 9。

表 9　2011—2016 年山东省民办中等职业学校发展情况

年份	民办中等职业学校数(所)	民办中等职业学校数占比(%)	民办中等职业学校招生数(万人)	民办中等职业学校招生数占比(%)	民办中等职业学校在校生数(万人)	民办中等职业学校在校生数占比(%)
2011	155	26.23	5.68	12.78	16.17	13.74
2012	147	26.25	5.50	13.59	14.12	12.31
2013	140	26.67	4.37	12.02	12.03	11.67
2014	124	26.96	4.65	14.57	11.65	12.29
2015	118	27.13	4.39	14.94	10.92	12.74
2016	111	25.93	4.25	14.75	10.63	13.12

资料来源:根据山东省教育事业统计资料整理而成。

民办普通高中的学校数、招生数以及在校生数不仅在总量上实现了持续增长，而且所占比重总体上也在持续增长。民办普通高中学校数占全省普通高中学校数的比重已经从 2011 年的 15.93％增长到现在的 25.00％；民办普通高中在校生数占全省普通高中在校生数的比重从 2011 年的 7.62％增长到现在的 10.83％。

虽然民办中等职业学校数、招生数和在校生数都在持续减小，但所占比重下降不多，其中民办中等职业学校数所占比重下降了 0.30％，在校生数所占比重下降了 0.62％。

（四）民办高等学校办学规模总体稳定

2011—2016 年，山东省高等教育毛入学率从 29.8％增长到 50.80％，增长 21％。在高中阶段学校招生和在校生规模有所下降的情况下，高等学校招生和在校生规模都呈直线上升的趋势。这几年，高校招生从 49.43 万人增长到 62.44 万人，增长了 26.32％；在校生规模从 164.56 万人增长到 199.59 万人，增长了 21.29％，详见表 10。

表 10 2011—2016 年山东省普通高校发展情况

年份	全省普通高校数（所）	民办普通高校数（所）	普通高校招生数（万人）	民办普通高校招生数（万人）	普通高校在校生数（万人）	民办普通高校在校生数（万人）
2011	139	39	49.43	9.88	164.56	30.53
2012	137	38	49.86	9.67	165.85	30.17
2013	140	38	52.75	10.11	169.85	31.13
2014	142	38	58.08	12.25	179.67	33.25
2015	143	38	59.56	10.90	190.06	34.99
2016	144	39	62.44	12.16	199.59	36.84

资料来源：根据山东省教育事业统计资料整理而成。

最近几年，民办普通高校办学规模总体稳定且略有上升。一是学校规模保持稳定。2011 年，山东省民办高校共有 39 所，其中包括独立学院 12 所，民办普通高校 27 所。后来，烟台建文职业学院倒闭，烟台黄金职业学院新建，所以民办普通高校总数还是保持在 39 所，占全省普通高校数的 27.8％。在这期间，中国海洋大学青岛学院成功转设为独立建制的民办高校，因而独立学院数量缩减为 11 所，民办高校数增长到 28 所。二是招生规模略有上升。2011 年民办普通高校招生 9.88 万人，2016 年上升到 12.16 万人，增长了 23.08％。在全省高校招生工作中，民办普通高校招生量所占的比重比较稳定，基本保持在 19％左右，其中 2014 年相对较高,达到了 21.09%。三是民办普通高校在校生规模略有上升。2011 年,民办普通高校招生 30.53 万人,2016 年上升到 36.84 万人,增长了 20.67%。民办普通高校在校生规模所占的比重比较稳定,保持在 18% 以上。

二、山东省民办教育改革与发展的探索

(一)民办学校教师社会保障制度改革

2013 年 12 月 31 日,山东省教育厅、省发改委、省财政厅、省人社厅发出《山东省非营利性民办职业院校认定管理办法(试行)》(简称《办法》)的通知,将按照扶优扶强的原则,对非营利性民办职业院校给予更多公共资源支持,探索定额补助、项目补助、专项奖励等多元化的公共财政资助政策。对办学规范、办学效益好的非营利性民办中等职业学校,可参照公办中等职业学校公用经费拨款标准拨付公用经费。非营利性民办职业院校聘用的教师,按公办学校教师标准参加事业单位社会保险,并按事业单位社会保险政策享受退休待遇等。2015 年,省政府办公厅转发了由省人力资源社会保障厅等部门制定的《关于开展非营利性民办学校教师养老保险与公办学校教师同等待遇试点工作的指导意见的通知》,指出,在非营利性民办学校开展教师参加机关事业单位养老保险试点,实现非营利性民办学校教师养老保险与公办学校教师同等待遇,促进民办教育发展,推动教育体制改革。2015 年在青岛、潍坊、德州三市率先启动试点,这是山东省全面深化教育领域改革的重大创新举措,是全国第一个开展此类试点的省份。

按照规定,参加机关事业单位养老保险的非营利性民办学校教师,要同时具备三个条件:一是取得国家规定的教师资格;二是从事教育教学工作;三是与所在学校签订劳动合同,也就是建立了正式的劳动关系。教师资格的确认工作由各级教育部门负责。在核定基本养老保险和职业年金缴费基数时,参照当地公办学校教师同类人员的标准和办法执行。养老保险待遇与缴费紧密挂钩,保持相同的缴费基数,能够更好地实现同等待遇。为切实减轻民办学校的负担,提高参保缴费积极性,促进试点工作顺利推进,《办法》规定,地方财政部门应充分考虑学校缴费规模,对参加试点的民办学校给予适当补助,省级财政对参加试点的民办普通高等学校予以补助。

2016 年,潍坊人社办转发了该意见,要求各县市非营利性民办学校(以下简称民办学校)具有教师资格且在教师岗位的教师和公办学校中具有教师资格且在教师岗位的编制外人员,应以学校为单位,整体申请参加机关事业单位养老保险或企业职工养老保险。其中,非营利性民办普通高等学校、民办中等职业

学校、民办普通中小学的确认工作由各级教育部门负责；非营利性民办技工院校的确认工作由各级人力资源社会保障部门负责。到现在，潍坊市已有2131名符合条件的民办学校自聘教师参加了事业单位养老保险。非营利性民办学校教师保障待遇改革，既符合当前促进民办教育大发展的需要，又符合建立更加公平、更可持续的社会保障制度的要求，是一项具有创新性的惠民工程。这一政策对维护民办学校教师队伍稳定、提高民办学校办学质量有重要意义。

（二）青岛工学院"自我管理、自主学习"的学生管理模式

青岛工学院对生源状况等情况的问卷调查分析表明，占主导地位的90后独生子女学生，虽然主流健康向上、综合素质较高、学习目的明确、进取意识较强，但以自我为中心、展示个性发展的自我意识不断增强，服从意识开始淡化，学习的压力、动力和动机，遵章守纪的意识和自觉性都有不同程度的淡化，甚至极个别学生出现了"不谈恋爱不旷课、考试诚信不作弊、各门考试不挂科就是大学生活不完整"的极端偏见。

针对此种现象，青岛工学院提出寓素质教育于专业知识教育之中，倡导学生"自我管理、自主学习"的学生管理模式。构建"专业教育与素质教育相结合，理论讲授与技能培训相结合，政治、军事、体育教育与素质、体质提升相结合，校内教育与校外教育相结合，科技活动与培养创新意识相结合"的"五结合"育人模式。设立"董事长出国游学奖学金"，组织获奖学生赴新加坡游学，引导学生拓宽视野。

制定（修订）一系列学生管理规章制度，汇编成《学生手册》下发，纳入新生入学教育内容。入学教育开设校长讲座、校训诠释、专业介绍、自我管理、自主学习、大学生活、爱国爱校、诚信自信、校规校纪、心理健康等专题讲座。强化新生"自我管理、自主学习"意识，构建以学生"自我管理、自主学习"为目标的学风建设长效机制。涌现出了班级学生无违纪记录、到课率保持在99%以上、被评为省级先进班集体的2011级计算机科学与技术1班等先进班级，培育了"自我管理、自主学习"的良好风尚。

注重因材施教，鼓励学有余力的学生积极参加课外科技活动，将学生科研活动、科技竞赛、职业资格考试、外语和计算机等级考试等纳入培养学分，为学生自主学习提供平台。学校划拨专项经费设立"大学生创新资助基金"，鼓励学有余力的学生自愿组成3～5人的科研小组，自行聘请1～2名指导教师，申报学校"大学生创新资助基金"课题。5年来共有71项学生课题获"大学生创新资助基金"的经费资助，其中9项获国家大学生创新创业训练计划项目。信息工程学院学生郑盼盼在校4年公开发表论文5篇（第一作者），信息工程学院学

生薛玲在校 4 年公开发表论文 4 篇(第一作者)。机电工程学院在校学生刘嘉达创建了青岛欧卡玛环保科技有限公司,获 8 项发明专利和 6 项实用新型专利授权,被山东省人社厅评为"山东省大学生十大创业之星"。

(三)山东海事职业学院混合所有制办学体制改革

2010 年,潍坊市 3 家企业下属的民办航海专修院校向市政府提出组建民办股份制全日制普通高职院校的申请,得到支持。随后,潍坊市政府《关于设立山东海事职业学院的请示》(潍政请字〔2010〕175 号)决定,市政府投入少量政策资金,启动混合所有制办学的探索;2011 年 2 月,潍坊市政府《关于设立山东海事职业学院专题会议纪要》(〔2011〕第 4 号)明确,"为加强监督管理,市政府出资拥有 1% 的股份,并担任董事和独立董事"。由此举办方扩大到 4 家,公私股份混合,组建了山东省第一家混合所有制高职院校。在省教育厅等有关部门的大力支持下,2011 年山东海事职业学院通过省政府批准、教育部备案,开始招生运行。2 年后,市政府委托各方认可的中介机构对办学资产进行重新评估,明晰学校资产产权,厘清各举办方的股份,其中,潍坊市金融控股集团代表市政府持股 1.47%,3 家企业分别持股 67.79%、15.37%、15.37%,并依法进行了公证,各举办方资产得到法律确权,学院混合所有制的办学性质得到法律确认。在此基础上,充分尊重股本权力和相关法律法规,组建了政府方、企业方和教师代表参加的学院董事会,行使领导和决策职能;健全了由具有高校教学管理经验人员组成的学院行政班子,实行"董事会领导下的院长负责制",推行专家办学和教授治学,独立行使办学管理职能;依法成立了潍坊市金融控股集团、举办企业和教师代表参加的学院监事会,对董事会的领导决策和院行政的办学管理行使监督、监管职能,全面提升新型办学体制下的现代高校治理体系和治理能力。

山东海事职业学院办学体制本质上是社会资本与公有资本通过入股的方式,整合教育生产要素合作办学并得到法律确权的一种新的办学类型。这一类型,一是有利于完善现代法人治理结构。在依法组建董事会、行政、监事会的基础上,学院全面推进依法办学,修订董事会章程和学院章程,规范学院有序运行,完善了决策、执行、监管相对独立但又良性互动、依规制约、依法治校的法人治理结构和按章程办学的运行机制,健全了法治化、科学化的决策机制、执行机制和监督机制,从根本上保障了法治化民办高职规范、健康、科学运行。二是有利于法治化院长负责制的完善。落实院长人选的政府部门审核权和董事会聘任权以及任职回避制度,努力做到资本管理与经营管理分离,全力打造办学核心骨干团队。在政府及相关部门的领导下,院长对董事会和全院工作负责;班子成员对院长和分管工作负责,协助院长工作;中层干部对院长负责,接受分管副院长领导,负责本单位工作。同时,大力加强党建工作,建立党政联席工作机制,充分发挥党组织的政治核心作用;加强教代会、工会、学生会、团委等群团组织建设,构架起横到边、纵到底的民主监督机制,保障学院健康、科学、和谐发展。三是有利于市场化内部运行机制的构建。遵循市场对资源配置起决定性作用的原则,把"公办"和"民办"两方面的优势有机地结合起来,做到人员能进能出、干部能上能下、工资能高能低,按绩效贡献分配工资,按能力水平晋升职务,合情合理合规合法,谁都"认账"。同时,积极为骨干教师争取与公办院校教师同等的社会保障待遇,从根本上稳定了教职工队伍,形成了人事薪酬制度"整体稳定,内部竞争"的良好态势。四是有利于耦合型校企合作的保障。混合制高职从产权和法理上确定了学院与企业的"血缘"关系,在现任的7名董事会成员中,4人具有不同的企业高管资历,1人具有市教育主管部门负责人资历,2人具有高校负责人资历,为学院融入行业企业、按照教育规律办学提供了组织保障。专业教师大部分是来自生产一线的远洋船长、轮机长、大副和大管,5年内都必须回企业工作两个半年,教师双栖发展,成为学院联系企业的天然纽带,彻底破解了校企"两张皮"的现象,为职业教育教学改革提供了足够的资源保障。五是混合所有制办学使政校关系走上了法治化的轨道。

管办评分离,是教育改革的一个核心问题,首先要做到的第一步是管办分离。潍坊市政府在山东海事职业学院的1.47%股份,彰显着政府引领并监管学院发展的责任。按照现代产权制度,公有股份为政府在学校内部治理体系中发挥引导作用提供了法理依据,为社会提供了混合制高职的办学信誉保证,但又不能像对公办院校那样实行"父子式"的领导和管理,政府的引导和管控主要凭借股本权力,通过董事会、监事会两个平台,运用法治思维来实现。正是这种新型的法治化政校关系,为学院自主办学、构建自主发展的办学生态提供了可能和保障。同时,为政府由直接办学向管理办学资本转型提供了契机。

（四）青岛海山学校知识体系序列化教学探索

相对部分优质公办高中而言,民办学校具有两大劣势:一是生源文化素质偏低。普通高中招生的程序是公立高中首先录取（含调剂录取）,然后才是民办高中录取。所以限于招生政策,海山学校只能招收公立普通高中最低控制线下150分以内的学生,即使是学校的最高分也只相当于公立学校的最低分。生源质量的巨大悬殊,特别是相当一部分学生"听不懂课",直接影响了学校各学科的授课进度和难易度。尤其是数学、物理、化学、英语4门学科,教师授课难度很大——赶进度学不会,不赶进度学不完。老师的授课起点和学生的学习起点之间的矛盾成为课堂教学的主要矛盾,考试成绩可想而知。二是教师队伍不稳定。此前，由于社会保障等各种条件的制约，民办普通高中教师队伍不稳定。这主要表现在优秀的大学毕业生不愿意到民办学校，即使到了民办学校工作不过几年就考入公立学校，以至于教师流动性比较大。学校付出大量心血培养，而新教师刚刚站稳课堂，又不得不重新更聘老师。最终导致学生不适应，知识储备不足，知识体系支零破碎，应考能力较弱；教师缺乏统一要求，各自为政，整体教研乏力。高考成绩是评定一所学校教学质量最重要的指标之一，没有良好的成绩，学校难以获得社会的认可。由此，海山学校校长王文祥多次召开中层干部会议，亲自参加各学科教研组会议，经过反复研究和深度思考，提出"整体构建高中知识体系"设想。

但从实践来看，高中课程门类较多，知识面涉及广泛，如何有效整合课程资源，构建知识体系，使之在教学实践中真正发挥指导性作用，是整合知识体系面临的重要问题。经过反复酌商，学校提出"以课程标准为依据，以高考大纲为抓手，以多年高考真题为参考，密切关注高频考点，认真落实知识体系序列化，使知识序列节点化、知识节点清单化、知识清单精准化的思想，及时根据高考方向的变化调整完善知识序列，使其真正成为教学的纲领"，由此形成了构建知识体系的指导性理论。

知识体系构建中，海山学校大致把握好了"理—调—对—删—补"五个环节，完成了知识体系序列化的清单。理，即把高中三年教材作为一个整体放在一起统一研究，列出各学期、各章节、各课时的基本知识要点和基本能力要点。调，树立"高一、高二面向高三，高三面向高考"的意识，把三年各学期、各章节、各课时要点进行统一调整，统一编排，系统整理，形成循序渐进的一套完整体系，让学生一边将知识点逐个突破，一边反复研读和积累。对，面向高考，核对教材知识体系与课程标准、高考大纲要求，列举双向细目表，排查、标注高频考点，把高中教材、知识体系和高考要求密切结合起来。删，结合课程标准和考试大纲，结合学生学习基础，在完成国家规定授课内容前提下删减教材，重新组合，不以学教材为目的，而仅以教材为辅助。补，即补充教材缺漏，列举基础知识清单，详解重点、难点、易错点，构建知识框架，画出思维导图，补充典型例题。经过全体教师3年多的共同努力，前后数十次易稿，终于初步完成高中各学科知识体系序列化清单。

总体来看，海山学校的高中知识体系序列化清单融知识、技能、方法于一体，是学习的纲要，是教师的授课路线图，更是学生高中三年的学习路线图。有了清单，学生三年的学习目标便十分清晰，清单真正成为课程标准、考试大纲、高中教材的有效载体。有了清单，教师课堂教学不再盲目，教研活动有了条理，教研内容有了方向；学生能及时验证自己所学知识是否达到要求，能及时弥补知识缺陷，能提前预习新授内容，能有效复习阶段性知识，还是教师学业水平检测的重要依据。清单把教师的教和学生的学紧密联系起来，做到了精准授课、精准练习、精准复习，教师的教学效率和学生的学习效率大大增强。尤其是对新入职教师起到了导师引领的作用，成为年轻教师宝贵的导教资料。每学期初，全校各教研组教师都要认真研读清单，由各教研组长带头解读，每年暑期前要进行重新修订，以适应最新教育形势，便于新一届学生使用。为了提高教学效率，海山学校还配合清单扎实推进"四清"活动，做到"堂堂清""日日清""周周清""月月清"。充分发挥清单的引领作用，引导学生读书、练习、自背、自练、互背互查，老师逐一检查，人人过关。学生学一点会一点巩固一点，逐步构建起螺旋式上升的知识结构。学生完成了由被动学习到主动学习的转变，形成了学习能力，养成了良好的学习习惯，自然完成了学习成绩后进生的转化。学生的潜力得以有效挖掘，学习热情得以有效激发，学习成绩得以大幅度提升。

（五）潍坊美加国际学校的国际化办学经验

潍坊美加国际学校成立于2014年，是一所由中美校长共同管理、中美教师共同执教的九年制高端国际学校。学校以培养面向世界的国际化人才为目标，以"把美国学校搬到中国来"为口号，大量引入了各类国际教育资源，重视孩子的智力、心理、道德，乃至整个身心的发展；以双语教学为基础，重点培养孩子的创造力、领导力、与人交往的能力，以及艺术、体育等综合素质。经过两年多的运营，学校国际化教育战略的实施已经初见成效，截至目前已有包括中、美、英、德、韩等国家和地区的近百名学生在校学习。作为潍坊市高新区第一所美式的国际化学校，潍坊美加国际学校在借鉴国内一线城市高端国际学校办学特色的同时又结合本地实际情况因地制宜、独创设计了具有美加特色的运营模式，在国际化教育理念、特色化品牌化办学方面取得了一定的经验和成果。

一是课程体系建设。潍坊美加国际学校的课程体系是在保障完成中国课标课程的基础之上，进一步发掘中美两国课程的优越之处，结合外教主导的沉浸式英语教学，从而整合成为具有"中西合璧、学以致用"等特点的综合性课程体系。首先，在课程设置上，大量加入以培养学生逻辑思维和批判性思维为主导的美国加州综合课程、科技课程、语言艺术课程等国际化课程，该课程体系与美国当地中小学课程接轨；其次，在教学方式方法上，充分发挥中外教师各自的优势和特点，由能胜任美国小学各个学科教学的美籍或加拿大籍全科教师承担多科美国课程的讲授，以拓宽教学的"广度"，由从上级教育部门选派、社会公开招聘等途径选拔组成的中国教师团队讲授各自最擅长的单一课程，以加强教学的"深度"，从而实现教学"广度"与"深度"的完美融合、中美双方教学优势的和谐发展的教学效果;再次,在教研上,中外教师定期进行课程研究和业务讨论,双方充分沟通、密切合作,彼此借鉴学习对方不同文化教育背景下的优秀理念和经验,达到了在教学业务上取长补短、在教学资源上优势互补的效果。美加的双语教学不是简单地为学生提供外教课,而是在外籍师资的高标准选择、国际化教学理念的深入贯彻、美式课堂环境的合理布置、外教课时量的高密度设置、师生之间的高强度外语互动等诸多因素上体现其优势。学校每天的日常课程由中美老师共同完成,中国教师按照中国课标进行教学,打好基础,40%~50%的课程由外籍教师英文授课,学校所有活动由中外方老师共同合作设计和组织,从而为学生打造纯英文语言和生活环境,在这种"沉浸式英语"教学环境中,学生收获的不但是"学英语",更是"用英语"——用地道的英语进行交流,用英语的思维方式进行思考。

二是教师队伍建设。学校选拔外籍教师的标准主要有三点,一是严格控制外教来源,所聘外教是来自美国或加拿大的当地教师,以保障英语教学的语音纯正性和国际教育理念落实的连贯性;二是提高聘用外教门槛,确保所录用的外教不但来自美国或加拿大的知名大学而且还具备丰富的教学经验或持有美国教师资格证等权威资质;三是加大对外教的考核力度,尽管近几年国内普遍存在外教资源异常紧缺、聘用成本大幅攀升的不利状况,但本着"宁缺毋滥、优胜劣汰"的原则,学校定期组织专家对外教授课情况进行考核评定,对于无法通过考核的外教立即解聘辞退。

三是国际交流互访。国际化学校要有国际化的视野和胸襟,潍坊美加国际学校一直保持着与国外学校先进教育理念和学术的沟通与交流,并把举办的各类国际教育交流项目作为美加的校园文化之一。在学术交流方面,定期邀请美国、加拿大等合作大学的教授、专家学者到潍坊美加国际学校进行对外公开课或内部学术交流,使国内教师和家长及时了解当今国际最前沿的教育信息。在文化交流方面,学校每年暑假由外教团队领衔策划设计"小小国际领袖"夏令营,使国内学生不出国门就能在美加学校与部分美国同龄学生一起体验到纯正的美国式夏令营活动内容和文化内涵。在访学交流方面,第一,定期从高年级选拔优秀的学生到美国的同类学校中进行访学活动,与同级别的美国学生一起学习生活,使其在纯英文的异国环境中切身体验当地文化和教育氛围。第二,美加学校在建校之初就确立了"引进来、走出去"的原则,在聘用高水平外籍教师来中国教学的同时也积极选派优秀中国老师到美国同类学校进行访学交流。每年分批次安排中国教师亲临美国课堂现场观摩体验美式教育,甚至在美国的学校中讲授中文课程,提升中方老师的国际化素养和教学水平。

（六）济南启明星幼儿园的特色课程建设

济南市航运路启明星幼儿园成立时仅有3名老师4个孩子。在收入与支出完全不平衡的状况下，园所领导加大师资培训，提高幼儿园的教育服务水平，不断创新课程，增进家园共育活动，在园幼儿人数逐渐由几名到几十名再到目前的12个教学班，300余名幼儿。近几年，幼儿园不断完善办学环境与办学条件，每个班都配有电视、钢琴、空调、多媒体等先进设施，户外修建了多功能滑梯、塑胶跑道以及其他体育器械，打造了优美且孩子愿意游戏的幼儿园环境。

在各部门领导的关心支持下，启明星幼儿园分园数量不断增加，在市区已经发展了4个园，在园幼儿1100多人，第5个园也在建设中。启明星幼儿园的发展一方面是因为有明确的目标、完善的管理、良好的师资，还在于不遗余力地做好教育教学改革，其中一项就是做好特色课程建设。特色课程建设是深入实施素质教育、深化教育教学改革的一项重要工作，也是优化幼儿园管理、丰富幼儿园内涵的重要举措。特色课程使幼儿发展有目标，幼儿园发展有方向，教育教学有主题，教师成长有平台。启明星幼儿园坚持"中国情怀、国际视野"的办学理念，构建了"一个中心主导下的三个特色"的课程体系，主要包括体育、音乐、传统文化三方面，最近几年特别重视传统文化园本特色课程建设，也取得了一定的成效。传承中华文化是启明星幼儿园每个人的责任和义务，而在传统文化园本特色课程建设方面，启明星幼儿园一园一特色。总园特色为中华文化之国学；成大园特色为中华文化之剪纸；洪楼园特色为中华文化之印染。在园本课程构建下，启明星幼儿园经过理论学习、实践探索，系统地挖掘材料资源，形成了适宜各个年龄段的中华文化园本课程，积累了小、中、大三套年龄段中华文化活动，初步形成了主题背景下的实施方案；收集整理了与主题相匹配的材料资源，使全园师生在中华文化特色指引下共同成长，从而进一步凸显了幼儿园传统文化特色。先后编著了《七彩剪纸》（上下册）、《快乐国学》（上下册）、《美丽印染》（上下册）园本系列教材。

三、山东省民办教育发展面临的挑战

（一）民办学校的法人属性问题

民办学校因举办者的出资而具有了法人资格，所以，民办学校举办者出资办学实质上是一种创设法人资格的行为。按照法律规定，不同的法人组织归属于不同的法人类型，从而享受不同的权益或政策待遇。因而，从民办学校发展面临问题的角度看，法人属性问题是民办学校所有法人问题中的根本性问题，民办学校发展遇到的很多顽疾均与此有关。

　　1986年通过的《中华人民共和国民法通则》将组织的法人属性分为企业法人、机关法人、事业单位法人和社会团体法人四类，而这通常被认为是认定社会组织法人属性的法律根源，是其他相关法律法规的上位法。但在实践中，民办学校的法人类型主要依据《民办非企业单位登记管理暂行条例》被界定为民办非企业法人。不同的法人所享受的税收、社保以及政府的扶持政策是不同的，民办非企业的法人属性根本无法将民办学校归属到上述四类法人中，以至于民办学校在实践中缺少民法的支持。

　　相对于公办学校，民办学校发展面临与公办学校不平等的环境，民办学校的配套政策明显不足。我国各级法律早已明确了鼓励和支持民办教育的要求，《民办教育促进法》也明确了民办学校与公办学校的同等法律地位，这种平等主要体现在学校平等、教师与学生的平等方面。但在不同的法人属性归属下，这种平等政策难以得到落实，最明显地莫过于民办学校教师的社会保障政策。公办学校被界定为事业单位法人，民办学校被界定为民办非企业法人；公办学校教师享受的是事业单位标准的工资待遇和社会保障，而民办学校教师享受的是企业标准的工资待遇和社会保障。两者间的巨大差距导致民办学校教师队伍不稳定，这从根本上归因于不同的法人属性。不仅如此，民办非企业的法人属性，只是说明民办学校并非企业，而无法对其属性进行准确定位。在实践中，因为民办学校的投资举办或个人举办的特性，更容易让人把它简单地界定为企业或企业法人，一些教育管理部门工作人员也以企业的标准来看待民办学校，结果降低了民办学校的社会可信度，这种现象在民办中等职业学校、民办高校中表现得尤为明显。

（二）民办学校发展的服务支撑体系问题

　　与公办学校可以获得政府大量的经费支持与政策资源相比，民办学校属于社会力量自筹经费办学，主要依靠举办者及其家族的努力开办，并获得初步的发展。但从实践来看，政府的支持是民办学校快速发展的重要保障，因此，民办学校的发展需要完善的服务体系，以为其发展提供强大的后台支撑。但在实践中，山东省政府的服务支撑体系并不完善，还不能完全满足民办学校的发展需求。

　　民办学校发展的服务支撑体系是一个完整的体系，主要包括政策支持、行政支持、技术支持等方面。一是民办学校的政策支持力度不够。与周边省份相比，山东省民办教育的扶持性政策法规不够完善，现有优惠政策落实存在很大问题和困难。由于地方政府没有及时出台相关的实施条例和地方性法规，缺乏创新性、前瞻性、全局性的顶层制度设计和具体的、可操作性强的配套政策法规，宏观政策与具体措施脱节，致使鼓励和扶持民办教育的政策得不到全面落实。二是民办学校的行政支持力度不够。与社会公众对民办教育的认同度不够一样，政府部门对民办学校的发展也存在一定的认识偏差，由此导致部分地方政府缺乏对民办教育发展的统筹规划和具体措施，缺乏对民办教育发展的积极引导和沟通服务机制。除认识方面的问题外，民办教育的管理体制也还不完善。省级层面有教育厅民办教育与继续教育处（简称"民继处"），负责统筹管理全省民办教育工作，牵头拟定促进民办教育发展、规范民办学校管理的政策措施并组织实施。然而，许多地市还没有与教育厅民继处对接，成立专职的民办教育服务管理机构，以至于在民办教育管理问题上存在着"缺位""错位"等现象。由于缺乏统一协调和个别部门不作为的问题，这直接降低了民办教育问题的处理效率。三是民办学校的技术支持力度不够。民办学校的技术支持主要来自民办教育发展的中介服务机构，支持、鼓励经过认定的中介组织为民办学校提供服务，可以帮助其解决许多现实性的问题。民办教育中介组织对于开展民办教育科学研究，促进民办学校办学质量和管理水平的提高，开展民办教育评估活动，推广民办教育科研成果和经验，培训民办教育工作者和研究人员，组织开展民办教育的对外交流与合作活动，开展民办教育的行业规范、行业自律和行业维权活动具有重要指导作用。但从对比来看，山东省缺乏专职的民办教育中介组织，特别是缺少省一级的民办教育协会，使全省民办学校缺少一个统一发声与提供技术支持的平台。

（三）民办学校的教师发展问题

民办学校一切活动的核心是办学活动，而教师是学校活动的传导者，所以学校的办学质量主要取决于教师的质量，一支相对稳定的、具有较高理论水平和业务能力的教师队伍就显得尤其重要。但从现实来看，民办学校的教师队伍整体上稳定性不足，从根本上影响了学校办学水平的提升。

民办学校办学与公办学校办学是两种不同的举办体制，学校与教师因之形成了不同的法律关系。对于公办学校而言，学校办学经费主要来自国家的全额事业拨款，国家的财政性投入也是教师收入的主要来源。历史上，因为经费来源等方面的原因，学校与政府的关系具有一定的行政隶属性，教师作为学校的公务人员，与学校间也形成了一定的隶属性关系。虽然国家正在进行人事制度改革，对教师采用聘用制，但聘用的主体形式上为学校，实质上还是政府。学校的聘用合同依然具有行政合同性质，教师身份并没有发生本质改变。反观民办学校，办学经费主要来源于自筹，其法律属性被界定为民办非企业法人，教师工资是学校重要的办学成本。教师与学校形成的是劳动雇佣关系，其身份是学校雇员。不同的身份属性决定了他们要面对不同的职业风险、享受不同的社会保障政策。

一般意义上,教师进入公办学校基本就有了公务员或国家干部的身份,工作相对稳定,职业风险较低。而作为雇员,民办学校的教师一方面要面临可能被本校解聘的压力,另一方面自身发展还要受学校发展状况的影响,工作压力较大,职业风险比较高。由于民办学校教师不具有公办教师的事业编制身份,所以两者间的社会保障还存在着显著的差异。这主要是因为公办学校教师享受的是事业单位的养老保险政策,而大部分民办学校实行企业单位养老保险制度,即使是在职期间工资待遇与公办学校差距不大,但退休后这种差距就显现出来。工作压力大,退休后的待遇又不能得到保障,所以民办学校教师要面临更大的职业风险。基于上述原因,民办学校中青年骨干教师流失严重,存在着每年流失教师同时每年又引进教师的恶性循环。同时,出于规范办学与减少办学成本的考虑,民办学校又引进了不少退休教师。因而,民办学校在教师结构上存在着新教师多、退休返聘教师多、中青年骨干教师少的现象,从而导致了民办学校教师队伍稳定性不足。

(四)民办学校的办学经费问题

民办学校是教育的一种生成和存在方式,传统上被界定为民间办学。其主要特征是国家机构以外的社会组织或个人,主要利用非财政性经费,面向社会举办、独立办学和由民间经营,并得到教育行政部门批准的具有独立颁发学历文凭资格的学历教育机构。按照这种解释,民办学校可以分为民间投资办校民间经营、政府投资办校民间经营、不同所有制经济主体共同投资经营等几种形式的民办学校,各类民办学校大都面临着办学经费不足的问题。

民办学校主要利用非财政性经费办学,经费自筹,在缺少政府财政资助的情况下,面临着经费来源单一、收入不足的问题。从全省来看,山东省民办学校大都为个人举办,企业投入并不多。即使是企业投资办学,企业的投入也主要体现在买地建校时期,之后企业大都停止了投入或追加投入不多。所以,民办学校的办学经费主要来源于学生的学费,占到了各级各类民办学校经费收入的90%以上。经费来源单一,教师工资、基建投入等所需要的成本都需要举办者自己努力,在办学成本持续增加的情况下,民办学校办学经费相对困难。部分民办学校虽然获得了政府的投入,但财政经费投入并不多。这决定了一些学校的经费收入并不充足,在办学条件提升方面也面临着不小的困难。

在缺少政府投入的情况下,生源被誉为民办学校的生命线,因而民办学校普遍重视招生工作。但在生源竞争中,学生和家长选择民办学校的主要条件往往是办学特色鲜明、质量较高、条件较好，而且学费不能太贵。在当前的情况下，民办学校的声誉总体上还不如公办学校，公办学校因为享受着财政补贴，学费普遍偏低。在义务教育和中小学阶段，公办学校往往还在免学费。为了与公办学校、与同类学校竞争，民办学校一方面要不断加大投入、改善办学条件、提升办学质量，同时还要将学费维持在一个适当的水平，易于大多数家庭接受。在学费增长缓慢的情况下，民办学校还要加大投入，有些学校的工资成本或基建成本在学校收入中占了极高的比例，这种经费支出结构也使学校办学面临着经费难题。

（五）民办学校的法人治理结构问题

法人治理习惯上也被称作公司治理，它所解决的主要问题是谁从公司的决策中获益，谁应该从公司的决策中获益的问题。由于法人的运行需要一整套结构体系，所以，法人治理所面对的主要问题是法人治理结构特别是利益均衡机制的架构。民办学校的法人治理是指民办学校作为一个法人独立自主地处理学校事务，而民办学校法人组织的运行需要有一套利益均衡机制，以规范权力运行、实现规范化办学。

与公办学校的管理体制不同，政府较少直接干预民办学校办学，因而民办学校办学具有较大的自主性。根据法律规定，民办学校实行的是董事会领导下的校长负责制，董事会负责决策，校长负责教育教学和行政。在董事会领导下，形成利益相关者参与治理的局面。但在实践中，民办学校现代法人治理结构不健全，部分民办学校没有按规定成立董事会，有的民办学校虽然成立了董事会但结构不合理，形成了举办者及其家族控制董事会的局面，致使董事会制度运行不规范。在举办者控制下，民办学校决策层与管理层关系不清晰，专业校长授权低，作用无法得到充分发挥；学校管理任人唯亲，一部分亲属理论水平不够、教育观念跟不上，以至于学校办学水平低，教育质量提升缓慢。民办学校大多并未成立监事会，或监事会功能性缺位，学校办学信息不公开，由于信息不对称，所以无法形成有效的监督作用。教职工代表大会制度形同虚设，要么大会不开，要么参与大会的人并不能真正代表教师群体的利益或在大会中缺少话语权，教师在学校治理中的主体地位难以体现。由此，民办学校法人治理机制基本流于形式，学校办学存在不规范的现象。

四、促进山东省民办教育持续发展的建议

（一）落实协调机制，解决民办教育改革发展的重大问题

限于地方政府政策制定权限等原因，民办学校在土地优惠、税收减免以及

变更法人登记类型时的税费优惠等扶持政策方面很难突破。而且在分类管理改革时期，对于现有民办学校变更登记类型的具体办法以及现有民办学校分类登记后给予出资者奖励补偿的方式和比例等敏感问题，国家不做统一规定，地方政府缺乏依据。所以，山东省民办教育的发展需要国家为民办学校提供政策支持。

从国家层面来说，一是应该尽快对接新法，抓紧修订《中华人民共和国民办教育促进法实施条例》（简称《条例》），以便为分类管理提供明确的时间表和路线图。《条例》的修订应该在全面调研、科学研判的基础上，由教育部门牵头，统筹协调各地工作，为各地改革提供更加具体、可操作的指导，解决各地各校的困惑，同时避免省际改革方案差异过大。二是尽快落实民办教育协调机制，重点就涉及民办教育改革发展的重大问题进行深度沟通，切实加大协调力度，确保税收等方面的支持政策能够真正落地。对于落实民办学校税收优惠而言，需要国务院财政部门、税务部门会同国务院有关行政部门制定专门针对教育行业的税收优惠政策，对民办学校享受的税收优惠做出更明确的规定。国家需要进一步明确对非营利性民办学校的税收优惠政策，同时又对营利性民办学校的税收问题谨慎稳妥地做出规定，既要优惠，又要适度。三是回应举办者的合法权益诉求，进一步明确补偿和奖励细则。民办学校分类登记的平稳过渡，需要充分重视举办者财产权益和管理权益诉求，明确保护举办者合法权益的政策信号，最大限度地消除改革疑虑，解除举办者的后顾之忧，避免举办者产生"被剥夺感"。另外，保护非营利性民办学校举办者的管理权和决策权，尊重民办学校的发展历史、现状和特色，通过制定或修订学校章程，明确举办者参与学校治理的方式和手段，同时也要健全非营利性民办学校董事长的年龄、任期、退出以及接班者的选择办法，探索董事长连任、允许符合条件的家族成员通过正常程序参与管理等。而地方政府关于补偿、奖励以及学校治理的政策需要国家政策提供依据。

（二）多措并举，为民办教育的发展提供多层支持

民办教育的发展需要地方政府的直接支持。正如前文所说，地方政府需要为山东省民办教育的发展提供的支持主要包括政策支持、行政支持与中介支持。

根据民办学校的需求，政府为民办教育提供的政策支持主要是经费支持。这种支持一是通过扶持政策多渠道鼓励社会兴办教育。表现为出台政策支持各类办学主体通过独资、合资、合作等多种形式举办或参与举办民办教育，允许社会力量以资本、知识、技术、管理等要素参与办学并享有相应权益；出台政策

吸引鼓励社会力量通过BOT、校企合作、企业独资、房地产企业运营教育地产、个人投资或入股、政府企业混合所有制、利用闲置教育资源和国办学校改制等模式参与办学。二是加大财政支持力度，完善政府补贴和购买服务制度。2011年以来，省财政已经通过项目补助、专项奖励、贷款贴息等多种方式对民办学校给予资金支持，民办教育专项扶持资金7.6亿元。从民办学校的经费收入现状来看，财政经费所占比例较小，这就需要政府持续加大投入，给予民办学校财政补贴。为了扶持义务教育阶段民办学校的发展，必须将"两免一补"政策落到实处，真正使民办学校与公办学校享受同样生均公用经费补助政策，并把这一政策的落实纳入当地政府的考核指标。

为净化学校发展环境，政府需要为民办教育发展提供行政支持。一是纠正对民办教育的错误认识。民办教育在人才培养、服务地方经济社会发展中的地位和作用已经无须质疑，虽然民办学校还存在一定的问题，但这是学校由规模—生存模式到内涵—发展模式转型中普遍存在的一些问题。所以教育主管部门应该纠正对民办教育的偏见，把优先发展教育、为各级各类学校平等服务作为自己的首要职责，切实采取措施，保证其持续发展。二是成立或明确专职服务于民办教育的管理机构。政府对民办学校进行行政支持实质是通过宏观统筹、规划、指导等手段来履行公共服务的职责，这就需要专职的民办教育管理机构。从当前来看，山东省许多地市并没有专职的民办教育管理机构，民办教育管理服务功能散落于相关职能处室。从管理专业化的角度，全省需要建立专职的民办教育管理机构体系，着手完善民办教育发展法规、民办教育机构运行规范，规范、监督管理者和管理机构"有所作为"，同时不能"乱作为"。

成立民办教育中介组织，为民办学校的发展提供技术支持。民办教育中介组织是介于政府、民办学校、社会之间，就民办教育运营和发展中出现的问题，运用专门的知识和技能，为其提供沟通、协调、公证等服务的各类社会组织的总称。在"小政府、大社会"的改革阶段，政府需要从微观的管理职能中退出，积极培育和扶持民办教育中介组织，当前着重应该做好山东省民办教育协会的重建工作。

（三）解放思想，推进民办学校教师养老保险制度改革

民办教育与公办教育同属公益性事业，是社会主义教育事业的重要组成部分，民办学校及其教师是民办教育事业发展的重要载体和核心资源，与公办学校及其教师具有同等的法律地位，在满足人民群众多层次教育需求、培养适应经济社会发展的多元化人才方面发挥着重要作用。实现民办学校教师和公办教师享有同等养老保险待遇，是稳定民办学校教师队伍、提升民办学校办学质

量的重要举措。

在推进非营利性民办职业院校教师社会保障与公办学校教师同样待遇试点工作中，潍坊市已有 2131 名符合条件的民办学校自聘教师参加了事业单位养老保险，淄博齐鲁医药学院已为 345 名教职工办理了事业单位养老保险，烟台市首批 24 名民办学校教师也已正式参加机关事业单位养老保险。青岛市在试点工作中，根据省市相关文件精神和学校自愿申请原则，确定青岛大学附属中学作为民办学校教师养老保险与公办学校教师同等待遇试点工作学校并予以实施。青岛市教育局通过指导、督促学校认真组织填写好《非营利性民办学校教师养老保险试点参保缴费业务流程》《青岛市机关事业单位社会保险登记表》《青岛市非营利性民办学校教师参加机关事业单位社会保险试点人员资格确认表》《青岛市非营利性民办学校教师参加机关事业单位社会保险试点缴纳社会保险费增减情况花名册》，严肃财政扶持、待遇保障等政策要求，公开、公平、合理贯彻落实好文件精神，使民办学校教师与公办学校教师享受同等的养老保险待遇。在青岛大学附属中学的试点阶段，学校没有一位教师流失，所以同等待遇政策解除了教师的后顾之忧，维护了教育的稳定，促进了民办教育的发展。2017 年，在青岛大学附属中学试点的基础上，青岛市教育局启动了青岛启明星中学、青岛格兰德学校、青岛海运职业学校、青岛育贤学校等局属民办学校的试点工作。长期困扰民办教育稳定持续发展的教师待遇问题，有了突破性进展。

从当前来看，山东省民办学校保证教师事业单位待遇的方式主要有四种，一是政府为民办学校提供编制，编制内教师的工资全部由政府财政负担；二是政府为民办学校提供编制，民办学校保证教师的事业单位待遇；三是政府财政补贴民办学校，保证教师的事业单位待遇；四是高水平人才的办法适用于民办学校，民办学校引进的高水平教师享有与事业单位教师同等的待遇。在这四种方式中，三种有公共财政经费的渗入，而且也是比较好的几种方式。鉴于试点工作对民办学校发展带来的好处，一是各级政府应该解放思想，从保证民办学校教师队伍稳定、提升全省民办教育质量的大局出发，按照政策文件的要求尽快在全省范围内试点民办学校教师事业单位待遇工作，同时这也是完成政府对社会的承诺。二是从属地管理的角度，地市或县级政府应该积极为民办学校教师的事业单位待遇改革提供经费支持。

（四）完善治理制度，提升民办教育的治理水平

民办教育治理是治理理论在民办教育领域的应用，它是指民办教育的治理主体在一定的体系框架内实现治理目标的活动。以民办学校组织为界，民办学

校的治理主体主要包括：民办学校内部的利益主体，如举办者、行政团队、教师、学生等；民办学校的外部利益主体主要包括政府、社会组织等。所以，民办教育的治理需要处理好民办学校组织与外部主体的关系，民办学校的内部治理主要应该处理好民办学校内部主体的关系。

完善民办教育治理，处理好民办学校组织与外部主体的关系，主要是处理好民办学校与政府的关系。政府是公共管理的主体，民办学校的责任在于人才培养，所以民办学校职能的实现是政府教育职能的拓展，政府必然要对民办学校进行监管，其管理水平会对民办学校的治理能力产生影响。民办学校的发展离不开政府政策及其他制度的规范、扶持，这当然认可了政府的监管作用。政府因其公共性必然会履行民办教育监管的责任，这是正常的学校与政府间的关系。但实质上，无论是扶持还是监管，政府基本上还处于失位、缺位状态。所以，提升民办教育的治理水平，处理好民办学校与政府的关系，关键是需要政府明确自身的责任，采取多种措施，扶持民办学校的发展；同时要注意采取措施，完善信息公开制度，规范民办学校的办学行为，切实履行好监管的责任。

完善民办教育治理，处理好民办学校组织内部主体的关系，主要是处理好内部权力主体的关系，特别是对举办者的权力进行制衡。由于政府制度供给的滞后，民办学校主要依靠举办者、家族成员、办学者等少数人的智慧以及其他主体的共同努力逐渐成长起来。鉴于举办者在学校发展过程中所起的作用，他们掌握了学校决策的权力，民办学校决策也逐渐形成了以举办者为核心的决策机制。当前，民办学校所发生的很多问题，与举办者的控制性作用相关。因为在举办者的控制下，民办学校内部权力缺乏制衡，权力关系模糊，经常出现办学行为失范的现象。因此，提升民办学校的治理水平，应该完善法人治理结构，明确董事会的职责和权力边界，规范董事会的运行；完善权力监督机制，形成对权力主体与权力运行过程的监督。

第三部分

区域报告

济南市民办教育发展报告

《济南市中长期教育改革和发展规划纲要（2011—2020 年）》指出："推动民办教育事业稳步发展。支持发展普惠性、多样性的民办学前教育机构，稳定发展选择性、高质量的民办中小学，有序发展多层次、有特色的民办高等学校，引导发展各类紧缺型、实用型非学历民办教育机构。改善民办教育发展的政策环境，健全公共财政对民办教育的扶持政策，设立专项资金支持民办教育发展。"并指出，要完善包括民办教育在内的教育法律制度保障体系，到 2020 年，基本形成与国家、省教育法律法规相配套的比较完善的地方教育法规体系；要在统筹协调民办教育与公办教育，使其共同在构建独具省会特色的"济南大职业教育体系"中发挥作用。该规划明确了全市 2011—2020 年民办教育事业发展的整体思路和格局基调。近年来，为"打造四个中心，建设现代泉城"，济南市急需大批人才支撑，为此，全市不断加大教育事业发展力度，先后投入 130 多亿元，新建、改建、增加中小学、学前教育和职业教育资源，为包括民办教育在内的教育事业的发展提供了重大契机。"十二五"以来，作为教育事业发展的重要组成部分，民办教育对济南市教育事业发展起到了重要的推动作用。

一、民办教育发展基本情况

（一）发展现状

近年来，济南市民办学校办学层次、布局结构不断优化，办学规模逐渐扩大，办学质量有所提高。截至 2016 年，济南市共有民办幼儿园 697 所，在园幼儿 99284 人，入园 34788 人，分别占全市幼儿园的 47.71％、47.37％、47.82％。民办幼儿园专任教师 7009 人，占全市幼儿园专任教师数的 47.64％。民办幼儿园占地面积共 1012826.73 平方米，校舍面积 678531.16 平方米。①

民办小学 3 所，在校生 10749 人，招生 1873 人，分别占全市小学的 0.52％、2.49％、2.36％。民办小学专任教师 791 人，占全市小学专任教师数的 2.93％。

---

① 如无特殊说明，本部分统计数据均来源于山东省教育厅教育事业发展统计资料。在学校处数统计中，独立设置小学计入小学处数，初级中学、九年一贯制学校计入初中处数，高级中学、完全中学及十二年一贯制学校计入普通高中处数。各学校占地面积、校舍面积、固定资产，按照以上统计口径进行统计。在校学生人数、专任教师数按教育层次进行归类，小学在校学生人数、专任教师数包含九年和十二年一贯制学校中的小学人数，初中在校生人数、专任教师数包含完全中学和十二年一贯制学校中的初中人数。

民办小学占地面积 67833 平方米,校舍面积 51122 平方米,固定资产 8279.41 万元。

民办初中共有 7 所(包含民办初级中学、九年一贯制学校),在校生 15226 人,招生 4910 人,分别占全市初中的 3.78%、8.20%、7.82%。民办初中专任教师数 862 人,占全市初中专任教师数的 5.24%。民办初中占地面积 378848 平方米,校舍面积 190962 平方米,固定资产 32031.5 万元。

民办普通高中共有 8 所(包含民办高级中学、完全中学和十二年一贯制学校),在校生 7673 人,招生 3148 人,分别占全市普通高中的 20.51%、6.80%、8.27%。民办普通高中专任教师 510 人,占全市普通高中专任教师数的 6.49%。民办普通高中占地面积 835243 平方米,校舍面积 428945.1 平方米,固定资产 38863.96 万元。

民办中等职业学校 6 所(不包括技工学校),在校生 12675 人(包括五年制高职中职段),招生 4975 人(包括五年制高中中职段),分别占全市中等职业学校的 16.22%、21.89%、23.53%。民办中等职业学校占地面积 371299 平方米,其中产权占地面积 55280 平方米;校舍面积 128196 平方米,其中产权校舍面积 30400 平方米;固定资产 11705 万元,其中产权固定资产 6274.48 万元。

民办高校 9 所(不包含独立学院),在校生 93618 人,招生 30449 人,专任教师 4961 人。

(二)规模扩大

近年来,通过公办学校改制、中小学和职业教育等集团化发展、鼓励社会资本投入教育领域等一系列途径,济南市民办教育规模不断扩大,但在各个阶段发展趋势有所不同。

1. 民办幼儿园办学规模较大且呈扩大趋势

2011—2016 年,济南市民办幼儿园数量呈逐年递增趋势,由 591 所上升为 697 所,增长幅度为 17.94%;除 2014 年以外,占全市幼儿园数量的比重也逐年上升,6 年间上升 3.34%。在园人数亦呈逐年递增趋势,6 年间共增长 36116 人,增幅为 57.17%,增长幅度较大;占全市幼儿园在园人数比例 6 年间上升 6.56%,见表 1。近年来,济南市民办幼儿园规模不断扩大,与济南市大力推进幼儿园建设有关。2016 年,济南市教育局发布《关于济南市教育事业发展"十三五"规划(草案)面向社会公开征求意见的公告》,指出要普及学前教育,加快城乡幼儿园建设;加大城镇居住区配套幼儿园和农村普惠型幼儿园建设力度,采取政府购买服务、减免租金、以奖代补、派驻公办教师等方式引导和支持民办幼儿园提供普惠型服务;到 2020 年,建立起覆盖城乡、布局合理、资源充足、多元发展的学前教育服务体系,学前教育 3 年入园率达到 95.5%。由此,可以预见济南市民办幼儿教育事业将迎来更大的发展机遇。

表1　2011—2016年济南市民办幼儿园办学情况

年份	2011	2012	2013	2014	2015	2016
民办幼儿园数（所）	591	603	644	645	659	697
占全市幼儿园比（%）	44.37	44.53	46.20	45.14	46.31	47.71
民办幼儿园在园人数（人）	63168	63264	71987	78679	88948	99284
占全市幼儿园比（%）	40.81	39.92	41.48	42.73	44.62	47.37

资料来源：根据山东省教育事业统计资料整理而成。

2. 民办中小学办学规模较小

济南市民办小学规模较小。2011—2016年，济南市民办小学数量、占全市小学比例基本保持稳定，截至2016年，仅有3所民办小学，仅占全市小学的0.52%。6年间，济南市民办小学在校生数不断上升，共增长4371人，占全市小学在校生数量比由1.64%上升为2.49%，见表2。

表2　2011—2016年济南市民办小学办学情况

年份	2011	2012	2013	2014	2015	2016
民办小学数（所）	4	4	5	5	4	3
占全市小学比（%）	0.63	0.65	0.83	0.85	0.69	0.52
民办小学在校生数（人）	6378	7098	8560	9682	10572	10749
占全市小学比（%）	1.64	1.82	2.71	2.39	2.55	2.49

资料来源：根据山东省教育事业统计资料整理而成。

济南市民办初中办学规模基本呈扩大趋势。2011—2016年，济南市民办初中学校数量增长了2所，增幅为40.00%。6年间，民办初中在校生增长了6513人，增幅为74.75%；占全市初中在校生比例由4.30%上升为8.20%，提高了3.90%，见表3。

表3　2011—2016年济南市民办初中办学情况

年份	2011	2012	2013	2014	2015	2016
民办初中数（所）	5	5	5	6	6	7
占全市初中比（%）	2.96	2.94	2.98	3.53	3.41	3.78
民办初中在校生（人）	8713	6452	9407	13140	15408	15226
占全市初中比（%）	4.30	3.22	4.80	6.82	8.20	8.20

资料来源：根据山东省教育事业统计资料整理而成。

济南市民办普通高中办学规模扩大。2011—2016年，济南市民办普通高中学校数量不断上升,由 3 所增加至 8 所,增幅为 166.67%,占全市比例由 8.33% 上升为 20.51%,增长了 12.18%。民办普通高中在校生增长了 4620 人,增幅为 151.33%,占比由 2.98% 上升为 6.80%,增长了 3.82%,见表 4。

综合小学、初中、高中的办学情况来看,济南市民办中小学办学规模较小。与民办幼儿园占据半壁江山的地位相比,民办中小学在量上只能算是公办中小学教育的补充。但是从实践来看,济南市民办中小学的办学规模呈扩大趋势。

表4 2011—2016 年济南市民办普通高中办学情况

年份	2011	2012	2013	2014	2015	2016
民办普通高中数(所)	3	3	3	5	6	8
占全市普通高中比(%)	8.33	8.33	8.33	12.82	15.79	20.51
民办普通高中在校生(人)	3053	3073	3201	4873	6703	7673
占全市普通高中比(%)	2.98	2.86	2.86	4.22	5.90	6.80

资料来源:根据山东省教育事业统计资料整理而成。

3. 民办中等职业学校办学规模呈缩减趋势

2011—2016 年,济南市民办中等职业学校数量由 14 所下降到 6 所,占比由 20.00% 下降到 16.22%,见表 5,发展呈缩减趋势,这与济南市中等职业教育整体规模缩减态势相符。近年来,受生源缩减、高职教育和普通高中扩招、社会观念等因素的影响,济南市民办中等职业教育招生难问题突出,招生人数和在校生规模呈现逐年缩减趋势。

表5 2011—2016 年济南市民办中等职业学校情况

年份	2011	2012	2013	2014	2015	2016
民办普中等职业学校数(所)	14	12	12	10	7	6
占全市中等职业学校比(%)	20.00	17.91	17.91	19.61	17.07	16.22

资料来源:根据山东省教育事业统计资料整理而成;此处不包括技工学校。

4. 民办高校数基本保持稳定

2011—2016 年,济南市民办高校学校数基本保持稳定。民办高校增加了 1 所,增长率为 12.5%;民办高校在校生数共增长 17573 人,增长率为 23.11%。学校数量增长率远低于在校生数增长率,这说明学校规模有较大提升。

表6 2011—2016 年济南市民办高校办学情况

年份	2011	2012	2013	2014	2015	2016
民办高校数(所)	8	8	8	9	9	9
民办高校在校生(人)	76045	77734	82006	93368	92617	93618

资料来源:根据山东省教育事业统计资料整理而成;此处不包括独立学院。

（三）层次结构逐步优化

截至 2016 年,济南市民办教育已经全面覆盖了从学前教育到高等教育各个阶段,囊括了基础教育、职业教育和高等教育各种教育类型,办学层次结构不断优化,形成了多层次、多类型的民办教育格局。截至 2016 年,济南市民办学历教育机构共 33 所,其中小学 3 所,初级中学 2 所,高级中学 2 所,九年一贯制学校 5 所,完全中学 3 所,十二年一贯制学校 3 所,中等职业学校 6 所,高等学校 9 所。特别是近年来,济南市批准建立了济南稼轩学校高中部、济南协和双语实验学校、济南修文外国语学校、章丘双语学校、济南市天桥区黄河双语学校、济南天山外国语学校初中部、商河县清华园学校、济南高新区海川中学,批准筹设济南闻韶中学、济南新知外国语学校和济南深泉外国语学校,社会力量参与民办教育事业的热情日益高涨,对民办教育乃至教育事业的整体发展都起到了重要的刺激与推动作用。

（四）政府环境逐步健全优化

1. 政策支持不断完善

早在 2003 年,济南市教育局《关于加快教育事业发展的意见》就规定:"合理配置职业教育资源,统筹发展中等职业教育、中等成人教育和高等职业教育、高等成人教育、民办高等教育。""大力发展民办教育。鼓励社会团体和个人采取多种形式投资办学。支持公办高中阶段学校开展合作办学,参与民办教育资源整合和改组、改造。允许民办学校实行弹性招生。民办学校教师在资格认定、职称评定、评先奖励、继续教育等方面,与公办学校教师享有同等待遇。"这一政策规定为加快早期济南市民办教育健康有序发展起到了积极的作用。

2011 年以来,为鼓励和引导社会力量举办民办教育,调动社会组织和个人举办民办教育的积极性,济南市陆续出台了一系列专门政策,完善对民办教育的政策支持和规范管理,以加快全市民办教育发展。2014 年,济南市人民政府下发《关于加快发展民办中小学（幼儿园）教育的意见》,要求创新体制机制、落实教师待遇、推进规范化管理、优化发展环境,在政策层面为民办教育发展提供了支撑。同时,济南市教育局联合济南市编办、民政局、工商局印发《济南市教育局等 4 部门关于〈山东省教育厅等 4 部门关于印发山东省民办普通中小学（幼儿园）分类认定办法（试行）的通知〉的通知》,在探讨民办教育分类管理方面迈出重要一步。2016 年,为贯彻国家、省市对民办教育发展的需要,济南市教育局等 8 部门出台《关于进一步促进民办幼儿园发展的意见》,从用房建设、常规设施设备、工作人员基本要求及安全管理制度等方面,对民办幼儿园基本条件做了详细规定。其中,在用房建设、常规设施设备等方面均适当放宽了民办幼儿园审批条件。比如,规定民办幼儿园可设置在民用住宅楼内,但须满足楼层三层及以下的条件。另外,活动室面积每人平均2平方米以上改为生均使用面积不低于1.5平方米,生均户外活动面积不低于4平方米改为不低于2平方米。

除上述专门针对民办教育的规范与支持性政策外,济南市还通过转发或制定相关教育政策,将民办教育纳入其中。2016年,济南市人民政府发布关于贯彻鲁政发〔2016〕1号文件《进一步完善城乡义务教育经费保障机制的通知》(济政发〔2016〕14号),规定:"统筹城乡义务教'两免一补'等政策……民办学校学生免除学杂费标准,按照市财政局、教育局确定的生均公用经费基准执行。"2016年,济南市教育局发布《关于转发〈山东省教育厅关于印发山东省职业院校基本工作规范的通知〉的通知》(济教职字〔2016〕1号),在现代职业学校制度方面,要求民办院校采取国家规定或允许的法人治理模式,在教师聘任方面规定"民办职业院校应当依法聘任具有国家规定任职资格的教职员工……保障教职工工资、福利待遇和其他合法权益。民办职业院校教师与公办学校教师具有同等的法律地位"。

2. 组织领导和常规管理日渐规范

作为省会城市,济南市较早意识到民办教育规范管理、持续发展的重要性,早在1994年就先于全国众多省市制定了我国第一部民办教育地方立法——《济南市民办学校管理办法》,填补了当时民办学校管理领域的法律空白。"十二五"以来,济南市根据教育发展的时代情况,不断健全规章制度,对民办教育的管理逐渐规范化、制度化、完善化。

规范民办教育的办学行为。对于民办中小学,济南市要求设置民办中小学应执行同类型、同层次公办中小学设置标准,并依法按照规定进行审批、登记。健全财务管理和收费制度,民办中小学应当依法建立完善财务、会计、资产管理制度,并按照国家规定设置会计账簿;完善法人治理结构,建立健全民办中小学董事会(理事会)、执行机构和监事会,形成决策、执行、监督相互独立、相互制约的法人治理结构;建立退出和变更机制,民办中小学终止办学,要严格按照法律法规规定的程序,依法进行财务清算,并切实保护各方权益,维护社会稳定;要强化风险防范,建立民办中小学办学风险防范机制,完善风险评估和预警制度。对民办中等学历教育机构筹设、设立、分立、合并、变更、终止进行严格审批,申报条件、材料、流程更加规范化。对于民办高中,2012年以来,认真贯彻山东省有关文件精神,对普通高中改制学校进行清理规范,划清"公办"和"民办"的界线;对于非财政性资金比例大、自聘教师多等民办学校特征较为明显的普通高中学校,可以将其规范为独立的民办学校,依照有关法律法规履行民办学校审批手续，取得办学许可证；对不具备继续办学条件和要求的学校予以撤并、停办，并妥善分流学生。

完善民办学校的管理体制机制。近年来，济南市不断创新管理模式，厘清民办教育管理权责。济南市义务教育阶段民办学校由学校所在地教育部门管理；高中阶段民办学校，辖区内有高中学校的，交由所在地教育部门管理，辖区内无高中学校的可暂由市教育局托管。鼓励有条件的公办学校，通过独资、合资、合作、股份、集团等方式举办和参与民办学校管理。在产权明晰、责任落实的前提下，支持包括优质公办学校在内的各类办学主体通过建立现代学校制度的模式办好民办学校。

加大对民办学校的执法检查力度。济南市教育局依法享有"民办学校侵犯受教育者的合法权益，产生恶劣社会影响的处罚"，"民办学校校舍或者其他教育教学设施、设备存在重大安全隐患，未及时采取措施的处罚"，"民办学校教学条件明显不能满足教学要求、教育教学质量低下，未及时采取措施的处罚"等一系列权利。2013年1月，济南市教育局发布《关于进一步规范民办非学历教育培训机构有关办学行为的通知》（济教成字〔2013〕1号），旨在进一步规范民办非学历教育培训机构的有关办学行为，维护依法办学者和受教育者的合法权益。2016年8月，济南市教育局发布《关于青岛国开中学等外地民办普通高中在济招生有关问题的声明》，提醒广大中考考生及家长，凡未经济南市教育局审批、未列入《济南市2016年普通高中学校招生计划》的所有普通高中招生计划，不属于济南市普通高中招录范围，学生录取后一概不予注册济南市普通高中学籍。

加强对民办学校的统筹规划。随着国家民办教育法律体系的完善，济南市于2016年废止了《济南市民办学校管理办法》（1994）。为进一步促进民办教育发展，济南市将加快民办教育发展纳入当地经济社会发展规划统筹推进。《济南市国民经济和社会发展第十三个五年规划》指出，"支持和规范民办教育发展，探索联合办学、委托管理等多种办学形式，鼓励社会力量提供多样化教育服务"，加强对济南市民办教育的组织领导，同时要求各有关部门明确工作职责，积极支持配合。在各层次各类型教育体系建设中，将民办教育纳入其中，进行统一规划、合理建设。

3. 多渠道拓展民办学校办学经费

根据《济南市人民政府关于鼓励和支持民间投资促进民营经济发展的意见》（济政发〔2010〕33号），近年来，济南市进一步放宽民间投资准入领域，鼓励民间资本投资兴办教育事业。鼓励民间资本投资举办学前教育、普通高中教育、职业技术教育以及培训、实训基地建设。对投资建设教育、文化基础设施的，在水电配套、税收减免等方面享受公办事业单位配套工程的优惠政策。民间资本投资举办非义务教育阶段民办学校的收费标准由举办者自定，报物价和教育部门备案；受当地政府委托，民间资本投资义务教育阶段学校，可享受与公办义务教育阶段学校同等待遇。同时，不断拓宽民间对于教育事业的投融资渠道。以民办职业教育为例，济南市积极支持各类办学主体通过独资、合资、合作等形式举办民办职业教育；探索发展股份制、混合所有制职业院校，允许以资本、知识、技术、管理等要素参与办学并享有相应权利；探索建立公办和社会力量举办的职业院校相互委托管理和购买服务机制。

根据《济南市人民政府关于贯彻鲁政发〔2016〕1号文件进一步完善城乡义务教育经费保障机制的通知》（济政发〔2016〕14号），针对民办普通中小学校，按照国家政策，参照公办学校标准，教育部门对初中生按照每生每年1010元、小学每生每年810元的标准拨付公用经费。普通高中国家助学金平均资助标准自2015年春季起提高至每生每年2000元。自2017年春季学期起，济南市统一城乡义务教育学生"两免一补"政策，提高规模较小学校公用经费补助水平。对城市低保家庭和特殊经济困难学生给予生活费补助，实现城市低保家庭和特殊经济困难学生应保尽保；对农村家庭经济困难寄宿生生活费补助范围扩大到在校寄宿生的30%。

二、济南市民办教育发展存在的问题

济南市民办教育是山东省民办教育的一个重要补充部分，在解决普及国民教育问题上起到了重要作用，但是在快速发展的同时，其内外部产生的一系列问题，制约着全市民办教育的发展。

（一）义务教育阶段民办学校规模不足

截至2016年，济南市共有民办小学3所，占全市小学总数的0.52%；民办初中7所，占全市初中总数的3.78%。民办小学在校生10749人，占全市小学在校生人数的2.49%；民办初中在校生15226人，占全市初中在校生人数的8.20%。虽然济南市民办教育取得了巨大的进步，但从各层次教育情况看，与公办教育相比在数量和规模上仍较小，其中民办小学、民办初中最为明显。济南市特别是市区内民办中小学校的数量和规模还不能完全适应省会城市建设需求。为高质量地实现义务教育均衡发展，需要进一步加快济南市民办中小学教育的发展。

（二）民办学校师资队伍缺乏稳定性

由于民办学校举办者要考虑到成本、效益问题，所以在薪资、福利、五险一金等待遇方面与公办学校不一致，这一系列现实问题导致了济南市民办学校教师流动性很大，不利于民办教师全身心投入到教育中去，间接导致学校整体办学质量不够高，这个问题在民办幼儿园中尤为突出。多数农村民办幼儿园教师一人带40多个孩子，工作强度大，安全压力大；而且由于待遇低、社会地位不高，正规院校的毕业生，绝大多数选择进入公办幼儿园或者到大型连锁机构的高端民办幼儿园，一些人仅仅是把进入民办幼儿园作为临时性的跳板，一旦遇到更好的就业机会就会离职，导致了教师队伍不稳定和教师保教经验不足等问题。

（三）少数民办学校办学规范性不够

在办学条件上，由于经费投入不足，济南市部分民办学校的基础办学条件仍未全面达标，实训设备更新与行业发展速度不同步，实训设备老旧，实训耗材购置资金的不足使实训设备成为摆设，无法充分满足专业技能教学的需要，制约了人才培养质量的提升。济南市的不规范办学行为多集中于小型民办幼儿园尤其是郊区的小型民办园。笔者调研天桥区某小区，周围共有7所幼儿园，其中3所属于无证办园。同时，在城郊及农村也存在许多无证办园现象，小学化倾向严重。

（四）部分学校办学经费不足

《民办教育促进法》第四十五条规定："县级以上各级人民政府可以采取经费资助，出租、转让闲置的国有资产等措施对民办学校予以扶持。"第四十九条规定："人民政府委托民办学校承担义务教育任务，应当按照委托协议拨付相应的教育经费。"目前，济南市对于义务教育阶段的民办学校，按照国家政策，参照公办学校标准，教育部门对初中每生每年1010元、小学每生每年810元拨付公用经费，对于民办普惠性幼儿园，政府也给予一定的生均补助。除此之外，目前还没有建立民办教育专项扶持资金。

（五）社会对民办教育的认可度较低

济南市的民办教育从20世纪末发展，经历了探索、初创、阵痛和发展几个阶段。一直以来，民办教育的社会认同感不强，许多家长选择民办学校多为无奈之举。特别是10年前有两所民办学校因管理不善、挪用资金、不按教育规律办学被停办和撤销，在社会上造成一定的影响，使济南市民办中小学教育发展一度陷入困境，市民对民办教育的认可度急剧下降，这将严重影响济南市民办教育的发展。

三、促进济南市民办教育发展的政策建议

（一）加强统筹规划，促进民办教育发展

发展民办教育对于缓解济南市公共教育资源压力，保障学位供给，满足人民群众对于优质化、多元化的教育需求，激发教育发展的活力具有重要意义。所以应充分认识民办教育的重要意义，加快民办教育的发展。一是加强民办教育的统筹规划。进一步解放思想、转变观念，坚持积极鼓励、大力支持、正确引导、依法管理的原则，调动社会组织或者个人参与民办教育的发展，把民办教育纳入经济社会发展规划和教育事业发展规划，进一步完善落实促进民办教育发展的优惠政策。同时，加大宣传力度，提高人民群众对民办教育的认识，满足人民群众对于多元化、高质量的教育需求。二是强化民办学校管理协调机制。目前济南市民办教育的管理工作分散在各个学段的管理部门中，缺乏一个集中统一的归口部门，建议成立一个专门负责民办教育审批、监管等职责的部门。同时，可以成立民办教育工作部际联席会议制度，在明确相关部门工作职责的前提下，成立由民办学校法人单位管理部门——民政、工商部门牵头，有关执法部门组成的工作协调机构，形成权责明确、各司其职、协同共管的联合工作机制，维护办学者和受教育者的合法权益。

（二）加大扶持力度，促进民办教育发展

一是加强对民办学校的改革扶持。进一步落实民办学校和公办学校的同等法律地位，完善相关法律法规及政策规定，建立完善的民办学校在分类登记管理、财政扶持、学校审批等方面的配套措施，加大扶持力度，促进民办教育的发展。在分类管理登记方面，根据济南市实际情况，进一步出台分类细则；在财政扶持政策方面，建立完善财政扶持机制，市、县（区）探索设立民办教育发展专项资金。

二是保障教师权利，稳定民办教师队伍。在教师专业发展上，要将民办教师培训、职称评审、社会保险、表彰奖励、业务竞赛等与公办学校同步规划、同步实施，保障民办教师在专业发展上的同等权利，在资格认定、科研项目申请、评先评优等方面享有同等机会；要进一步畅通公办学校与民办学校教师合理流动渠道，鼓励公办学校教师到民办学校挂职、支教或者任教。在教师待遇上，要参照公办中小学教师绩效工资标准制定民办中小学工资指导线，不断提高工资待遇；出台相关政策，努力实现民办学校教师五险一金等工资福利与公办学校同

等待遇,指导民办学校积极谋划发展,稳定教师队伍。

（三）引导和规范并举,促进民办教育健康发展

一是要立足于补缺。当前形势下,要把特色学校作为民办教育的重点,重点扶持发展办学起点高、办学条件好、特色突出、高水平的民办学校,努力增加特殊群体急需的优质教育资源。二是要按照新法新政要求,积极引导民办学校向提供优质教育资源转变,推动民办学校树立"以特色求生存,以质量求发展"的办学理念,加大资金投入,改善办学条件,在特色上做文章,做大做强民办学校,不断提高办学水平。

青岛市民办教育发展报告

改革开放以来,青岛市民办教育发展先后经历了萌芽初生时期、迅速壮大时期、规范提高时期和法制化时期四个阶段。"十二五"规划实施以来,青岛市委、市政府高度重视民办教育发展,将民办教育纳入重要工作议程,各级政府对各类民办教育的布局规模、办学条件、生源、师资进行全面统筹,民办教育取得长足发展,成为全市教育事业的重要组成部分和新的增长点,同时也面临一些困难、问题及制约因素,亟待化解。同时《青岛市民办教育三年行动计划(2018—2020年)》的颁行,为全市民办教育发展提供了新的机遇和挑战。

一、青岛市民办教育发展总体情况

(一)发展现状

目前,青岛市各级各类民办教育机构齐全,办学层次、布局结构和专业结构基本合理,办学水平和教学质量逐步提高。截至2016年底,青岛市共有民办幼儿园650所,在园幼儿95897人,当年入园幼儿37391人,分别占全市幼儿园的31.0%、40.3%、42.2%。教职工总数11699人,其中专任教师7247人。占地面积1316127.6平方米,校舍面积785291.06平方米。

民办小学14所,在校生15238人,当年招生3008人,分别占全市小学的1.9%、2.9%、3.4%。教职工823人,其中专任教师679人。占地面积299802平方米,固定资产总值17200.481万元,校舍面积135787平方米。

民办普通初中(含民办初级中学、九年一贯制学校、完全中学、十二年一贯制学校)33所,在校生18036人,当年招生5188人,分别占全市普通初中的12.94%、7.47%、6.47%。教职工1654人,其中专任教师894人。占地面积601390.2平方米,固定资产51519.72万元,校舍面积363078.83平方米。

民办普通高中(含完全中学、高级中学和十二年一贯制学校)21所,在校生14055人,当年招生5229人,分别占全市普通高中的30%、10.7%、11.6%。教职工2379人。占地面积1237073平方米,固定资产91161.44万元,校舍面积596131.9平方米。

民办中等职业技术学校18所,在校生8378人,当年招生3374人,分别占全市中等职业学校的32.7%、9.4%、10.4%,专任教师628人。固定资产58140.43万元,其中学校产权固定资产37523.92万元,非学校产权独立使用

20616.51 万元；校舍面积 665832.87 平方米，其中产权校舍面积 344891 平方米，非学校产权独立使用 320941.87 平方米。

民办普通高校 9 所，在校生 90281 人，当年招生 28600 人，毕业生 25315 人，分别占全省民办普通高校的 23％、25％、23％、26％。教职工 6924 人，其中专任教师 4646 人。

青岛市民办教育正以多成分的办学主体、多元化的办学体制、多层次的办学门类、多样化的办学形式，显示出强大的生机与活力。

（二）各级民办教育规模逐步扩大

2011—2016 年，青岛市民办教育整体上呈现持续增长或基本稳定发展态势，形成了与公办教育相互促进、共同发展的格局。但各阶段民办教育发展状态与趋势有所差异。

1. 民办幼儿园占全市同类教育的比重最大

2011 年，青岛市人民政府颁布《关于加快学前教育改革和发展的意见》提出，"建立政府主导、公办为主、民办补充的办园体制"。2013 年，《青岛市学前教育条例》将"政府主导、公办为主、民办补充的办园体制"在全国首次以地方立法的形式固化下来，积极回应和满足了强化政府发展学前教育职责的社会呼声和需求，明确了青岛市学前教育发展的方向。为保证所有适龄幼儿都能接受基本的、有质量的学前教育，解决"入园难""入园贵"的问题，青岛除发展公办幼儿园外，还坚持多条腿走路，大力扶持、促进民办幼儿园的发展。

2011—2016 年民办幼儿园比重整体上稳中有升。园所数虽然由 2011 年的 731 所增加至 2015 年的 738 所，2016 年又下降至 650 所，民办幼儿园占全市幼儿园的 31％。入园人数由 2011 年的 25381 人增加至 2016 年的 37391 人，比重同比上涨近 8％。在园人数从 2011 年的 76265 人增至 2016 年的 95897 人，占全市幼儿园的比重从 34.9％上升到 40.3％，上涨了近 6％，见表 1、图 1。

表 1　2011—2016 年青岛市民办幼儿园情况

年份	全市幼儿园数（所）	民办幼儿园数（所）	全市幼儿园入园数（人）	民办幼儿园入园数（人）	全市幼儿园在园人数（人）	民办幼儿园在园人数（人）
2011	2476	731	72966	25381	218725	76265
2012	2475	757	72017	24517	232403	83787
2013	2411	717	75449	27942	225692	83873

续表

年份	全市幼儿园数（所）	民办幼儿园数（所）	全市幼儿园入园数（人）	民办幼儿园入园数（人）	全市幼儿园在园人数（人）	民办幼儿园在园人数（人）
2014	2340	715	77083	28647	224363	83430
2015	2221	738	88796	37559	232564	91902
2016	2094	650	88530	37391	237977	95897

资料来源：根据山东省教育事业统计资料整理而成。

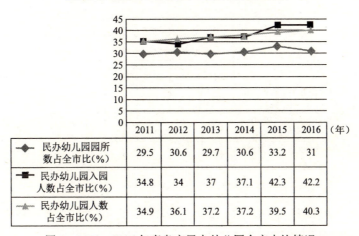

	2011	2012	2013	2014	2015	2016	（年）
民办幼儿园园所数占全市比(%)	29.5	30.6	29.7	30.6	33.2	31	
民办幼儿园入园人数占全市比(%)	34.8	34	37	37.1	42.3	42.2	
民办幼儿园人数占全市比(%)	34.9	36.1	37.2	37.2	39.5	40.3	

图1 2011—2016年青岛市民办幼儿园全市占比情况

2. 民办中小学办学规模持续增大

民办义务教育在全市同类教育中的比重最小，民办小学尤为突出。但2011—2016年，民办小学的数量、招生及在校生规模呈现同比增长趋势。数量从2011年的8所增加至2016年的14所，占全市小学的比重翻了2倍多。招生人数从2011年的1368人增加至2016年的3008人，占全市小学的比重从1.5%上涨至3.4%，也翻了2倍多。在校生人数从2011年的7219人增至2016年的15238人，比重从1.5%增至2.9%，翻了近2倍，见表2、图2。

表2 2011—2016年青岛市民办小学情况

年份	全市小学校数（所）	民办小学校数（所）	全市小学招生数（人）	民办小学招生数（人）	全市小学在校生数（人）	民办小学在校生数（人）
2011	889	8	92860	1368	479513	7219
2012	840	10	82685	1538	484985	8412
2013	806	9	93168	2136	496343	9661

续表

年份	全市小学校数（所）	民办小学校数（所）	全市小学招生数（人）	民办小学招生数（人）	全市小学在校生数（人）	民办小学在校生数（人）
2014	794	9	96661	2611	516529	11104
2015	772	11	91748	2580	536492	12922
2016	743	14	91294	3008	547231	15238

资料来源：根据山东省教育事业统计资料整理而成。

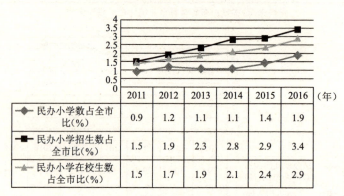

	2011	2012	2013	2014	2015	2016	（年）
民办小学数占全市比（%）	0.9	1.2	1.1	1.1	1.4	1.9	
民办小学招生数占全市比（%）	1.5	1.9	2.3	2.8	2.9	3.4	
民办小学在校生数占全市比（%）	1.5	1.7	1.9	2.1	2.4	2.9	

图2　2011—2016年青岛市民办小学全市占比情况

民办初中从2011年的17所增加至2016年的20所，占全市初中的比重由2011年的7.3%增加至2016年的8.4%。招生人数从2011年的4114人增加至2016年7222人，比重从5.4%上涨至8.7%。在校生数从2011年的11763人，增至2016年的18036人，上涨了3%，见表3、图3。

表3　2011—2016年青岛市民办初中情况

年份	全市初中数（所）	民办初中数（所）	全市普通初中招生数（人）	民办普通初中招生数（人）	全市普通初中在校生数（人）	民办普通初中在校生数（人）
2011	232	17	75733	4114	253446	11763
2012	232	15	77787	4532	244995	12561
2013	234	16	81043	5307	239594	13821
2014	235	18	78242	5647	242386	15207
2015	231	16	73176	5281	238715	16046
2016	237	20	82947	7222	241302	18036

注：民办初中统计了民办初级中学和民办九年一贯制学校相关数据。

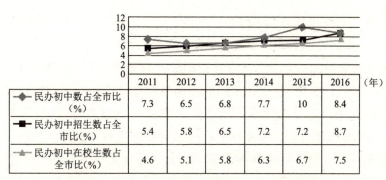

	2011	2012	2013	2014	2015	2016	(年)
◆ 民办初中数占全市比（%）	7.3	6.5	6.8	7.7	10	8.4	
■ 民办初中招生数占全市比（%）	5.4	5.8	6.5	7.2	7.2	8.7	
▲ 民办初中在校生数占全市比（%）	4.6	5.1	5.8	6.3	6.7	7.5	

图3　2011—2016年青岛市民办初中全市占比情况

民办高中数从 2011 年的 14 所一路攀升至 2016 年的 21 所，占全市比重上涨了 6%。招生人数从 2011 年的 3167 人增加至 2016 年的 5229 人，比重从 2011年的 7.3% 上涨至 13.2%。在校生人数从 2011 年的 8917 人增至 2016 年的 14055 人，占全市比重从 7.4% 增至 12.2%，上涨了 5%，见表 4、图 4。

表4　2011—2016年青岛市民办普通高中情况

年份	全市高中数（所）	全市民办高中数（所）	全市普通高中招生数（人）	全市民办普通高中招生数（人）	全市普通高中在校生数（人）	全市民办普通高中在校生数（人）
2011	58	14	43522	3167	119780	8917
2012	60	16	41347	4060	124585	10179
2013	59	16	41341	4222	125516	11270
2014	60	17	37546	4490	120213	12849
2015	62	18	38034	4421	116686	13128
2016	65	21	39691	5229	114805	14055

资料来源：根据山东省教育事业统计资料整理而成。

注：民办高中统计了民办高级中学、民办十二年一贯制学校和民办完全中学相关数据。

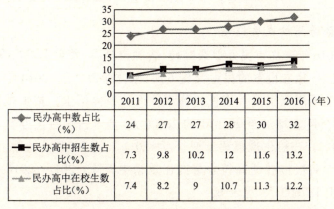

	2011	2012	2013	2014	2015	2016	(年)
◆ 民办高中数占比（%）	24	27	27	28	30	32	
■ 民办高中招生数占比（%）	7.3	9.8	10.2	12	11.6	13.2	
▲ 民办高中在校生数占比（%）	7.4	8.2	9	10.7	11.3	12.2	

图4　2011—2016年青岛市民办普通高中全市占比情况

3. 民办中职数量呈下降趋势

近年来，青岛市坚持"政府推动、市场引导"的职业教育发展轨迹，统筹推进职业教育发展。2015 年出台《青岛市职业教育条例》，明确"建立和完善政府推动、市场引导、行业指导、社会参与的职业教育办学体制"。但 2011—2016 年，民办中等职业学校的整体规模有所下降。数量从 2011 年的 23 所下降至 2016 年的 18 所，减少了 5 所，这与公办中职的发展趋势类似。2011—2016 年公办中职的数量从 45 所下降至 2016 年的 37 所，减少了 8 所。这反映了产业结构对技术型人才需求的层次在上升。民办中职占全市中职的比重先升后降，由 2011 年 33.8% 增加 2014 年的 35.0%，而后下降至 2016 年的 32.7%。根据实际调研了解到，青岛市民办中职的发展模式基本跟公办中职一样，但相比于公办中职近年来财政投入的持续增加、办学条件的不断改善、教育教学水平和特色优势的日益凸显，民办中职经费来源单一，基本依靠学费维持生存，无力改善办学条件，因此，在与公办中职的生源竞争中明显处于劣势地位，发展呈萎缩趋势，见表 5。

表 5 2011—2016 年青岛市民办中等职业教育情况

年份	全市中等职业学校数（所）	民办中等职业学校数（所）	全市占比（%）
2011	68	23	33.8
2012	64	22	34.4
2013	63	22	34.9
2014	60	21	35.0
2015	57	19	33.3
2016	55	18	32.7

资料来源：根据山东省教育事业统计资料整理而成。

4. 民办普通高校发展稳定

2011—2016 年青岛市民办普通高校（含独立学院）数量上没有变化，一直保持在 9 所，其中，独立设置的民办高校 6 所，独立学院 3 所，2014 年青岛飞洋职业学院因招生不规范引发大规模群体事件而被暂停招生。招生规模也比较稳定，人数从 27544 人增加至 2016 年的 28600 人，基本占全省民办普通高校总量的 23%～24%。在校生规模逐步增长，从 2011 年的 76643 人上涨至 2016 年的 90281 人，占全省民办普通高校总量的比重稳中有降。2011—2016 年累计为社会输送毕业生 137603 人，见表 6。

表6 2011—2016年青岛市民办普通高校规模情况

年份	全市民办高校数（所）	全市民办高校招生数（人）	全市民办高校在校生数（人）	全市民办高校毕业生数（人）
2011	9	27544	76643	24140
2012	9	24164	76586	23133
2013	9	26101	80038	21990
2014	9	27435	83647	22159
2015	9	27574	—	20866
2016	9	28600	90281	25315

资料来源：根据山东省教育事业统计资料整理而成。

（三）各级各类民办学校办学模式和主体多元

"十二五"规划实施以来，青岛市民办教育形成了滚动发展模式、企业出资办学模式、个人出资办学模式、股份合作办学模式、中外合作办学模式等多种模式并举的局面，并逐步发展为集团化、规模化办学。办学主体从民主党派办学发展为企事业单位办学、中外合作办学以及其他各种社会团体组织、个人投资办学等。

以民办高等学校为例，青岛市现有学历民办普通高校9所，办学模式多样，办学主体多元，举办者包含了个人投资办学、企业投资办学及政府在内的多方合作办学模式，见表7。

表7 青岛市民办普通高校一览表

学校名称	创办时间	办学层次 专科	办学层次 本科	办学主体	办学模式	备注
青岛滨海学院	1992	1995	2005	个人投资	滚动发展	山东省首所民办专科院校，首批民办本科高校
青岛黄海学院	1996	2001	2011	个人投资	滚动发展	
青岛恒星科技学院	2001		2011	集团投资		
青岛工学院	2005	2005	2011	股份合作／企业投资		独立学院转制
青岛求实职业技术学院	1992			个人投资	滚动发展	
青岛飞洋职业技术学院	1996			个人投资	滚动发展	2014年暂停招生
青岛理工大学琴岛学院	2003		2003	企事业单位合作办学	独立学院	青岛理工大学与青岛盛世华侨教育管理有限公司合作

续表

学校名称	创办时间	办学层次		办学主体	办学模式	备注
		专科	本科			
北京电影学院现代创意媒体学院	2010		2010	市政府参与的合作办学	独立学院	北京电影学院和青岛满天下文化投资发展有限公司合作
青岛农业大学海都学院	2005		2005	事业单位办学	独立学院	青岛农业大学举办

近年来，为整合多方资源，推动教育向规模化、特色化、品牌化方向发展，青岛大力推进教育集团化发展。2015年，青岛首家民办教育集团——青岛银海教育集团揭牌成立，力争统筹教育品牌、教育资源、教学模式布局，实现规模和效益同步发展。超银教育集团旗下的超银学校目前设有五个校区，存在着五种截然不同的办学模式。超银中学广饶路校区是超银集团与青岛大学师范学院联合办学，使用大学的闲置校舍；超银中学鞍山路校区由青岛市原四方区政府、原四方教育局以"名校引进"方式邀请进入，在土地使用等方面提供了一系列优惠条件，共建新校区；超银小学承接改制学校建国际化民办小学；超银学校黄岛校区属于公建民营，属"政府提供硬件，民间提供服务"的办学模式，小学部以接受公办学生为主，初中部按民办机制运行。超银中学金沙路校区则是由青岛超银教育集团与青岛报业传媒集团"联姻"共同创办，采取将青报集团原有老旧厂房改造为教育用房的合作办学模式。

（四）优质特色的民办学校正在探索形成

"十二五"以来，青岛市民办教育已经由单纯的规模增长阶段，进入到以"稳定发展规模、整体提高质量、优质特色发展"为基本特征的转型升级阶段。[①]在市政府、市教育局"大棒＋拳头"的政策扶持与规范下，青岛市一些民办学校为寻求生存与发展空间，稳定与公办学校竞争中的地位，努力探索特色化、差异化的办学模式，少数民办学校正在形成自身的办学优势和特色化办学模式。

青岛超银学校、青岛海利丰学校、青岛新世纪学校等民办学校采用现代化的教学设施，坚持个性化办学的理念，逐步确立小班化教育、美术教育等特色。青岛海山学校本着错位发展、差异竞争的发展理念，努力规避民办高中生源文化基础相对较差的短板，大力发展特长教育，打造了美术特色班、传媒特色班、古琴特色班，不仅提高了学生的升学率，同时提升了学生的升学质量。近年来，

---

① 青岛重视民办教育发展 落实政策助其转型升级 [N]. 青岛早报，2016-08-29.

青岛市着力于增强服务经济社会发展的能力,积极支持民办中职学校和高等院校加强专业建设,培养产业急需人才,实现高水平发展。青岛建国职业学校始终以校企合作、技能型人才培养为目的,以较充足的生源和较高质量的学生就业在民办中职大批倒闭的惨淡情况下坚守下来。目前学校积极探讨就业班、升学班、培训班等,适应学生多样化的学习需求,拓宽学校发展空间。青岛滨海学院先后获批山东省首批民办本科高等教育特色名校建设高校、山东省民办高校优质特色发展项目支持计划高校、2017—2023年硕士学位授予立项(培育)建设单位。

(五)法政体系和发展环境进一步健全优化

为落实国家、山东省关于民办教育发展的精神,《青岛市中长期教育改革和发展规划纲要(2011—2020年)》明确提出:"支持引导民办教育。将民办教育纳入各级政府教育发展总体规划,对民办教育的功能、类型、层次、结构等进行合理定位。积极发展办园规范、质量合格、收费合理的普惠性民办学前教育机构;引导和扶持民办小学、初中办出精品、办出特色;鼓励举办有特色、可选择的民办高中;推动民办高校走内涵式发展道路,提升管理水平,提高教育质量;以社会需求和市场调节为原则,兴办紧缺型、实用型的民办非学历教育培训机构。引进和培育知名民办品牌学校。"该规划为青岛市民办教育奠定了发展基调。"十二五"以来,青岛市坚持规范管理和鼓励扶持并重,锐意改革与创新,不断强化民办教育事业发展的顶层设计,持续优化民办教育发展的政策环境,满足群众对多样化优质民办教育的需求。特别是2014—2016年,青岛市密集出台了一系列政策措施,规范民办教育的发展秩序,加大民办教育的政策扶持,为民办教育的持续发展奠定了良好的政策环境和发展空间。

1. 管理服务日趋完善

青岛市将民办教育规范特色发展作为教育体制改革的重要内容,不断改善民办教育的宏观管理与服务。

一是建立完善民办教育规范发展的制度体系。有法可依、规范管理是近年来青岛市民办教育政策供给的主要动向之一,也是青岛市激励优质民办教育脱颖而出、破解民办学校发展瓶颈的重要前提。2014年青岛飞洋职业学院办学行为不端,暴露了看似平静风光、实则充满风险挑战的民办学校内部管理与运作的许多问题,给民办教育的宏观管理与监督敲响了警钟。自2014年5月起,青岛市重新修订《青岛市教育局民办学校设置规定》,陆续出台《关于规范中等及以下学历教育民办学校收费管理的通知》等一系列规范性文件,明确了各级各类民办学校的准入标准、收费要求等,增强了政府和教育主管部门对民办教育的动态监管和把控,有效解决了各区市对民办学校审批标准条件程序不统一、管理各行其是的弊端,为全市民办教育实现全域一体化管理奠定了基础,为民办教育的持续健康发展提供了制度保障。

表8　2011年以来青岛市民办教育政策文件一览表

序号	文号	文件名称	发布单位	发布日期
1	青政发〔2014〕10号	关于加快发展民办教育的意见	青岛市人民政府	2014年4月28日
2	青教通字〔2014〕54号	青岛市教育局民办学校设置规定	青岛市教育局	2014年5月14日
3	青教通字〔2015〕63号	青岛市教育局非营利性民办中小学校出资人奖励办法(试行)	青岛市教育局青岛市财政局	2015年7月26日
4	青教通字〔2015〕97号	青岛市教育局普惠性民办幼儿园管理办法	青岛市教育局青岛市财政局青岛市物价局	2015年11月25日
5	青教通字〔2016〕20号	青岛市教育局积极支持民间资本进入教育领域促进民办教育健康发展办法	青岛市教育局、市编委办、市发改委等12部门	2016年4月1日
6	青价费〔2016〕62号	关于规范中等及以下学历教育民办学校收费管理的通知	青岛市物价局 青岛市教育局 青岛市人力资源和社会保障局	2016年12月26日
7	青教通字〔2017〕57号	青岛市民办教育三年行动计划(2018—2020年)	青岛市教育局	2017年8月29日

二是建立健全民办教育资金监管机制。青岛市确定由开发区、平度等区市围绕健全民办学校财务、资产监管体系和探索公办、民办学校合作办学的有效途径等五方面内容,开展试点,并取得了积极进展。平度市教体局每年从公办学校选拔40多名干部、骨干教师到民办学校支教,民办学校安排50多名教师到优质公办学校挂职培训,优化了民办学校的师资队伍。开发区探索建立由民办学校、业务主管机关、金融机构共同组成的"三位一体"的民办学校资金监管机制,统一民办学校资金账户管理,规范民办学校财务行为,对有效应对民办学校办学风险具有积极作用。[①]

三是实施公办、民办学校教师一体化培训政策。青岛市将民办中小学教师

---

① 青岛推动民办教育跨越式发展 [N]. 人民政协报,2014-09-30.

纳入全市中小学教师培训计划,仅 2013 年就有 1000 多名教师参加了市教育局组织的骨干教师远程培训,占民办中小学教师的 1/3。确定 3 年内对全市 6000 多名民办幼儿教师进行全员免费培训,采取经费补助、发放教育券等形式,对民办幼儿教师进行提升学历层次、教师资格证考试辅导。[1]

四是搭建教育资金服务运作平台。投融资难是制约民办教育发展的普遍性问题。为破解这一难题,青岛市探索组建青岛教育发展投资集团有限公司,建立教育投资运作实体平台,通过合理运用部分财政性资金、盘活教育存量资产等方式,吸引民间资本参与教育事业发展;鼓励以混合投资形式引导和支持社会力量投资兴办各类教育。

2. 政策扶持力度不断加大

为促进民办教育事业发展,鼓励社会力量和民间资本提供多样化、高水平教育服务,青岛市从建立公共资源扶持民办教育发展的政策体系入手,加大公共财政、公共资源对民办教育的扶持。

2014 年 5 月,青岛市政府印发《关于加快发展民办教育的意见》(青政发〔2014〕10 号)(以下简称《意见》),提出探索分类管理机制、鼓励探索多元化投资办学模式、落实建设用地优惠政策、实施税费优惠、保障教师同等待遇、健全教师引进流动机制、完善民办学校法人治理结构、健全民办学校退出机制等举措,为加快民办教育发展提供了政策支撑。《意见》规定:市、区(市)政府每年应当依法设立民办教育发展专项资金,并列入同级财政预算,实施动态调整;建立政府购买教育服务机制,通过安排生均教育经费、保障教师待遇和专业发展经费、补助学校教学科研经费等形式,对民办学校进行公共财政支持,逐步完善差额补助、定额补助、项目补助、奖励性补助等多元化的公共财政资助体系。

2015 年,青岛市先后出台《青岛市教育局非营利性民办中小学校出资人奖励办法(试行)》(青教通字〔2015〕63 号)和《关于民办教育新上项目实行贷款贴息的通知》(青教通字〔2015〕91 号)两项政策,对吸引具有较强实力的出资人举办高水平学校,减轻民办学校融资压力和办学成本,鼓励引导社会资本投资发展教育事业,拉动和提升青岛市民办教育发展整体水平产生了积极的推动作用,青岛加煌中加学校等一批优质民办中小学开办,北京十一学校、清华大学附中、华东师范大学第二附属中学等一批国内知名学校管理团队来青合作办学。

2016 年 4 月,青岛市教育局等 12 部门联合出台了《青岛市教育局积极支

---

[1] 青岛推动民办教育跨越式发展 [N]. 人民政协报,2014-09-30.

持民间资本进入教育领域促进民办教育健康发展办法》，本着"非禁即入"的原则，采取有效措施和优惠政策，涉及土地、规划、金融、税费、教师和规范自主发展等方面，落实公办民办学校同等法律地位，享受同等优惠政策，鼓励支持民间资本以多种形式进入教育领域，提供高质量、多样化教育服务。根据山东省政府办公厅《关于开展非营利性民办学校教师养老保险与公办学校教师同等待遇试点工作的指导意见的通知》的文件精神，自2016年7月起，青岛市人社、教育、财政三部门正式启动了"非营利性民办学校教师养老保险与公办学校教师同等待遇试点工作"，这对民办学校稳定教师队伍、提高教师素质、引进优秀人才、增强核心竞争力、提升教育教学质量和办学效益将起到关键性作用。

3. 财政扶持民办教育发展的举措机制逐步创新落实

为充分激发民办教育办学活力，青岛市不断创新财政机制，逐步落实对民办教育的财政扶持，多措并举支持民办教育发展。

一是实施公办、民办学校一体化财政奖补政策。自2012年开始，青岛市财政设立民办教育专项资金，每年安排300万元，对办学规范、质量高、社会信誉好的民办中小学校采取"以奖代补"的方式予以扶持。同时，将民办中职学校纳入国家、市重点支持的实训基地和基础能力建设范围，将民办高校纳入市校共建普通高校重点学科和高职院校重点专业的范围。另外，安排资金170万元，对46所民办幼儿园升级为省或市示范园予以奖励。[①]

二是实施公办、民办学校学生一体化减免资助政策。坚持公办、民办学校学生同等待遇，实施各类教育免费和学生助学金、奖学金、助学贷款等政策。2013年全市财政共投入1230万元，用于免除民办义务教育阶段学生杂费、课本费和作业本费；投入1700万元，对普惠性民办幼儿园按照每生每年1200元的标准予以补助，确保了48所普惠性民办幼儿园月收费均在880元以下。2013年底，青岛市出台政策免除全部中等职业学校学生学费，并将免学费补助转换为按专业补助公用经费，全市民办学校万名学生受益。[②]2016年，青岛市政府出台《关于进一步完善城乡义务教育经费保障机制的通知》（青政发〔2016〕31号），市财政新增投入6000余万元，提高民办学校学生免除学杂费标准，让义务教育阶段民办学校首次和公办学校享有同等公用经费保障，实现义务教育阶段"民办公办"办学经费一视同仁。在前期为全市义务教育阶段全体在校生（含民办学校学生）免费提供教科书、作业本的基础上，从2016年春季学期开始，青岛市

---

① 青岛推动民办教育跨越式发展［N］. 人民政协报，2014-09-30.
② 青岛推动民办教育跨越式发展［N］. 人民政协报，2014-09-30.

把民办学校学生免除学杂费标准,由原来的城市初中每生每年 350 元,城市小学一至二年级每生每年 200 元、三至六年级每生每年 246 元;农村初中每生每年 286 元,农村小学一至二年级每生每年 160 元、三至六年级每生每年 200 元,统一提高到小学每生每年 650 元、初中每生每年 850 元。免除学杂费标准提高以后,全市将增加民办学校学生免除学杂费资金投入 1350 万元,极大地减轻了学生家长的经济负担。

二、青岛市民办教育发展中存在的问题

2011—2016 年,青岛市民办教育虽然总体发展趋势良好,但问题和困难依然存在,既有来自学校自身的问题,也有来自政府和社会的问题,影响了民办教育的持续发展,也延缓了青岛市教育综合改革和教育公平发展的实现进程。

(一)布局结构有待进一步优化

青岛市各级各类民办学校区域间、城乡间布局相对集中,一般驻地经济相对发达或发展潜力较大。民办幼儿园、小学、初中、高中主要分布在城区,民办义务教育阶段学校城乡间发展不均衡情况尤其明显。如表 9 所示,民办城区幼儿园自 2011 年以来,每年的园所数都在 540 所以上,占全市民办幼儿园的比重从 2011 年的 76% 上升至 2016 年的 84%,规模日渐扩大;民办镇区幼儿园占全市民办幼儿园的比重从 2011 年的 4.8% 上升至 2016 年的 5.2%,份额不大,但有增加趋势;民办农村幼儿园数量从 2011 年的 144 所降至 2016 年的 72 所,占全市民办幼儿园的比重 6 年间下降了 9%。民办小学、初中几乎全部集中在城区。民办高中近 3 年来在农村发展有了初步突破。另外,据实地调研了解,各城区之间民办教育资源布局和发展也不均衡。青岛市辖 6 个市辖区(市南、市北、李沧、崂山、黄岛、城阳),相对于青岛市南、市北等中心城区来讲,崂山区因区位优势不明显,民办学校教师流动性非常大,影响了民办学校的长远发展。

青岛民办高校(含独立学院)分布也较为集中,除青岛农业大学海都学院位于青岛之外的莱阳、青岛恒星科技学院位于东部高校园区中心位置—— 李沧区、青岛工学院位于胶州市外,其他高校均位于城阳区、黄岛区。城阳区域内经济发达,经济居青岛区市第三、山东区市第四,黄岛区即青岛西海岸新区,属于经济开发新区。民办高校的集中分布,可能源于城阳、黄岛两区区域经济社会发展水平高及对高级专业技术人才的迫切需求,从而对社会力量办学产生了强大吸引力,抑或是因为城阳区经济发达、黄岛区经济发展潜力大,教育发展的外部环境好或对民办教育的招商引资政策力度较大。

表9　2011—2016年青岛市各级各类民办学校区域和城乡布局情况

学校类型	区域	年份					
		2011	2012	2013	2014	2015	2016
民办幼儿园	城区（所）	552	570	545	555	598	544
	镇区（所）	35	36	40	36	36	34
	乡村（所）	144	151	132	124	104	72
民办小学	城区（所）	8	10	9	8	10	13
	镇区（所）	0	0	0	0	0	0
	乡村（所）	0	0	0	1	0	1
民办初中	城区（所）	17	15	16	18	16	19
	镇区（所）	0	0	0	0	0	1
	乡村（所）	0	0	0	0	0	0
民办高中	城区（所）	13	15	15	15	15	17
	镇区（所）	1	1	1	0	0	0
	乡村（所）	0	0	0	2	3	4
民办高校	黄岛区（所）	3	3	3	3	3	3
	城阳区（所）	3	3	3	3	3	3
	李沧区（所）	1	1	1	1	1	1
	胶州市（所）	1	1	1	1	1	1

　　各级各类民办学校的集中分布，特别是民办基础教育在区域间、城乡间布局的失衡，一定程度上反映了民办学校收费相对较高与镇区、乡村家庭教育支付能力有限之间的矛盾，也体现了岛城多元参与、多样化办学体制仍有待释放改革创新活力，以进一步满足镇区、乡村人民对多样化、优质民办教育的需求，对全市教育管理体制改革、教育政策供给提出了更高要求。

（二）优质特色民办教育资源供给不足

　　无论从政策驱动，还是民办高校自身发展来看，青岛市民办教育都进入了以质量求生存的转型升级阶段，但相对于量的日益扩张，民办教育的发展质量仍然差强人意，在课程品质、教学质量、师资和管理水平等方面，尚不能满足广大市民对多样化、优质教育的需求，优质特色民办学校如星星之火，尚难以燎原。这一问题存在的原因是多方面的。一是认识的原因。个别民办教育举办者对学校发展的特殊属性和教育的公益性认识不足，对民办学校的存在价值和社会责任缺乏准确认识，在办学定位、办学特色等方面缺乏长远的规划和设计。

二是能力的原因,特别是办学经费不足,基础建设和内涵建设能力不强。青岛市民办学校大都属于生源依赖型学校,经费来源单一且充满不确定性。与此同时,公办学校获得的财政支持越来越多,在软硬件建设、师资引进等方面的投入越来越大。据统计,2015年全市公办中小学生均教育事业费达到1.7万元/年。这对于以收取学费为主要办学经费来源的民办学校来说,意味着办学成本的增加和内涵建设投入的加大。捉襟见肘的经费,使民办学校在教学设备、实验条件、师资水平、信息化水平等方面的改善上有心无力,更有些为了生存,或者不断提高学费标准,或者不顾条件盲目扩大招生规模,直接影响了教育教学质量和学校声誉。在目前公办高中优势强劲、公办中职软硬件基础建设越来越好、公办义务阶段学校解决"大班额"工作推进的情况下,民办学校办学压力越来越大,在与同类公办学校的竞争中,明显处于劣势地位,优质特色化发展受阻。

(三)优秀教师流失较普遍

民办学校教师流动频繁、流失率严重是一个普遍现象,青岛市也不例外。近几年民办学校引进的高学历年轻教师,跳槽到公办学校或党政机关、事业单位现象普遍存在。甚至连民办幼儿园也逐渐成为公办幼儿园师资队伍的"蓄水池"。流失的主要原因:一是教师工资待遇偏低。民办学校教师的工资为学校自筹,教师工资是学校办学成本的重要组成部分,由于缺少工资的指导标准,再加上民办学校办学经费紧张等原因,致使民办学校教师的工资水平普遍低于公办学校教师的工资水平。二是民办学校教师在职称评聘、进修培训、教研科研、评优晋升等方面也难以与公办教师相比。这种身份待遇的巨大差异,不仅导致民办学校教师难以引进优秀人才,而且导致人才流失严重。三是民办学校教师工作量和工作强度相对较大,不少教师身兼数职,集行政、教学于一身,部分学校表面看来与公办学校差别不大的工资水平分摊到小时工资和所承担的工作压力上,就显得没有那么有竞争力了。教师的流动、流失意味着教学的中断,对学生的学习适应和教育教学质量的提升产生了一定负面影响;同时,引进和培训新教师成为民办学校永不间断的重复工作,加重了学校、在职教师和管理人员的工作负担。

(四)民办学校治理水平有待提升

一是民办教育的管理体制和服务体系尚待完善。不少基层地方政府缺乏对民办教育发展的统筹规划和具体措施,缺乏对民办教育发展的积极引导和沟通服务机制。例如,部分类型民办学校平等的招生权尚未完全落实,导致一些生源不错的民办学校往往因担心生源不满而提前招录一些低分学生,部分优秀生源却因名额已满而被拒之门外。一些政府部门在民办教育管理上还存在着"缺位""越位""错位"等现象。执法主体多元化导致违法违规办学行为多发，导致出现上述问题或涉及学校、教师、学生等问题时，责任纷纷归咎于教育行政部门，致使教育部门在有限的工作职责内承担了无限的社会责任。

二是民办学校现代法人治理结构还不够健全。部分民办学校没有按规定成立董事会（理事会），或董事会结构不合理，运行不规范，举办者在董事会中的权力过于集中。董事会领导下的校长负责制运行不甚合理，举办人与校长合一，或举办人与校长的关系没有理顺，决策层与管理层关系不清晰，存在任人唯亲、家族化管理现象。内部制衡和外部参与机制不健全，或缺乏监督约束机构和机制，或监事会空位，流于形式，或监事会职责不清，人员构成不合理；教职工代表大会制度形同虚设。不少学校还没有建立完善的规章制度，教学管理工作缺乏参考依据，或规章制度朝令夕改，教学和管理工作缺乏连续性和稳定性。一般来讲，民办学校办学层次越低，这些问题体现得越发明显。

三是部分民办学校管理者水平有待提高。不少民办学校管理者既不是教育专业人士，又缺乏从事教育工作的经历和相关经验，一些经商出身的举办者兼任学校管理者，对教育行业了解不足，不熟悉教育教学规律，缺乏学校管理经验，办学理念存在偏差，把学校当作企业，导致学校内部管理混乱，急功近利，影响了学校管理水平的提升和长远发展。

三、青岛市民办教育发展策略

当前，民办教育分类管理稳妥推进，各省（市）正在研究制定各自的地方政策，青岛市率先行动，出台《青岛市民办教育三年行动计划（2018—2020年）》（以下简称《三年行动计划》）。《三年行动计划》确立了"到2020年，基本建立'办学主体多元化、办学形式多样化、教育资源特色化、教育服务优质化'的民办教育发展格局。争取通过三年左右的努力，在民办教育的发展规模、政策保障、体制机制、队伍建设、教育质量、办学水平和效益等方面，达到全国同类先进城市水平"。指出了未来三年青岛市民办教育量的增长和质的发展的具体目标，即"全市民办教育机构总量增加20%左右"，"引进和培育扶持一批总数不少于100所的社会声誉好、教育质量高、办学效益优的社会教育培训机构。新批准开办的全市的民办中小学学校100%达到省定基本办学条件标准"。可以预测，未来三年，青岛市民办教育发展的潜力和空间依然很大。未来三年或更长一段时间，青岛市民办教育发展目标的实现，既需要全国、山东省、青岛市有关政策的扶持、宽松发展环境的营造，也需要民办学校自身对卓越教育品质的追求。

（一）学校层面

1. 坚持质量立校，切实提升办学品质

十九大报告提出，中国特色社会主义进入新时代，我国社会主要矛盾已经转化为人民日益增长的美好生活需要和不平衡不充分的发展之间的矛盾。反映到教育领域中，人民群众对优质、多样化教育的需求越来越迫切，这对各级各类民办学校的质量提升、特色发展提供了更加紧迫的要求。因此，民办学校必须要充分发挥体制机制优势，认真抓好顶层设计，在提升办学特色、提供差异化教育服务、提高办学质量上下大功夫，才能满足全市人民的需求，也才能获得更多的经费、资源等各方面的支持，用于学校的持续发展，实现学校的良性运转。

2. 完善治理结构，提升治理水平

有效的结构治理可以"将决策控制权按照实际需要，合理地分布于不同的治理主体手里，并使不同主体之间产生权力依赖和制约关系"。因此，民办教育要获得健康持续发展，首先要满足有关政策和制度的合法化要求，完善法人治理结构，建立健全决策、执行、监督三位一体的治理体系，适当改变举办者个人"一言堂"或"家族化"管理模式，增强其他治理主体（包括党委、校长、教代会、学术委员会等）的话语权和决策权，才能实现决策的科学化、执行层面的高效率。

3. 提高教师待遇，建立一支高素质、稳定的师资队伍

一是着力解决教师的后顾之忧。根据青岛市三年行动计划，民办学校要"按照有关规定为自聘教师办理基本养老社会保险、补充保险和住房公积金。要以实施教师资格制度和人事代理制度为基础，建立健全学校、政府、个人社会保险费用分担机制"，提升教师福利待遇。二是适度减轻教师工作压力，加强人文关怀，建立基于工作量的个性化岗位的激励机制。

4. 激活体制机制优势，拓宽办学经费来源

办学经费是制约民办教育发展的主要瓶颈。民办学校须在研究论证自身优势的基础上，通过合作办学、承接政府和社会购买服务项目、加强与社区及相关企事业单位的沟通合作等，拓宽办学经费来源渠道。

（二）政府层面

1. 进一步健全政策和法规体系，加大对非营利性民办教育的扶持力度

一是贯彻落实好现有政策。如何真正将好政策落到实处，打通政策落实的"最后一公里"，最大程度释放政策的激励作用，仍是摆在青岛市民办教育发展面前的一道难题，需要进一步研究和推动。2014年青岛市人民政府出台的《关于加快发展民办教育的意见》和2016年出台的《青岛市教育局积极支持民间

资本进入教育领域促进民办教育健康发展办法》，是目前青岛市促进民办教育发展的两个主要政策文件。应制定具体细化的实施方案，清理并纠正歧视民办教育的政策和做法，进一步推动民办教育的持续健康发展。

二是依法落实民办学校与公办学校平等的法律地位。民办高校可以自主设置专业，可在核定的招生计划内自主录取符合填报志愿线的考生，并在一定范围内逐步扩大民办本科高校的本科招生计划；民办中小学、民办中等职业学校均可以与同类公办学校统一招生录取，可以在核定的办学总规模范围内，自主确定学校年度招生计划，面向社会自主招生、自主开设课程、自主选用教材。

2. 健全公共财政对非营利性民办教育的扶持政策，拓宽民办学校融资渠道

一是健全公共资源扶持民办教育发展的政策。进一步加大财政对民办教育的支持力度，建立民办教育专项资金动态调整和政府购买教育服务机制，通过安排公用经费、保障教师待遇和专业发展经费、补助学校教学科研经费等形式，逐步完善差额补助、定额补助、项目补助、奖励性补助等多元化的公共财政资助体系。

二是进一步完善土地、税费政策，落实非营利性民办学校在各项建设用地、税费减免等方面与公办学校享有同等待遇。对教育项目使用土地指标实行配额制，即每年从总体土地指标中按照一定比例切块，优先保证教育项目落地，当年配额使用不足时，由政府统一收回，供给其他项目使用。公办、民办学校享受同等的土地使用权划拨政策和城市基础设施配套费减免政策。物价部门调整民办学历教育学校收费政策，放开收费标准审批，施行收费标准备案制，回归民办学历教育学校市场属性，促进其加快发展。

三是完善民办教育投融资机制。建立教育投资运作实体平台，通过合理运用部分财政性资金、盘活教育存量资产等方式，吸引民间资本参与教育事业发展。积极开展与国内专业金融（投资）机构的战略合作，重点做好重大教育建设项目的资本运作，鼓励金融机构为民办学校提供用于扩大和改善办学条件为目的的抵押、质押、低息信贷支持和政府建立的贴息贷款机制。

3. 落实民办学校教师与公办学校教师平等法律地位，不断提升教师队伍建设水平

一是落实好非营利性民办学校教师待遇。按照《关于贯彻鲁政办发〔2015〕57号文件做好非营利性民办学校教师养老保险与公办学校教师同等待遇试点工作的通知》的要求，根据青岛三年行动计划关于"开展非营利性民办学校教

师养老保险与公办学校教师同等待遇试点工作。民办学校按规定为教师缴纳基本养老保险和职业年金，财政将按照一定比例，进行事后补助"的规定，拟定《民办教育奖补资金使用管理细则》，明确非营利性民办学校教师参加事业单位养老保险财政补助办法和标准，落实好非营利性民办学校教师养老保险与公办学校教师同等待遇。

二是落实民办学历教育学校人才引进规定。民办学校引进符合市级和区市高层次人才条件的人员从事教学工作，如需纳入事业机构编制管理，由相应教育部门提出申请，机构编制部门审议通过后，将所需事业编制核定到教育部门所属公办学校，下达用编进人计划，纳入机构编制实名制管理。

三是选派一定数量的公办学校校长、教师到民办学校支教。经组织同意到非营利性民办学校任教的公办学校校长、教师，其原有公办教师身份和行政关系不变，退休时执行公办学校教职工退休待遇。具有教师资格、参加人事代理的非营利性民办学校自聘教师被聘用为公办学校在编教师的，其在非营利性民办学校期间的工龄、教龄可按规定连续计算。

4. 建立健全各项管理规范，加大对民办教育的监管和服务力度

一是切实做好各类教育包括民办教育的统筹规划。在教育资源配置、布局结构调整、体制机制创新等方面统筹考虑民办学校和公办学校的发展，努力构建以政府办学为主，公办教育与民办教育相互促进、优势互补、资源共享、共同发展的局面。省级政府出台地方法规或政策，在进一步明确相关政府部门工作职责的前提下，建立综合执法协调机制，解决教育部门在有限的工作职责内承担无限社会责任的困局。市、区（市）政府把民办教育发展纳入地方政府和教育行政部门政绩考核内容，明确相关部门职责，加强制度建设，制定政策措施，改进管理方式，建立信息披露和有效帮扶机制，维护受教育者权益，促进民办教育的健康发展。

二是理顺各级各类民办学校的管理责任主体和权力边界。政府须统筹协调教育、工商、民政、人社等各部门职责，做到管理主体和业务内容的相互统一、管理权力和管理责任的相互统一，避免责任和权力过度或被架空。

潍坊市民办教育发展报告

近年来，潍坊市民办教育获得了显著发展，在提高潍坊市教育资源供给能力、提供多样化教育服务、推动潍坊教育改革等方面，发挥了重要作用。潍坊市民办教育的显著发展得益于：一方面，潍坊市民间经济能力的迅速提升，民间和社会力量支持教育发展的积极性日益高涨；另一方面，潍坊市委、市政府积极鼓励社会力量发展民办教育，大力支持各级各类民办学校建设，从政策法规、制度建设上对民办教育的规模、师资、办学条件、管理服务等方面进行全面协调，潍坊市民办教育发展取得了突出的成绩。但是，受各种因素的制约，潍坊市民办教育在发展过程中还存在着一些困难和问题。因此，进一步完善制度机制，打造潍坊市民办教育品牌，促进潍坊市民办教育健康发展，显得尤为重要。

一、潍坊市民办教育发展基本情况

（一）发展现状

2016年，潍坊市各级各类学校共计2911所，毕业生41.72万人，招生42.34万人，在校生157.13万人，教职工12.55万人，专任教师10.89万人，占地面积5876.49万平方米，校舍建筑面积2145.39万平方米，图书5487.77万册。各级各类民办学校共计833所，占潍坊市学校总数的28.65%；在校生27.38万人，占潍坊市在校生总数的14.57%；教职工2.34万人，占潍坊市教职工总数的18.65%。2016年，潍坊市新建改扩建民办学校15所，仅新建普通高中学校融资就超过30亿元。据统计，潍坊市有近9000名公办教师在民办学校任教，有2131名符合条件的民办学校自聘教师办理了事业单位保险，民办学校教师福利待遇获得了一定保障。非营利性民办学校按规定享受国家有关教育方面的税收优惠政策，在土地划拨、用电、用水、用气、用热等方面与公办学校享受同等待遇，为民办学校的生存发展提供了一定条件。

截至2016年，潍坊市共有民办幼儿园747所，占全市幼儿园总数的42.11%；民办小学23所，占全市小学总数的2.79%；民办初中（初级中学、九年一贯制）34所，占全市初中总数的12.59%；民办中职（职业中专）10所，占全市中职总数的29.41%；民办高中（完全中学、十二年一贯制、高级中学）16所，占全市高中总数的32.56%；民办普通高校4所，占全市高校总数的28.57%。全市民办幼儿园在校生97166人，占全市幼儿园在校生总数的41.23%；民办小学在校生49773人，占全市小学生总数的8.37%；民办初中（初级中学、九年一贯制）在校生49590人，占总数的19.84%；民办中职在校生11437人，占总数的15.05%；民办高中（完全中学、十二年一贯制、高级中学）在校生33603人，占总数的19.42%；民办高校在校生32197人。见图1。

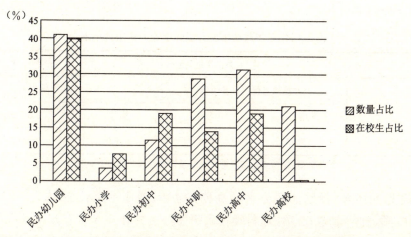

图1　潍坊市各级民办学校数量和在校生数量占比情况

2016年，潍坊市民办中小学独立使用的办学用地合计6985.42亩，建筑面积243.13万平方米，总资产3228.76亿。其中，在学校名下办学用地面积4360.08亩，占义务教育阶段民办学校办学用地面积的62.42%。民办普通高中独立使用的办学用地面积合计1851.56亩，建筑面积65.93万平方米，总资产2495.26亿元。其中，在学校名下办学用地面积1204.9亩，占民办普通高中所有办学用地面积的65.1%。

表1　2016年潍坊市民办中小学和民办普通高中资产情况

民办中小学			
办学用地（亩）		建筑面积 （万平方米）	总资产（亿元）
合计	学校名下		
6985.42	4360.08	243.13	3228.76
民办普通高中			
办学用地（亩）		建筑面积 （万平方米）	总资产（亿元）
合计	学校名下		
1851.56	1204.9	65.93	2495.26

资料来源：根据潍坊市民办教育发展情况自查报告整理而成。

2016年,潍坊市民办中等职业学校办学内容涉及体育、船舶驾驶、轮机管理、航空服务、医药、旅游、汽车制造与检修、计算机、会计、市场营销等专业。学校独立使用的办学用地2977.5亩,办理在学校名下的办学用地面积占24%,租赁办学用地面积占76%。从土地性质来看,集体用地30亩(永盛),占总数的2.1%,其他均为出让土地。

表2　2016年潍坊市民办职业中专办学用地情况

办学用地（亩）				
总计	学校独立使用办学用地		土地性质	
	学校名下	租赁	集体用地	出让土地
2977.5	714.6	2262.9	30	2947.5

资料来源:根据潍坊市民办教育发展情况自查报告整理而成。

截至2016年,潍坊市民办普通高校共4所,教职工总计2615人,申请科技课题17项、社科课题62项,社科类投入研发经费共计275.7万元。潍坊科技学院于1984年创建,是由山东晨鸣纸业集团股份有限公司投资的民办本科高校;潍坊工商职业学院于1988年创建,是由诸城市人民政府投资兴办、由省市两级管理的全日制普通高校;山东海事职业学院于2005年创建,是由潍坊市政府主导举办、社会力量参与举办的山东省首所混合所有制普通高职专科院校;山东师范大学历山学院于2005年创办,是由山东师范大学与潍坊青州市人民政府、山东禄禧置业有限公司合作举办的独立学院。

表3　2016年潍坊市民办普通高校教师情况

学校名称	在校生（人）	教职工总数（人）	专任教师数（人）	科技课题数（项）	社科课题数（项）	社科研究发展经费（万元）
潍坊科技学院	18606	1384	1025	7	12	24
潍坊工商职业学院	8834	496	356	3	12	24.1
山东海事职业学院	4757	279	220	0	0	0
山东师范大学历山学院	6910	456	332	7	38	227.6

资料来源:根据山东省教育事业统计资料整理而成。

（二）发展成绩

1.民办教育规模日益扩大

潍坊市大力发展民办教育,着力解决择校问题,以满足社会对教育多元化的需求,基本形成了"社会出资金,政府聘教师,收费保运转,部门抓监管"的良好发展机制,形成了从学前教育到高等教育各个教育阶段全覆盖的学历教育,民办教育在整个国民教育中的比重日益提升,是教育事业发展的重要增长点和促进教育改革的重要力量。

近些年,潍坊市民办教育取得了较快发展。民办幼儿园由2011年的703所增加到2016年的747所,民办幼儿园占比由38.44%增加到42.11%;在园人数由78090人增加到97166人,占比由32.15%增加到41.23%。民办小学由2011年的11所增加到2016年的23所,占比由1.08%增加到2.79%。

表4 2011—2016年潍坊市民办学校数量情况

年份		2011	2012	2013	2014	2015	2016
幼儿园	民办(所)	703	684	571	531	564	747
	占比(%)	38.44	39.68	32.61	31.72	32.94	42.11
小学	民办(所)	11	10	13	16	14	23
	占比(%)	1.08	1.06	1.5	1.93	1.71	2.79
初中	民办(所)	6	9	12	14	12	34
	占比(%)	2.45	4.07	5.69	7.53	6.56	12.59
中职	民办(所)	11	11	10	10	10	10
	占比(%)	25	26.19	30.10	29.41	29.41	29.41
高中	民办(所)	2	—	—	—	—	16
	占比(%)	—	—	—	—	—	32.56
高校	民办(所)	3	3	4	4	4	4
	占比(%)	17.65	23.08	30.76	28.57	28.57	28.57

资料来源:根据山东省教育事业统计资料、潍坊市国民经济和社会发展公报整理而成。

潍坊市民办小学在校人数由17919人增加到49773人,占比由3.28%增加到8.37%;民办初中(初级中学、九年一贯制)由2011年的6所增加到2016年的34所,占比由2.45%增加到12.59%,在校人数由23990人增加到49590人,占比由7.71%增加到19.84%;民办中职由2011年的11所减少为2016年的10所,占比由25%增加到29.41%;民办高中(完全中学、十二年一贯制、高级中学)由2011年的2所增加到2016年的16所,在校人数由11415人增加到33603人,占比由6.63%增加到19.42%;民办普通高校增加到4所,在校人数由23068人增加到 32197 人。

表5　2011—2016 年潍坊市民办教育在校生数量

年份		2011	2012	2013	2014	2015	2016
幼儿园	民办（人）	78090	70514	63877	65042	75837	97166
	占比（%）	32.15	31.72	29.43	31.27	34.11	41.23
小学	民办（人）	17919	21352	26077	33862	36196	49773
	占比（%）	3.28	3.88	4.57	5.79	6.12	8.37
初中	民办（人）	23990	30240	33956	41073	12803	49590
	占比（%）	7.71	10.66	12.66	15.85	5.08	19.84
高中	民办（人）	11415	17388	22216	32501	30191	33603
	占比（%）	6.63	9.14	11.39	17.18	16.78	19.42
高校	民办（人）	23068	22841	23039	26221	27862	32197
	占比（%）	13.35	14.52	18.25	18.45	17.77	18.83

资料来源：根据山东省教育事业统计资料、潍坊市国民经济和社会发展统计公报整理而成。

　　2016 年潍坊市区（包括奎文区、潍城区、经济开发区、高新区、滨海区）各民办学校招生态势良好，招生计划增多，招生人数大涨。潍城区民办学校招生人数共计 3712 人，其中民办中学为 2200 人，民办小学为 1512 人。奎文区民办学校招生共计 1200 余人，其中民办中学为 900 人左右，民办小学为 300 人左右；高新区民办学校招生共计 826 人，其中民办中学为 366 人左右，民办小学为 460 人左右；经济开发区民办学校招生共计 1440 人；滨海区民办学校招生共计 645 人。相较于民办学校招生计划的火热，公办初中招生计划却出现招录不满的现象。以公办初中的招生情况为例，2016 年潍城区普通初中招生计划中，乐埠山中学、浮烟山中学、于河实验中学等 7 所学校共招 18 个班，学生 900 人，每个学校招生计划大多是 2 个班或者 3 个班，最多不超过 150 人。

　　民办教育的蓬勃发展，满足了教育的多样化需求，促进了教育教学领域的改革，涌现出昌乐二中等一批独具特色、在全省乃至全国独具影响力的品牌学校，而且基础教育品牌优势开始转化成助推全市经济社会发展的新增长点。2016 年，到潍坊参加民办高中升学考试的市外学生超过 1.6 万人，有 1.3 万多名市外学生在潍坊民办高中上学，不仅为潍坊市经济发展注入了活力，也为潍坊市集聚了人力资源的潜在优势。

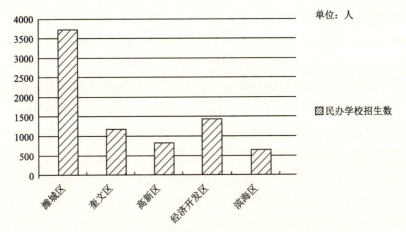

图2 2016年潍坊市各区民办学校招生人数

2. 办学资金来源多元化

潍坊市民办教育办学主体正趋向多元化,既有企事业单位、集体、社会团体办学,也有个人参与办学。办学形式呈现多样化,包括个人独资、股份制、合作办学等形式并存,逐渐形成了多元投资渠道驱动的发展格局。

集团化办学成为推动潍坊市民办教育优质发展、激活民办教育活力的重要模式。据统计,2007年以来,潍坊市吸引社会资金已达到252亿元,已建成潍坊外国语、"271"、潍坊北海、高密豪迈等13个教育集团。以"271"教育集团为例,在潍坊、昆明、南京等5个城市连锁办学12所,师生员工达到4万余人,成为在全国有影响力的教育品牌。优质民办学校还与公办薄弱学校"结对子",使100所公办薄弱学校办学水平得到显著提升,形成了"民办反哺公办"的局面。

潍坊市通过独资、合资、合作、股份制等方式拓宽投资渠道举办民办教育,积极探索国有资本、集体资本和非公有资本以多种形式举办混合制民办教育的办学模式。创新采用"股份制改造+综合金融运作"模式,拓宽民办学校融资渠道。针对潍坊市民办学校多依托原国办学校组建、学校资产绝大部分为国有资产的现状,2013年市财政注资5000万元成立潍坊国信教育投资公司,实行资产投资与办学运营相分离,以投资入股的方式扩大融资,撬动社会资本投入教育事业领域,实现了民办教育改革新突破。潍坊市财政累积先后投入1.07亿元,撬动金融及社会资本5亿元,有效解决了民办教育融资问题,打造了产权明晰、管理规范、概念超前的民办教育品牌,增加了社会教育总资源。

寒亭区先后引进资金3750万元,投资兴建了潍坊东辰国际学校、潍坊博海学校两处民办学校,新增学位2200人。峡山区先后引资4亿元建成潍坊实验中学、引资2.5亿元建成峡山双语学校、引资2.6亿元建成"271"教育研发培训中心。

3. 治理体系不断优化

潍坊市率先在民办学校开展学校治理结构建设，建立起现代学校制度，健全民办学校董事会、行政机构和监事会。潍坊市政府大力支持各类办学主体通过独资、合资、合作、股份制等方式举办民办教育，积极探索国有资本、集体资本和非公有资本以多种形式参与民办教育发展的办学模式。中学层次，以诸城市超然中学为例，通过完善民办学校办学章程，建立健全民办学校董事会、行政机构和监事会，健全校长和领导班子的遴选和培养机制，建立和完善民办学校教职工代表大会制度，形成决策、执行、监督的相互独立、相互制约的法人治理结构。高校层次，山东海事职业学院完善了基于公私混合产权的法人治理体系，搭建了兼容公私资源的整合平台，构建了"政府主导、行业参与、产教融合"的高等教育产业链与服务链，兼具了公办、民办高校优势的运行机制，全面提升了现代高校治理能力和治理体系。正在筹建中的山东海洋科技大学采用混合所有制办学，省部共建潍坊国家职业教育创新发展试验区，采用了"股权＋债权"双层混合所有制的股份制大学建校办学机制，同时通过建设运营校产和学校管理使用校区双层并行的公办学校建校办学机制实现了财政资金的循环使用。

表6　潍坊市民办高校基本情况表

序号	学校名称	创办情况	主管部门	所在地	办学层次
1	潍坊科技学院	1984年创建寿光县农业技术学校；1999年潍坊广播电视大学寿光分校、寿光师范学校、山东经济职业技术进修学院等合并组建齐鲁经济学院（专修）；2001年，齐鲁经济学院（专修）、寿光成人中专、寿光市第七职业高中等合并组建潍坊科技职业学院；2008年，潍坊科技职业学院升格为全日制普通本科高校，更名为潍坊科技学院，由山东晨鸣纸业集团股份有限公司投资	山东教育厅	潍坊	本科
2	潍坊工商职业学院	1988年潍坊市经济学校建校，属国家级重点普通中专；2005年经国务院批准、教育部备案，升格为全日制普通高校，定名潍坊工商职业学院，由诸城市人民政府投资兴办，省市两级管理	山东教育厅	潍坊	专科
3	山东海事职业学院	2011年始建，现在是由山东省人民政府批准设立，由潍坊市政府主导举办、社会力量参与举办的山东省首所混合所有制普通高职专科院校	山东教育厅	潍坊	专科
4	山东师范大学历山学院	2005年，由山东师范大学与浪潮集团合作创办；2008年，山东禄禧新能源科技有限公司投资8亿元建成占地1000亩的山东师范大学历山学院新校区；2011年，山东师范大学与潍坊青州市人民政府、山东禄禧置业有限公司签署合作办学协议；2013年，迁址青州	山东教育厅	青州	本科

资料来源：根据潍坊市各民办高校官方网站整理而成。

4. 管理服务日益完善

潍坊市先后出台了加快民办教育发展的意见,分别为《潍坊市人民政府关于深化办学体制改革加快民办教育发展的意见》《潍坊市关于鼓励民间资本投资社会事业领域的意见》《潍坊市人民政府关于进一步加快发展民办教育的意见》,从政策体制上保障了民办教育的发展,逐渐形成了独具潍坊特色的"社会投资建校、政府支持师资、收费保障运转、部门协调监管、资产学校所有"的民办教育发展模式。

除了上述文件外,潍坊市人力资源和社会保障局、教育局、财政局联合下发了《关于转发山东省人力资源和社会保障厅、教育厅、财政厅〈关于开展非营利性民办学校教师养老保险与公办学校教师同等待遇试点工作的指导意见〉的通知》,通知中规定了非营利性民办学校教师、公办学校编外教师,按照属地原则在县市区(市属开发区)参加机关事业单位养老保险,纳入事业单位养老保险的非营利民办学校包括:民办普通高等学校、民办中等职业学校、民办技工院校、民办普通中小学。截至目前,潍坊市有 2131 名符合条件的民办学校自聘教师办理了事业单位养老保险。

建立制度规范民办学校的发展。《潍坊市民办中小学行政管理与办学行为的负面清单》,从学校法人主体应享有的自主权限、学校重大决策事项、涉及师生切身利益事项、资产管理和财务管理、学校变更与终止等多个纬度梳理,形成了 11 大类 105 项内容,采取以"一事一单"的方式,明确了管理权限的运行轨迹,明示学校管理权限的实施依据、工作流程等,向社会公布并接受监督,全面推动学校管理权限的依法、规范、民主运行。《潍坊市民办中小学信誉等级评价规则(试行)》确定了民办中小学信誉等级评价规则,主要从办学条件、师资保障、招生管理、收退费管理、安全管理等几个方面对中小学信誉等级进行评价,评价结果根据综合得分情况分为 A、B、C、D 四个等级:A 级信誉学校(90 分及以上);B 级信誉学校(80~89 分);C 级信誉学校(70~79 分);D 级信誉学校(69 分以下)。其中部分评价指标制定了量化标准,如小学师生比要达到 1:19,初中师生比要达到 1:13.5,高中师生比要达到 1:12.5,班额小学不超过 45 人,初中不超过 50 人,高中不超过 50 人。

二、民办教育发展存在的问题

(一)办学规模较公办学校差距大

潍坊市民办教育取得了巨大的进步,但从各层次教育情况看,与公办教育相比在数量和规模上仍较小。潍坊市民办幼儿园 747 所,民办小学 23 所,民办初中 34 所,民办中职 10 所,民办高中 16 所。各层次民办教育机构占各层次教育机构的比例分别为 42.11%、2.79%、12.59%、29.41%、29%;公办教育机构占各层次教育机构的比例分别为 57.89％、97.21％、87.41％、70.59％、71％。另外，民办普通高校仅有 4 所，占全市普通高校的比例为 28.57％，公办高校占比为 71.43％。潍坊市民办学校在校生方面，幼儿园在校生 97166 人，民办小学 49773 人，民办初中 49590 人，民办高中 33603 人，各层次民办教育机构在校生人数占全市各层次教育机构在校生人数的比例为 41.23％、8.37％、19.84％、19.42％；公办教育机构在校生人数占各层次教育机构在校生人数的比例为 58.77％、91.63％、80.16％、80.58％。从上述数据看，潍坊市各层次的民办教育在学校数量和在校生人数方面都占比较低，尤其是民办小学和民办初中与公办学校相比，在数量和在校生数上占比较低。

（二）办学资金短缺

教育投资是一个长期过程，资金短缺是目前制约民办教育发展的最主要因素。潍坊民办学校虽然在多元渠道融资方面取得了一些进步，但启动资金仍依赖企业、企业集团、社会团体、外资或个人等社会力量，学生学费是学校主要的经费来源和自我发展资金。资金缺口给民办教育发展带来了诸多不利影响，阻碍了民办学校的进一步壮大。大部分民办学校资金主要依赖学费收入，学费收入占总收入的 90％以上。民办学校除建校需巨额资金外，还需日常的办学经费，庞大的办学投入导致民办学校学费高昂，势必会造成一部分生源"望学兴叹"，影响了民办学校的规模扩张和教学质量的提高。一些学校的办学经费主要来自学生的学费，只能维持简单"再生产"，而难以进一步改善办学条件。甚至有些学校开办至今，仍蜗居于租借的校舍之中，无属于自己的教育教学场所。

（三）学费现"涨价潮"

潍坊市教育局发布的《关于规范民办普通中小学收费行为的通知》中指出各民办中小学应根据办学条件和质量、生均教育培养成本，兼顾当地经济发展水平和居民承受能力及社会方面意见等因素，合理制定学费、住宿费标准。民办学校一年一"提价"，每年学费上缴都是"老生老办法，新生新办法"，无形之中把教育新增加的成本转嫁到新生的身上了，造成新生家长负担过重。

山东省政府发布的《关于印发山东省深化改革价格实施方案的通知》放开了民办教育收费定价权的要求。收费定价权放开后，潍坊市各民办学校涌现出了"涨价潮"。在收费定价权放开前，2013 年潍坊市民办学校学历教育收费的最高标准是民办小学 4000 元，民办初中 5000 元，民办高中 5500 元。然而随着收费定价权的放开，潍坊市出现了一年学费达到几万元的民办学校。2015 年，潍坊文华国际学校、奎文实验初中从 1 万元／学年调整为 1.5 万元／学年、1.4 万元／学年，民办学校学费步入"超万元时代"。2017 年，潍坊美加国际学校每生每年学费加上特长课程费用由 3.9 万元／学年涨至 4.4 万元／学年。潍坊新纪元学校小学部收费从建校之初的 0.8 万元 / 学年调整至 1.2 万元 / 学年，初中部由 0.9 万元 / 学年调整至 1.3 万元 / 学年。潍坊光正实验学校小学部学费由 1.2 万元 / 学年涨至 1.3 万 / 学年，初中部涨至 1.5 万 / 学年。作为奎文区普惠性民办学校的金宝双语小学，随着物价水平和优质教师人力成本的上涨，每学期学费涨了 0.1 万元，每学年学费上涨至 0.6 万。表 7 为潍坊市各民办学校收费情况。

表7 2017 年潍坊市各民办学校收费情况

坊子区		
学校	级部	学费(元 / 学年)
潍坊北海国际中学	初中	1.5 万
	高中	1.8 万
潍坊市坊子区永盛文武学校	小学	0.9 万
	初中	0.96 万
高新区		
学校	级部	学费(元 / 学年)
潍坊瀚声国际学校	小学	3.8 万
	初中	4.8 万
	高中普通班	4.8 万
	高中国际班	5.8 万
潍坊高新双语学校(东风校区)	小学	0.88 万
	初中	0.98 万
潍坊高新区远达(国际)学校	小学	3 万
	初中	3 万
潍坊高新区(上海)新纪元学校	小学	4.4 万
	初中	4.4 万
潍坊高新区美加学校	小学	4.4 万
	初中	4.4 万
潍城区		
学校	级部	学费(元 / 学年)
潍坊外国语学校	小学	1 万
	初中法语班	1 万
	初中普通班	0.8 万
潍坊光正实验学校	小学	1.3 万
	初中	1.5 万

	小学	2.5 万
潍坊枫叶国际学校	初中	2.9 万
潍坊市潍城区潍州麓台学校	小学	0.6 万
	初中	0.7 万

寒亭区		
学校	级部	学费（元／学年）
潍坊文昌中学	初中	1 万
	高中	1.2 万
潍坊东辰国际学校	初中	1.2 万

经济区		
学校	级部	学费（元／学年）
潍坊文华国际学校	小学	2 万
	初中	1.8 万

奎文区		
学校	级部	学费（元／学年）
潍坊奎文实验初中	初中	1.4 万
潍坊市奎文区德润国际学校	小学	1 万
	初中	1.4 万

资料来源：根据潍坊市各民办学校官方网站整理而成。

（四）师资配比存在差距

根据教育部《幼儿园教职工配备标准（暂行）》，全日制幼儿园教职工与幼儿的比例应达到1∶5～1∶7，全园保教人员与幼儿比应达到1∶7～1∶9。潍坊市民办学校师资结构日益增强，以民办幼儿园师资情况的变化为例，如图3所示，2011—2016年，民办幼儿园的师生比不断提高，但全园教职工与幼儿的配比还未达到教育部的配备标准（1∶5～1∶7），2011—2014年差距较大，2015—2016年平均师资配比接近1∶8的水平。

按国家和省编制标准，应为学校配备合格专任教师、实验人员和管理及工勤人员，并到教育行政部门备案。小学教职工与学生比为1∶19；初中教职工与学生比为1∶13.5；高中教职工与学生比为1∶12.5；普通高校师生比为1∶18。配备职员、教学辅助人员和工勤人员的，其占教职工的比例，高中一般不超过15%、初中一般不超过12%、小学一般不超过9%。小学和高校的师生配比还不尽合理。如图3所示，民办小学的生师比不断减小，总体呈下降趋势，不断接近19∶1的办学标准；民办高校随着在校生数量的不断增加，生师比呈逐渐上升趋势。

图3　民办学校生师比变化图

三、民办教育发展的策略

（一）落实民办教育相关政策法规

首先,保证民办学校与公办学校的同等地位,并将其落到实处。对民办学校的发展从政策上一定做到给予资金、人力资源等方面的支持,使潍坊民办名牌学校做大、做强。其次,将潍坊市出台的各项扶持政策落实到位,包括土地优惠、税收优惠、招生问题、教师培训、职称评审政策,要做到与公办学校一视同仁。最后,健全潍坊市民办教育监督管理机构,协调教育、财政、人事、劳动、物价、税务以及国土部门等,建立专门机构,配备专职人员,加强对民办教育的宏观管理、组织协调、办学审批等。再次,根据潍坊市民办教育发展的实际情况,在国家和省级相关政策指引下,根据时代发展和教育需求,不断完善民办教育的地方性法规。

（二）靠质量和特色打造潍坊市民办教育品牌

凸显特色办学是潍坊市民办教育品牌建设的突破点。潍坊市要发挥民办教育的优势,探索出一条具有潍坊特色的优质教育发展模式。学校的办学特色建设应坚持继承性与创新性相结合、民族性与国际性相结合、整体性与局部性相结合的原则,遵循教育发展规律,科学制定相应的办学特色发展战略。潍坊市要塑造民办教育品牌,还要改善学校办学质量,从提高教师质量、学校教育文化质量、优化教育结构等方面对办学质量进行改善;找准品牌定位,做好品牌规划,每所民办学校应做好品牌策划,把品牌建设纳入学校整体规划之中。

（三）加强民办教育师资队伍建设

师资队伍建设是民办学校生存发展的必备条件,师资队伍建设需要平衡师资结构、增强教师专业培训、完善兼职教师管理、建立合理的人力资源管理制度等。首先，针对民办学校师资队伍年龄较低、职称偏低、经验不足的问题，民办学校在人才引进方面应充分考虑职称、年龄结构平衡问题，引进一些能弥补本校职称、年龄结构中缺档的教师。同时鼓励年轻教师脱颖而出，提高其自身的专业能力，积极晋升学历，增进其职称评定。不同年龄、不同职称、不同学历的民办教师并存才有利于学校发展和师资队伍建设。其次，民办学校要加强师资培训，多渠道提高民办教师职业素质，针对不同层次、不同类型的教师民办学校要采取不同的培训方式，如对实践技能课的老师可通过企业培训方式。政府或主管部门要创造条件，加大民办教师培训、进修力度，不断提高教师素质和能力。再次，民办学校要合理控制兼职教师的比例，加强对兼职教师的科学管理。一些民办学校出于师资不足、教学和科研管理经验人才缺乏以及降低办学成本等方面的考虑，会聘用一定数量的兼职教师来弥补专任教师的空缺或者聘用一些经验丰富的老教授担任学科带头人等。但是，对学校兼职教师的招聘数量和质量要把好关，兼职教师的管理也要规范化。最后，要从制度上保障民办学校教师的合法权益，缩小与公办教师的差距，制定科学合理的薪酬制度，落实民办教师事业单位养老保险、职称评定等，使民办教师与公办教师享受同等福利待遇，让民办教师增加稳定性和归属感。

（四）多方拓展民办教育经费来源

民办学校以学费为主要教育经费来源的资金运行机制不利于学校的进一步发展，因此，潍坊市民办学校在今后的发展中，应积极争取社会各方力量的支持，拓宽经费来源。第一，股份制能够调动公众教育投资的积极性，使全社会教育投资的整体能力大大提高。民办教育股份制的产生与发展是市场经济的产物，是对经济股份制的一种借鉴，是教育融资方式的一种突破，具有革新教育理念和制度创新的历史使命。可把股份制的一般规律和教育的特殊性相结合，将经济活动中最有效的资源配置方式——股份制同潍坊民办教育实际相联系，从而拓宽民办教育融资渠道。第二，政府要进一步完善落实财政扶持政策，实施经费资助、贷款税收等政策优惠。具有独立法人地位的民办学校可以利用学校获得的投资和存续期间形成的法人财产进行借贷抵押，享受政府制定的相关贷款政策，拓宽民办学校的融资渠道。第三，为解决民办学校负债过重问题，允许民办学校将教师集资、银行贷款、建筑款等转化为股份，以比较合理的股息回报教师、银行、建筑商等，缓解学校集中还款的压力。第四，民办学校要积极开展校办产业和社会服务，开展国际交流和合作，采取合作办学。第五，民办学校可以面向市场筹集经费，争取个人或企业捐赠和投资。

第四部分
类别报告

山东省民办幼儿园发展报告

　　幼儿园作为学制教育的基础阶段，主要担负着保育、教育幼儿，使幼儿在体、智、德、美等方面得到全面发展、为社会主义现代化建设培养建设者和接班人的任务。随着社会对优质学前教育的需求越来越强烈，公办幼儿园教育资源供不应求。山东省民办幼儿园发展十分迅猛，从无到有，从小到大，已经形成了一定的规模，这不仅在一定程度上减轻了公办学前教育资源分布不足的压力，也在一定程度上满足了各个社会阶层对学前教育的多元需求。

一、山东省民办幼儿园基本情况

（一）发展现状

　　截至 2016 年，山东省共有民办幼儿园 7873 所（其中普惠型 3347 所），占全省幼儿园总数的 41.76%；民办幼儿园入园学生 423124 人，占全省幼儿园入园人数的 40.17%；民办幼儿园在园学生 1152562 人，占全省幼儿园在园学生人数的 41.88%；民办幼儿园离园学生 380040 人，占全省幼儿园离园人数的 37.68%。

　　1.学校数量变化情况

　　2011—2016 年，受人口出生率的影响，山东省民办幼儿园数量虽然在绝对值上出现下降，但已显露出回升趋势。由表 1 可以看出，2011—2014 年，山东省民办幼儿园数量由 2011 年的 8523 所下降到 2014 年的 7185 所，减少 15.7%，占全省幼儿园数量比重由 2011 年的 46.18% 下降至 2014 年的 38.81%；2014—2016 年，民办幼儿园数量开始回升，由 2014 年的 7185 所增加至 2016 年的 7873 所，增长 9.58%，占全省幼儿园数量比重由 2014 年的 38.81% 上升至 41.76%。

表 1　2011—2016 年山东省民办幼儿园学校数量情况

年份	民办幼儿园数（所）	全省幼儿园总数（所）	占全省幼儿园数比（%）
2011	8523	18455	46.18
2012	7385	17530	42.13
2013	7332	18528	39.57
2014	7185	18512	38.81

续表

年份	民办幼儿园数(所)	全省幼儿园总数(所)	占全省幼儿园数比(%)
2015	7410	18648	39.74
2016	7873	18853	41.76

资料来源:根据山东省教育事业统计资料整理而成。

2011—2016年,山东省各市民办幼儿园发展基本情况由图1可以看出:临沂市与菏泽市的学前教育规模基本处于全省领先地位;济南市、德州市、枣庄市与聊城市6年间基本处于持续增长阶段;青岛市、淄博市与莱芜市6年间民办幼儿园发展相对稳定;潍坊市、济宁市、泰安市、滨州市与威海市呈现波动发展的趋势;烟台市、日照市、东营市的民办幼儿园规模在6年间基本呈现出逐渐下降的趋势。

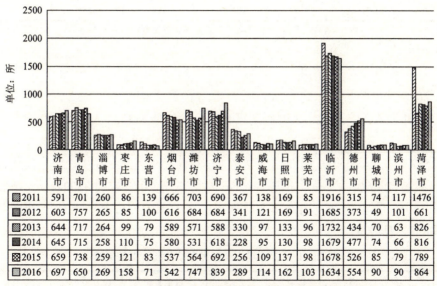

	济南市	青岛市	淄博市	枣庄市	东营市	烟台市	潍坊市	济宁市	泰安市	威海市	日照市	莱芜市	临沂市	德州市	聊城市	滨州市	菏泽市
2011	591	701	260	86	139	666	703	690	367	138	169	85	1916	315	74	117	1476
2012	603	757	265	85	100	616	684	684	341	121	169	91	1685	373	49	101	661
2013	644	717	264	99	79	589	571	588	330	97	133	96	1732	434	70	63	826
2014	645	715	258	110	75	580	531	618	228	95	130	98	1679	477	74	66	816
2015	659	738	259	121	83	537	564	692	256	109	137	98	1678	526	85	79	789
2016	697	650	269	158	71	542	747	839	289	114	162	103	1634	554	90	90	864

图1 2011—2016年山东省各市民办幼儿园数量情况
资料来源:根据山东省教育事业统计资料整理而成。

2011—2016年,民办幼儿园在城区和镇区的发展规模整体呈现出上升趋势,在乡村的发展规模总体呈现出下降趋势。从表2中可以看出,城区民办幼儿园数量由2011年的2661所增加至2016年的3190所,增长率为19.88%,城区民办幼儿园规模占全省民办幼儿园比由2011年的31.22%上升至2016年的40.52%;镇区民办幼儿园的数量由2011年的2168所增长至2016年的2549所,增长率为17.57%,镇区民办幼儿园规模占全省民办幼儿园比由2011年的25.44%上升至2016年的32.38%;乡村民办幼儿园数量由2011年的3694所减少至 2016 年的 2134 所,减少 42.23%,乡村民办幼儿园规模占全省民办幼儿园比由 2011 的 43.34% 下降至 2016 年的 27.11%。

表 2　2011—2016 年山东省民办幼儿园城乡数量情况

年份	城区		镇区		乡村	
	民办幼儿园学校数（所）	占全省民办幼儿园比（%）	民办幼儿园学校数（所）	占全省民办幼儿园比（%）	民办幼儿园学校数（所）	占全省民办幼儿园比（%）
2011	2661	31.22	2168	25.44	3694	43.34
2012	2738	37.08	1918	25.97	2729	36.95
2013	2804	38.24	2098	28.61	2430	33.14
2014	2939	40.9	2083	28.99	2163	30.1
2015	3035	40.96	2323	31.35	2052	27.69
2016	3190	40.52	2549	32.38	2134	27.11

资料来源:根据山东省教育事业统计资料整理而成。

2. 学生数量变化情况

2011—2016 年民办幼儿园入园人数与在园人数呈现出波动增长的趋势。民办幼儿园在园人数 2012 年达到最低值,共在园 952777 人,占全省幼儿园在园人数的 37.83%,从 2013 年开始在园人数逐渐增加,2016 年在园人数达到 1152562 人,占全省幼儿园在园人数的 41.88%。近几年,山东省民办幼儿园离园人数持续增加,由 2011 年的 307596 人增长至 2016 年的 380040 人,增长率为 23.55%,占全省幼儿园离园人数规模由 2011 年的 35.45% 上升至 2016 年的 37.68%。见表 3。

表 3　2011—2016 年山东省民办幼儿园学生数量情况

年份	民办幼儿园入园人数（人）	占全省幼儿园入园比（%）	民办幼儿园在园人数（人）	占全省幼儿园在园比（%）	民办幼儿园离园人数（人）	占全省幼儿园离园比（%）
2011	477341	41.18	986239	40.70	307596	35.45
2012	398730	35.40	952777	37.83	307757	33.24
2013	403846	34.79	981053	37.38	321081	33.28
2014	389165	35.15	986862	37.55	328577	33.24
2015	391312	35.92	1056815	38.88	345193	34.73
2016	423124	40.17	1152562	41.88	380040	37.68

资料来源:根据山东省教育事业统计资料整理而成。

（二）办学条件

2016年，全省民办幼儿园校园占地面积7801287.88平方米（其中绿化用地面积2391381.21平方米，运动场面积5409906.67平方米）；校舍面积8505679.27平方米。通过对比发现，民办幼儿园绿化用地位居全省前三位的城市分别是临沂市（407090.39平方米）、潍坊市（290834.99平方米）和菏泽市（262122.43平方米）；民办幼儿园运动场用地面积位居全省前三位的城市分别是临沂市（894228.79平方米）、潍坊市（603699.34平方米）和菏泽市（568879.4平方米）；民办幼儿园校舍面积位居全省前三位的城市分别是临沂市（1707701.67平方米）、潍坊市（874750.72平方米）和青岛市（785291.06平方米），见表4。

表4　2016年山东省各市民办幼儿园办学条件

城市＼项目	绿化用地（平方米）	运动场地（平方米）	校舍面积（平方米）
济南市	121859.6	373064.11	678531.16
青岛市	201630	491773	785291.06
淄博市	136507.7	301950.6	423912.97
枣庄市	62026.84	139680.19	216058.1
东营市	32902	75279	115072.2
烟台市	219617.74	483918.75	656210.18
潍坊市	290834.99	603699.34	874750.72
济宁市	222523.72	507764	774775.98
泰安市	91462.74	200183.75	304084.05
威海市	65141.54	122001.34	210944.66
日照市	41148	104542.33	157115.98
莱芜市	20627.32	52452.45	106211
临沂市	407090.39	894228.79	1707701.67
德州市	118191.36	293509.97	489469.1
聊城市	41663.84	110863.65	158081.35
滨州市	56031	86116	141450.89
菏泽市	262122.43	568879.4	706018.2
合　计	2391381.21	5409906.67	8505679.27

资料来源：根据山东省教育厅规划处提供的资料整理而成。

（三）教师队伍

2016年山东省民办幼儿园共有专任教师79558人。由图2可以看出，全省民办幼儿园专任教师数量位居前三位的城市分别为临沂市（15805人）、潍坊市（7504人）和济宁市（7397人）；专任教师数量较少的三个城市分别为滨州市（1433人）、莱芜市（1081人）和东营市（915人）。

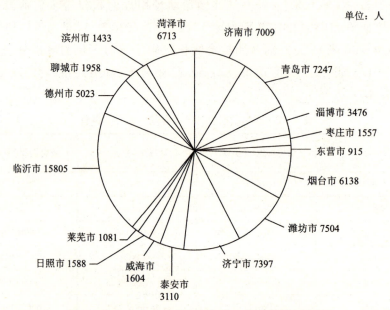

图2　2016年山东省各市民办幼儿园专任教师数量
资料来源：根据山东省教育厅规划处提供的资料整理而成。

民办幼儿园教师队伍中，专任教师数量逐渐增长，兼任教师数量逐渐减少，代课教师数量在个别年份略有浮动，但是总体呈现出减少趋势。由表5可以看出，专任教师数量从2011年的50799人增长到2016年的79558人，增长56.61%；代课教师数量从2011年的6834人减少到2016年的2779人，减少了59.34%；兼任教师数量从2011年的855人减少到2016年的222人，减少了74.04%。专任教师占全省专任教师比由2011年的45.10%增长至2016年的48.46%，占全省民办教师比由2011年的62.88%增长到2016年的64.17%；代课教师占全省代课教师比由2011年的38.00%减少至2016年的13.51%，占全省民办教师比由2011年的8.46%减少至2016年的2.41%；兼任教师占全省兼任教师比由2011年的48.11%减少至2016年的14.12%，占全省民办教师比由2011年的1.06%减少至2016年的0.18%。

表5 2011—2016年山东省民办幼儿园教职工数量情况

年份	专任教师			代课教师			兼任教师		
	人数（人）	占全省专任教师比（%）	占全省民办教师比（%）	人数（人）	占全省代课教师比（%）	占全省民办教师比（%）	人数（人）	占全省兼任教师比（%）	占全省民办教师比（%）
2011	50799	45.10	62.88	6834	38.00	8.46	855	48.11	1.06
2012	49995	42.95	60.94	7815	37.06	9.53	811	38.95	1.00
2013	58201	43.92	61.19	4861	23.71	5.11	671	32.17	0.71
2014	62069	43.86	62.93	4012	14.69	4.07	427	24.71	0.43
2015	71451	46.22	64.76	2567	12.58	2.33	214	14.39	0.19
2016	79558	48.46	64.17	2779	13.51	2.41	222	14.12	0.18

资料来源：根据山东省教育事业统计资料整理而成。

1. 职称结构

全省民办幼儿园专任教师职称占比最少的是中学高级职称教师，占比最多的是未定职级的教师。从表6可以看出，在2016年，具有中学高级职称的专任教师只有66人，仅占全省民办幼儿园专任教师的0.08%，尚不足0.1%；拥有小学高级职称的教师共292人，占全省民办幼儿园专任教师的0.37%；拥有小学一级职称的教师共1218人，占全省民办幼儿园专任教师的1.53%；拥有小学二级职称的教师共1160人，占全省民办幼儿园专任教师的1.46%；拥有小学三级职称的教师共428人，占全省民办幼儿园专任教师的0.54%；未定职级教师共有76394人，占全省民办幼儿园专任教师的96.02%，这一层次的教师规模几乎占据整个民办幼儿园专任教师队伍的全部。

表6 2016年山东省民办幼儿园专任教师职称结构

职称	中学高级	小学高级	小学一级	小学二级	小学三级	未定职级
人数（人）	66	292	1218	1160	428	76394
占专任教师比（%）	0.08	0.37	1.53	1.46	0.54	96.02

资料来源：根据山东省教育厅规划处提供的资料整理而成。

2. 学历结构

全省民办幼儿园专任教师以专科学历者占比最多。2016年民办幼儿园专任教师队伍中拥有硕士研究生学历的专任教师共71人，占全省民办幼儿园专任教师的0.09%，尚不足0.1%；拥有本科学历的专任教师共8047人，占全省民办幼儿园专任教师的 10.11%；拥有专科学历的专任教师共 47298 人，占全省民办幼儿园专任教师的 59.45%，这一学历层次的专任教师占整个教师队伍的一半以上，是民办幼儿园专任教师的主要力量；高中毕业的专任教师共 21400 人，占全省民办幼儿园专任教师的 26.9%，比重仅次于专科毕业的幼儿园专任教师；高中以下学历的专任教师共 2742 人，占全省民办初中专任教师的 3.45%。见图 3。

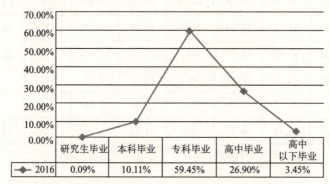

图 3　2016 年山东省民办幼儿园专任教师学历占比情况
资料来源：根据山东省教育厅规划处提供的资料整理而成。

3. 年龄结构

2016 年全省民办幼儿园教师队伍中，29 岁以下的青年教师为主。从图 4 可以看出，24 岁及以下年龄段的专任教师人数最多，共有 29461 人，占专任教师总数的 37.03%；其次为 25 ~ 29 岁年龄段的专任教师，共有 25927 人，占专任教师总数的 32.59%；再次为 30 ~ 34 年龄段的专任教师，共有 13426 人，占专任教师总数的 16.88%。民办幼儿园教师队伍中 34 岁以下年龄段的专任教师占民办幼儿园专任教师总体规模的 86.5%，可见山东省民办幼儿园专任教师以年轻教师为主。

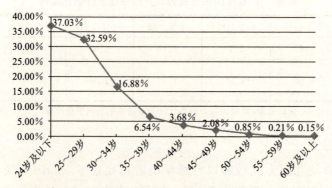

图 4　2016 年山东省民办幼儿园专任教师年龄分布占比情况
资料来源：根据山东省教育厅规划处提供的资料整理而成。

二、山东省民办幼儿园存在的主要问题

(一)政策扶持的缺乏与法律监管的滞后

《国务院关于当前发展学前教育的若干意见》中明确指出:"城镇小区配套幼儿园作为公共教育资源由当地政府统筹安排,举办公办幼儿园或委托办成普惠性民办幼儿园。"这一政策的颁布对学前教育资源应该起到一种良好的优化配置作用,是缓解入园难、入园贵,实现就近入学的重要途径。但在调研过程中发现,山东省某些城市将小区配套建设幼儿园的招标名额明确划分给公办幼儿园,民办幼儿园没有竞争资格,这在一定程度上打击了民办幼儿园的办园积极性;还有一些城市的大型小区周围依然存在一些无证营业的社区幼儿园,这些幼儿园一般都具有价格低廉和辅导班的性质,所以其生源一直十分稳定,这一现象的出现也在一定程度上影响了其他民办幼儿园的规范化管理,破坏了民办幼儿园的市场竞争环境。

(二)教师队伍结构应进一步完善

一是师生配比存在差距。根据教育部《幼儿园教职工配备标准(暂行)》,全日制、半日制幼儿园教职工与幼儿比见表7。

表7 幼儿园教职工配备标准

服务类型	全园教职工与幼儿比	全园保教人员与幼儿比
全日制	1:5 ～ 1:7	1:7 ～ 1:9
半日制	1:8 ～ 1:10	1:11 ～ 1:13

山东省民办幼儿园的师生比还没有达到教育部幼儿园教职工配备标准的要求。由表8可以看出,虽然山东省民办幼儿园师生比由2011年的1:12.2上升到2016年的1:9.32,但是距离教育部关于全日制幼儿园教职工与幼儿比1:5 ～ 1:7的标准还有一定差距,幼儿园教职工数量还不能够完全满足当前社会对民办学前教育资源的需求,需要进一步扩充民办幼儿园教职员工的整体数量。

表8 2011—2016年山东省民办幼儿园师生比情况

年份	教职工数(人)	在园人数(人)	师生比
2011	80786	986239	1:12.2
2012	81234	952777	1:11.72
2013	94449	981053	1:10.39
2014	98633	986862	1:10

续表

年份	教职工数（人）	在园人数（人）	师生比
2015	110330	1056815	1∶9.58
2016	123765	1152562	1∶9.32

资料来源：根据山东省教育事业统计资料整理而成。

二是教师队伍学历水平应进一步提高。民办幼儿园专任教师队伍中高学历教师非常缺乏，占比很低，低学历专任教师还占据较大规模。由表9可以看出，2016年民办幼儿园专任教师队伍中最高学历为硕士毕业，共有71人，仅占民办幼儿园专任教师总数的0.09%，不足0.1%；专任教师中高中及高中以下学历的教师共有24142人，占民办幼儿园专任教师总数的30.35%。

表9　2016年山东省民办幼儿园专任教师学历结构

	硕士毕业教师数	本科毕业教师数	专科毕业教师数	高中毕业教师数	高中以下学历教师数
人数（人）	71	8047	47298	21400	2742
占专任教师比（%）	0.09	10.11	59.45	26.9	3.45

资料来源：根据山东省教育厅规划处提供的资料整理而成。

三是民办幼儿园教师职称结构不尽合理，未定职级教师占比比较高。民办幼儿园专任教师队伍中，拥有高级职称的教师占比极少，由于民办教育本身职称评聘及认定体系具有自主性以及民办学校自身对职称评聘所带来的支出增加等原因，许多民办幼儿园职称评聘并不规范，导致未定职级专任教师队伍庞大。由图5可以看出，民办幼儿园专任教师中拥有中学高级职称的占专任教师总数的0.08%，占比不足0.1%；未定职级的占专任教师总数的96.02%。

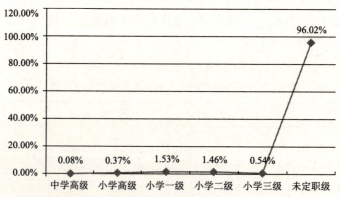

图5　2016年山东省民办幼儿园各级专任教师职称占比
资料来源：根据山东省教育厅规划处提供的资料整理而成。

（三）教育资源城乡分布不均

一是乡村民办幼儿园数量与城镇民办幼儿园数量存在一定差距。仅以2016年数据为例，从表10可以看出，城镇民办幼儿园共有5739所，占全省民办幼儿园总数比为72.89%；乡村民办幼儿园共有2134所，占全省民办幼儿园总数比为27.11%。

二是城镇民办幼儿园数量呈现出逐渐增加的趋势，而乡村民办幼儿园数量呈现出逐渐减少的趋势。从表10可以看出，城镇民办幼儿园占比由2011年的56.66%增加至2016年的72.89%，而乡村民办幼儿园占比由2011年的43.34%减少至2016年的27.11%。

表10 2016年山东省民办幼儿园数量占比情况

年份	城镇		乡村	
	民办幼儿园学校数（所）	民办幼儿园占全省民办幼儿园比（%）	民办幼儿园学校数（所）	民办幼儿园占全省民办幼儿园比（%）
2011	4829	56.66	3694	43.34
2012	4656	63.05	2729	36.95
2013	4902	66.86	2430	33.14
2014	5022	69.90	2163	30.10
2015	5358	72.31	2052	27.69
2016	5739	72.89	2134	27.11

资料来源：根据山东省教育事业统计资料整理而成。

（四）民办幼儿园教师队伍稳定性较弱

目前民办幼儿园教师流动性较大，相对缺乏稳定性。在调研过程中发现，有的民办幼儿园师资存在流失严重的情况，从业两年者即已成为"老教师"，还有相当一部分民办幼儿园教师在为考入有事业编制的公办园做准备。这一情况严重影响了民办幼儿园教师工作的积极性以及幼儿园整体的保教质量和工作秩序，不利于民办幼儿园教师全身心投入到保教工作中去，长此以往将直接影响到民办幼儿园整体的办园质量与社会评价。

三、促进山东省民办幼儿园发展的对策建议

（一）完善法律政策规定，加大扶持力度

根据政策要求，完善分类管理办法，出台差异化扶持政策措施；进一步落实山东省学前教育阶段民办幼儿园与公办幼儿园的同等地位，对民办幼儿园给予一

定的政策扶持与倾斜,建立完善的民办幼儿园在分类登记管理、财政扶持、学校审批、平等竞争等方面的配套措施,进一步规范民办幼儿园的审批权限和申报程序;建立山东省财政扶持机制,市、县(市)区探索设立民办教育发展专项资金,大力扶持乡村民办学前教育发展,维护城乡民办学前教育资源的平衡。

(二)优化对民办幼儿园的分层管理

进一步完善民办学前教育的资助政策,实施分层管理,解决民办幼儿园资金短缺的困扰,并以法律形式确定投入的总量和比重,促进公共教育资源流向民办学前教育。针对不同类别和性质的民办幼儿园,资助政策应体现出一定的弹性,教育行政部门可以根据民办学前教育的类别和性质,实施分层分级资助和管理,对民办幼儿园进行客观评估,根据盈利水平高低划分类别,有针对性地进行资助:对低质量低成本的民办幼儿园进行重点扶持,增加经费资助和财政补贴;对高质量高成本的民办幼儿园,政府可以适当减少资金投入,针对其良好成果给予适当表彰。

(三)进一步完善教师队伍结构,鼓励教师晋级和在职培训

在民办幼儿园教师的未来发展方向上,将民办教师培训、职称评审、表彰奖励、业务竞赛等与公办学校同步规划、同步实施,保障学前教育阶段的民办教师能够在资格认定、科研项目申请、评先评优等方面享有同等机会;在教师待遇上,参照公办幼儿园教师的绩效工资标准来制定民办幼儿园教师的工资指导线,不断提高民办幼儿园教师的工资福利待遇;提供多种机会让民办幼儿园教师进行在职培训,满足他们在个人和专业发展方面不断进取的需求,从而能够吸引更多具有丰富保教经验的骨干教师加入民办学前教育的队伍中来,发挥他们的带头作用,稳定民办幼儿园的教师队伍,提升民办幼儿园的师生比。

山东省民办中小学发展报告

九年义务教育是社会主义教育事业的重要组成部分,是教育发展需求多元化的基石,也是促进教育改革的重要推动力量。民办中小学的发展能够减轻政府提供公共服务的负担,减缓国家财政在教育投入上的支出,使民办闲置资本能够得到有效的资源配置,增强市场竞争的活力,丰富教育供给方式的多样性,进而适应目前教育多元化的需求。

一、山东省民办中小学基本情况

(一)发展现状

截至 2016 年底,山东省民办中小学校共 661 所,其中包括民办初中 395 所、民办小学 266 所,约占全省九年义务教育学校总数的 5.05%;在校生共 766826 人,其中包括民办初中 352867 人,民办小学 413959 人,约占九年义务教育在校生总数的 7.61%。

1. 学校数量变化情况

(1)民办初中学校数量现状。

2011—2016 年,山东省民办初中数量虽然在个别年份有所下降,但总体呈现出上升趋势。从表 1 中可以看出,民办初中数量由 2011 年的 276 所,上升至 2016 年的 395 所,增长率为 43.12%;民办初中占全省初中规模由 2011 年的 9.06% 上升至 2016 年的 12.85%。

表1 2011—2016 年山东省民办初中数量情况

年份	民办初中数(所)	全省初中总数(所)	占全省初中数比(%)
2011	276	3046	9.06
2012	293	3099	9.45
2013	304	3043	9.99
2014	334	3046	10.97
2015	348	3030	11.49
2016	395	3075	12.85

注:民办初中主要统计了民办初级中学、民办九年一贯制、民办完全中学和民办十二年一贯制学校相关数据。
资料来源:根据山东省教育事业统计资料整理而成。

2011—2016 年,民办初中在城区和镇区发展规模均呈现上升趋势,在乡村的发展规模呈现出下降趋势。从表2中可以看出,城区民办初中数量由2011年的104所上升至2016年的163所,增长56.73%,城区民办初中规模由占全省民办初中的37.68%上升至41.27%;镇区民办初中数量由2011年的121所上升至2016年的184所,增长52.07%,镇区民办初中规模由占全省民办初中的43.84%上升至46.58%;乡村民办初中的数量由2011年的51所,减少至2016年的48所,减少5.88%,乡村民办初中规模由占全省民办初中的18.48%下降至12.15%。

表2 2011—2016年山东省民办初中学校城乡数量情况

年份	城区民办初中		镇区民办初中		乡村民办初中	
	学校数(所)	占全省民办初中比(%)	学校数(所)	占全省民办初中比(%)	学校数(所)	占全省民办初中比(%)
2011	104	37.68	121	43.84	51	18.48
2012	118	40.27	131	44.71	44	15.02
2013	128	42.11	137	45.07	39	12.83
2014	144	43.11	147	44.01	43	12.87
2015	145	41.67	161	46.26	42	12.07
2016	163	41.27	184	46.58	48	12.15

资料来源:根据山东省教育事业统计资料整理而成。

（2）民办小学学校数量变化情况。

从表3中可以看出,山东省小学学校总数在2011—2016年间逐渐呈现出下降趋势,民办小学占山东省小学比重呈现出逐年增加的趋势。山东省民办小学数量虽然在个别年份有所下降,但整体呈现出逐渐递增的态势,2016年民办小学数量发展到266所,占全省小学规模由2011年的1.93%上升至2016年的2.65%。

表3 2011—2016年山东省民办小学数量情况

年份	民办小学数(所)	全省小学总数(所)	占全省小学数比(%)
2011	232	12047	1.93
2012	226	11573	1.95
2013	231	11151	2.07
2014	240	10770	2.23
2015	249	10404	2.39
2016	266	10027	2.65

资料来源:根据山东省教育事业统计资料整理而成。

2011—2016年,城区和镇区民办小学在办学规模上均呈现上升趋势,但乡村民办小学在办学规模整体上呈现出下降趋势。从表4可以看出,城区民办小学数量由2011年的72所上升至2016年的93所,增长29.17%,占全省民办小学规模由2011年的31.03%上升至2016年的34.96%;镇区民办小学数量由2011年的91所上升至2016年的119所,增长30.77%,占全省民办小学规模由2011年的39.22%上升至2016年的44.74%;乡村民办小学的数量由2011年的69所减少至2016年的54所,减少21.74%,占全省民办小学规模由2011年的29.75%降低至2016年的20.30%。

表4　2011—2016年山东省民办小学学校城乡数量情况

年份	城区民办小学		镇区民办小学		乡村民办小学	
	学校数(所)	占全省民办小学比(%)	学校数(所)	占全省民办小学比(%)	学校数(所)	占全省民办小学比(%)
2011	72	31.03	91	39.22	69	29.75
2012	72	31.86	97	42.92	57	25.22
2013	77	33.33	102	44.16	52	22.51
2014	80	33.33	106	44.17	54	22.50
2015	83	33.33	110	44.18	56	22.49
2016	93	34.96	119	44.74	54	20.30

资料来源:根据山东省教育事业统计资料整理而成。

2. 学生数量变化情况

(1)民办初中学生数量变化情况。

在2011—2016年,民办初中的学生规模呈现出稳定增长趋势。由表5可以看出,民办初中实际招生人数由2011年的83380人上升至2016年的126775人,增长52.04%,招生规模占全省初中招生的比重由7.88%上升至12.12%;民办初中在校生人数由2011年的245815人上升至2016年的352867人,增长率为43.55%,在校生规模占全省初中在校生的比重由7.12%上升为11.17%;民办初中毕业生人数由2011年的68687人上升至2016年的98775人,增长率为43.80%,毕业生规模占全省初中毕业生的比重由6.38%上升至9.91%。

表5　2011—2016年山东省民办初中学生数量情况

年份	民办初中		民办初中		民办初中	
	实际招生(人)	占全省初中招生比(%)	在校生(人)	占全省初中在校生比(%)	毕业生(人)	占全省初中毕业生比(%)
2011	83380	7.88	245815	7.12	68687	6.38

年份	民办初中		民办初中		民办初中	
	实际招生（人）	占全省初中招生比（%）	在校生（人）	占全省初中在校生比（%）	毕业生（人）	占全省初中毕业生比（%）
2012	83960	8.26	255366	7.78	65608	6.29
2013	90620	9.09	268646	8.45	76398	7.27
2014	101585	10.40	304317	9.67	86775	8.73
2015	105770	11.05	318090	10.23	93770	9.46
2016	126775	12.12	352867	11.17	98775	9.91

资料来源:根据山东省教育事业统计资料整理而成。

（2）民办小学学生数量变化情况。

2011—2016 年,民办小学发展规模基本呈现出稳定增长的趋势。由表 6 可以看出,民办小学实际招生人数由 2011 年的 42123 人上升至 2016 年的 68082 人,增长率为 61.63%,实际招生规模占全省小学招生的比重由 2011 年的 3.53% 上升至 2016 年的 5.49%;民办小学在校生人数由 2011 年的 257700 人上升至 2016 年的 413959 人,增长率为 60.64%,在校生规模占全省小学在校生的比重由 2011 年的 4.00% 上升至 2016 年的 5.99%;民办小学毕业生人数由 2011 年的 44704 人上升至 2016 年的 73021 人,增长率为 63.34%,毕业生占全省小学毕业生的比重由 2011 年的 4.19% 上升至 2016 年的 6.58%。

表6　2011—2016 年山东省民办小学学生数量情况

年份	民办小学		民办小学		民办小学	
	实际招生（人）	占全省小学招生比（%）	在校生（人）	占全省小学在校生比（%）	毕业生（人）	占全省小学毕业生比（%）
2011	42123	3.53	257700	4.00	44704	4.19
2012	38751	3.54	254095	4.05	48349	4.55
2013	41617	3.60	259221	4.14	42637	4.13
2014	51362	4.12	304704	4.70	48777	5.00
2015	54169	4.35	327575	4.86	54350	5.49
2016	68082	5.49	413959	5.99	73021	6.58

资料来源:根据山东省教育事业统计资料整理而成。

（二）办学条件

1.民办初中办学条件

2016 年,全省民办初中学校固定资产 766661.9064 万元,学校占地面积

12576378.19 平方米,校舍面积共 5655427.48 平方米。通过对比山东省各市民办初中办学条件发现,固定资产总值、占地面积和校舍面积位居全省前三位的是潍坊市、菏泽市以及聊城市,其中民办初中固定资产总值分别为潍坊市 172816.7543 万元、菏泽市 166689.6358 万元和聊城市 79310.31 万元,民办初中学校建设占地面积分别为潍坊市 2190661.85 平方米、菏泽市 2595638.6 平方米和聊城市 1226424.7,民办初中学校校舍面积分别为潍坊市 1080855.37 平方米、菏泽市 1044523.87 平方米和聊城市 674810.3 平方米。见表 7。

表7 2016 年山东省各市民办初中办学条件

项目 城市	占地面积(平方米)	固定资产(万元)	校舍面积(平方米)
济南市	378848	32031.5	190962
青岛市	601390.2	51519.7198	363078.83
淄博市	585988.9	22302.63373	229469.04
枣庄市	497913	16177.34	172124
东营市	13616	4120	6540
烟台市	457937.84	29061.99358	299036
潍坊市	2190661.85	172816.7543	1080855.37
济宁市	817062	39904.584	355663.66
泰安市	333398.15	18206.64183	199789.12
威海市	17786	6507.57	22665
日照市	238722	4741	67961
临沂市	1001259.01	26597.3407	360199.05
德州市	1215573.54	65211.79197	435671.19
聊城市	1226424.7	79310.31	674810.3
滨州市	404158.4	31463.0906	152079.05
菏泽市	2595638.6	166689.6358	1044523.87
合计	12576378.19	766661.9064	5655427.48

资料来源:根据山东省教育厅规划处提供的资料整理而成。

2.民办小学办学条件

2016 年,全省民办小学学校固定资产总值为 342745.4901 万元,学校占地面积 5164680.86 平方米,校舍面积共 2386341.86 平方米。各市政府对民办小学的教育投入也在不断增加。由表 8 可以看出,民办小学固定资产总值位居全省前三位的城市分别为潍坊市(109306.7829 万元)、菏泽市(54101.3827 万元)

和德州市（42885.81054 万元）；学校建设占地面积位居全省前三位的城市分别为菏泽市（1343022.83 平方米）、潍坊市（969208.93 平方米）和聊城市（744129.6 平方米），学校校舍面积位居全省前三位的城市分别为菏泽市（568068.68 平方米）、潍坊市（489908.96 平方米）和聊城市（322695.66 平方米）。

表8　2016 年山东省各市民办小学办学条件

项目 城市	占地面积（平方米）	固定资产（万元）	校舍面积（平方米）
济南市	67833	8279.405223	51122
青岛市	299802	17200.4806	135787
淄博市	76515	4476.75157	38057.81
枣庄市	188540	13962	106970
东营市	9359	1131.127097	5912
烟台市	24589	2243	13574
潍坊市	969208.93	109306.7829	489908.96
济宁市	341169.3	10542.95	128897.64
泰安市	69003.3	8544.090531	38287.3
威海市	35384	7706.021279	27392
日照市	10600	—	2580
临沂市	407044.22	30021.0376	187009.83
德州市	524226.68	42885.81054	238178.98
聊城市	744129.6	28351.65	322695.66
滨州市	54254	3993	31900
菏泽市	1343022.83	54101.3827	568068.68
合　计	5164680.86	342745.4901	2386341.86

资料来源：根据山东省教育厅规划处提供的资料整理而成。

（三）教师队伍

1. 山东省民办初中教师队伍情况

2016 年全省民办初中共有教职工 31967 人，其中专任教师 15747 人，占全省民办初中教师总数的 49%；代课教师 767 人，占全省民办初中教师总数的 2%；女教师共 9856 人，占全省民办初中教师总数的 31%；少数民族教师共 86 人，占全省民办初中教师总数的 0.3%。由图 1 可以看出，全省民办初中教职工数量位居前三位的城市分别为菏泽（6887 人）、潍坊（4438 人）和德州（3248 人），教职工数量较少的三个城市分别为日照(386人)、威海(137人)和东营(25人)。

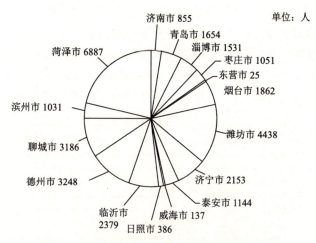

图1 2016年山东省各市民办初中教职工数量

资料来源:根据山东省教育厅规划处提供的资料整理而成。

(1)职称结构。

全省民办初中专任教师职称占比最少的是中学高级职称教师,占比最多的是未定职级的教师。从表9中可以看出,全省民办初中专任教师具有中学高级职称的专任教师只有1027人,仅占全省民办初中专任教师总数的6.52%,尚不足10%;拥有中学一级职称的教师共3397人,占全省民办初中专任教师的21.57%;拥有中学二级职称的教师共4499人,占全省民办初中专任教师的28.57%;拥有中学三级职称的教师共447人,占全省民办初中专任教师的2.84%;未定职级的教师共有6377人,占全省民办初中专任教师的40.5%,这一层次的教师规模十分庞大,这也与一些民办初中的自聘教师不参加职称评级有一定关系。

表9 2016年山东省民办初中专任教师职称结构

中学高级		中学一级		中学二级		中学三级		未定职级	
专任教师数(人)	占全省民办初中专任教师比(%)	专任教师数(人)	占全省民办初中专任教师比(%)	专任教师数(人)	占全省民办初中专任教师比(%)	专任教师数(人)	占全省民办初中专任教师比(%)	专任教师数(人)	占全省民办初中专任教师比(%)
1027	6.52	3397	21.57	4499	28.57	447	2.84	6377	40.5

资料来源:根据山东省教育厅规划处提供的资料整理而成。

(2)学历结构。

全省民办初中专任教师的最高学历层次是硕士研究生学历,以本科学历教师最多，占据整体规模的一半以上。从图2中可以看出，拥有硕士研究生学历的专任教师共733人，占全省民办初中专任教师总数的4.65%；拥有本科学历的专任教师共12255人，占全省民办初中专任教师的77.82%，比例达到总人数的一半以上；拥有专科学历的专任教师共2728人，占全省民办初中专任教师的17.32%；高中毕业的专任教师共30人，占全省民办初中专任教师的0.19%；高中以下学历专任的教师共1人，占全省民办初中专任教师的0.02%。

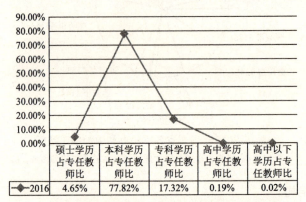

图2　2016年山东省民办初中专任教师学历占比情况
资料来源：根据山东省教育厅规划处提供的资料整理而成。

（3）年龄结构。

2016年全省民办初中教师队伍中，25～39岁的中青年教师数量最多，占民办初中专任教师总数的63.28%，可见山东省民办初中已经建立起一支以中青年教师为主力军的专任教师队伍。从图3可以看出，25～29岁阶段的专任教师人数共4237人，占专任教师总数的26.91%；其次为30～34岁阶段的专任教师，共有3255人，占专任教师总数的20.67%；再次为35～39岁阶段的专任教师，共有2472人，占专任教师总数的15.7%。

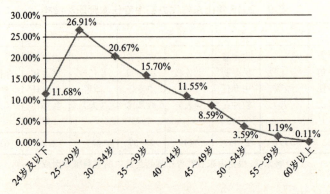

图3　2016年山东省民办初中专任教师年龄分布情况
资料来源：根据山东省教育厅规划处提供的资料整理而成。

2.山东省民办小学教师队伍情况

2016年全省民办小学教师队伍共有专任教师13948人。由图4可以看出,全省民办小学专任教师数量位居前三位的城市分别为菏泽(3897人)、潍坊(2074人)和聊城(1908人);专任教师数量较少的三个城市分别为威海(121人)、东营(45人)和莱芜(19人)。

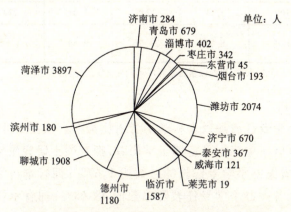

图4 2016年山东省各市民办小学教职工数量
资料来源:根据山东省教育厅规划处提供的资料整理而成。

2011—2016年,山东省民办小学专任教师规模总体呈现出逐渐增加的趋势,代课教师规模总体呈现出下降趋势,兼任教师规模占全省兼任教师比重呈现增长趋势,占全省民办教师比重整体呈现出逐渐下降的趋势。专任教师数量从7641人增长到13948人,占全省专任教师比由2011年的2.08%增长至2016年的3.77%,占全省民办教师的比重由2011年的73.59%增长到2016年的80.04%;代课教师数量从1392人减少到354人,占全省代课教师比重由2011年的35.23%减少至2016年的6.07%,占全省民办教师的比重由2011年的13.41%减少至2016年的2.03%;兼任教师数量占全省兼任教师的比重由2011年的2.85%增长至2016年的8.74%,占全省民办教师的比重由2011年的0.32%减少至2016年的0.21%。

(1)职称结构。

全省民办小学专任教师职称占比最少的是中学高级职称教师,占比最多的是未定职级的教师。从表10中可以看出,具有中学高级职称的专任教师只有109人,仅占全省民办小学专任教师的0.78%,尚不足1%;拥有小学高级职称的教师共1211人,占全省民办小学专任教师的8.68%;拥有中学一级职称的教师共3245人,占全省民办小学专任教师的23.26%;拥有中学二级职称的教师共1191人,占全省民办小学专任教师的8.54%;拥有中学三级职称的教师共

234 人,占全省民办小学专任教师的 1.68%;未定职级教师共有 7958 人,占全省民办小学专任教师的 57.05%,这一层次的教师规模占整个民办小学教师队伍的一半以上,数量十分庞大。

表 10　2016 年山东省民办小学专任教师职称结构

职称	中学高级	小学高级	小学一级	小学二级	小学三级	未定职级
人数(人)	109	1211	3245	1191	234	7958
占专任教师比(%)	0.78	8.68	23.26	8.54	1.68	57.05

资料来源:根据山东省教育厅规划处提供的资料整理而成。

（2）学历结构。

全省民办小学专任教师以本科学历者占比最多。从图 5 可以看出,目前民办小学专任教师队伍中尚不具备博士学历者,拥有硕士研究生学历的专任教师共 233 人,占全省民办小学专任教师总数的 1.67%;拥有本科学历的专任教师共 6790 人,占全省民办小学专任教师总数的 48.68%;拥有专科学历的专任教师共 6275 人,占全省民办小学专任教师总数的 44.99%;高中毕业的专任教师共 642 人,占全省民办小学专任教师总数的 4.60%;高中以下学历专任的教师共 8 人,占全省民办初中专任教师总数的 0.06%。

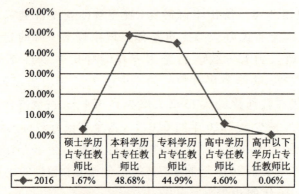

图 5　2016 年山东省民办小学专任教师学历情况占比
资料来源:根据山东省教育厅规划处提供的资料整理而成。

（3）年龄结构。

2016 年全省民办小学教师队伍中,25～34 岁的青年教师占民办小学专任教师总数的 55.69%,可见山东省民办小学已经建立起一支以青年教师为主力军的专任教师队伍。从图 6 可以看出,25～29 岁阶段的专任教师人数最多,共有 4879 人,占专任教师总数的 34.98%;其次为 30～34 岁阶段的专任教师,共有 2888 人,占专任教师总数的 20.71%;再次为 24 岁以下年龄段的专任教师,共有 2121 人,占专任教师总数的 15.21%。

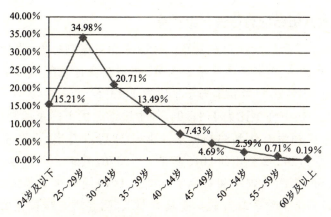

图6　2016 年山东省民办小学专任教师年龄分布情况
资料来源:根据山东省教育厅规划处提供的资料整理而成。

二、山东省民办中小学发展存在的主要问题

(一)政策法规的具体落实滞后

为了规范民办九年义务教育阶段学校的认定、管理以及民办教师福利待遇体系,山东省出台了《山东中长期教育改革和发展规划纲要(2011—2020)》《山东省民办普通中小学校(幼儿园)分类认定办法(试行)》以及《关于开展非营利性民办学校教师养老保险与公办学校教师同等待遇试点工作的指导意见的通知》等一系列方针政策。各市也纷纷出台了适合当地的政策法规,例如,济南市出台《关于加快发展民办中小学(幼儿园)教育的意见》,滨州市出台《关于实施民办普通中小学(幼儿园)分类管理的意见》。这些政策的出台都为山东省九年义务教育民办学校的分类设置、招生、撤销、更名、年审和新增项目的审批工作做了规定,但其具体的落实以及配套管理服务还存在一定的缺陷和滞后。

例如,山东省《关于开展非营利性民办学校教师养老保险与公办学校教师同等待遇试点工作的指导意见的通知》中明确指出要"引导非营利性民办学校及其教师,依照国家和省关于机关事业单位养老保险制度改革的有关政策,切实履行缴费义务,享受相应的养老保险待遇,形成责任共担、成果共享机制"。这一政策 2015 年在山东省青岛、潍坊和德州三市率先启动试点,2016 年在全省启动试点。但在调研过程中得知,有的试点城市的民办中小学专任教师由于当地人事档案代管渠道尚未理顺清晰,民办学校专任教师人事档案托管无处受

理,导致当地民办中小学专任教师的养老保险尚未转为事业保险,依然享受的是企业保险的养老待遇,政策的具体实施和落实滞后。

（二）教师队伍结构有待进一步完善

一是民办小学师生配比存在差距。按国家和省编制标准,学校应配备合格的专任教师、实验人员和管理及工勤人员,并到教育行政部门备案。小学教职工与学生比为1:19;初中教职工与学生比为1:13.5。

山东省民办初中师生比为1:11.04,师生比远远优于国家编制标准;但是民办小学的师生比却没有达到编制标准。由表11可以看出,山东省民办小学师生比由2011的1:24.82上升到2016年的1:23.76,其中2013年师生比上升到最高值1:20.55,仍距离国家和省编制标准的1:19还有很大差距,教师队伍还不能很好地满足小学阶段教育教学的基本要求,需要进一步扩充民办小学教师队伍。

表11　2011—2016年山东省民办小学师生比情况

年份	教职工数	在校生数	师生比
2011	10383	257700	1:24.82
2012	10837	254095	1:23.45
2013	12616	259221	1:20.55
2014	14082	304704	1:21.64
2015	14904	327575	1:21.98
2016	17426	413959	1:23.76

资料来源:根据山东省教育事业统计资料整理而成。

二是教师队伍学历水平应进一步提高。民办初中及民办小学专任教师队伍中高学历教师十分缺乏,占比偏低,其中民办小学低学历教师依然占据一定规模。

三是教师队伍年龄逐渐趋于年轻化,缺少经验丰富的骨干力量。根据相关统计,骨干教师年龄大多在30岁以上。由图7、图8可知,民办初中专任教师队伍中,29岁以下年龄段的年轻教师占一定规模,共有6076人,占民办初中专任教师总数的38.59%;民办小学专任教师队伍中,29岁以下年龄段的专任教师共有7000人,占民办小学专任教师总数的50.19%,占据专任教师队伍的一半以上。年轻教师虽然在工作岗位上极富活力与热情,但是缺乏教学上的实践经验,这一层次的专任教师占比过多,可能会影响民办小学教学质量。

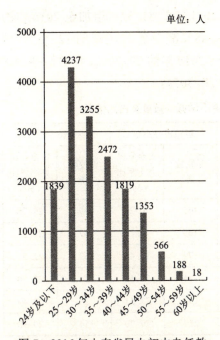

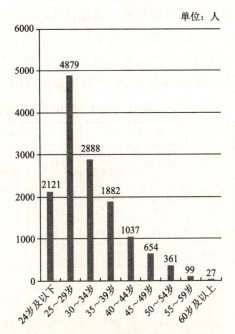

图7　2016年山东省民办初中专任教
　　　师年龄分布情况
资料来源:根据山东省教育厅规划处提供
　　的资料整理而成。

图8　2016年山东省民办小学专任教
　　　师年龄分布情况
资料来源:根据山东省教育厅规划处提供
　　的资料整理而成。

　　四是民办教师职称结构不合理,未定职级教师占比较高。民办初中和民办小学的专任教师队伍中,高级职称占比较少,由于民办教育本身职称评聘及认定体系具有自主性以及民办学校自身对职称评聘所带来的支出增加等原因,未定职级专任教师队伍庞大。民办初中专任教师队伍中拥有中学高级职称的占专任教师总数的6.52%,未定职级的占专任教师总数的40.50%;民办小学专任教师队伍中拥有中学高级职称的占专任教师总数的0.78%,未定职级的占专任教师总数的57.05%。

(三)教育资源城乡分布不均

　　一是乡村学校数量与城镇学校数量相差悬殊。仅以2016年的数据为例,由表12可见,城镇民办初中共347所,占全省民办初中总数的比重为87.85%,乡村民办初中共48所,占全省民办初中总数的比重为12.15%;乡村民办小学数量与城镇民办小学数量相差也十分巨大,从2016年的数据可以看出,城镇民办小学共212所,占全省民办小学总数的比重为79.70%,乡村民办小学共有54所,占全省民办小学总数的比重为20.30%。

　　二是城镇学校数量占比呈现出逐渐增加的趋势,而乡村学校数量占比呈现出逐渐减少的趋势。城镇民办初中占比由 2011 年的 81.52% 增加至 2016 年的 87.85%，乡村民办初中占比由 2011 年的 18.48% 减少至 2016 年的 12.15%；城镇民办小学占比由 2011 年的 70.26% 增加至 2016 年的 79.70%，乡村民办小学占比由 2011 年的 29.75% 减少至 2016 年的 20.30%。

表 12　2011—2016 年山东省民办中小学城乡数量及占比情况

年份	城镇民办初中		乡村民办初中		城镇民办小学		乡村民办小学	
	学校数（所）	占全省民办初中比（%）	学校数（所）	占全省民办初中比（%）	学校数（所）	占全省民办小学比（%）	学校数（所）	占全省民办小学比（%）
2011	225	81.52	51	18.48	163	70.26	69	29.75
2012	249	84.98	44	15.02	169	74.78	57	25.22
2013	265	87.17	39	12.83	179	77.49	52	22.51
2014	291	87.13	43	12.87	186	77.50	54	22.50
2015	306	87.93	42	12.07	193	77.51	56	22.49
2016	347	87.85	48	12.15	212	79.70	54	20.30

资料来源：根据山东省教育事业统计资料整理而成。

（四）师资队伍专业发展比较薄弱

从教师师资培训来看，在九年义务教育系统中，地方政府教育部门每年都会组织各级各类师资培训、技能大赛、讲课比赛、教育观摩等活动，通过这些途径，年轻教师可以更好地开阔眼界、丰富教学实践经验，然而这样宝贵的学习机会在民办初中和小学中的名额非常少。在调研过程中，有的民办中小学能够参加省市举办的培训名额，除了公办学校派遣的老师之外只有一两个名额。剩余的民办中小学教师的培训，一般都依靠学校自身组织的培训和研讨，独立于公办学校的培训体系之外，这样一来民办中小学的自聘教师既缺少参与政府部门组织培训的机会，又受限于民办学校自身组织的内部培训或教研活动的不规范和薄弱，时常被教学之外的杂事干扰，因此这严重阻碍了民办学校教师个人的专业发展以及民办学校教学质量的提高。

三、促进山东省民办中小学发展的对策建议

（一）建立协调机制，统筹规划民办中小学发展

一是合理设置协调与监督管理机制，明确划分各个管理层次和部门的职责权限和相互之间的关系，建立起责权利相统一的工作机制和利益分配机制，协调解决民办中小学发展中遇到的问题，加强对民办中小学的指导，强化信息公

开,促进民办中小学的规划发展。

二是做好九年义务教育的规划和预测,并明确公办学校和民办学校的不同发展定位,避免盲目投资办学所造成的资源浪费及办学风险和负面影响。政府通过制定合理的教育发展规划和对民办教育的支持,使民办教育与公办教育形成资源共享、优势互补的新局面,进一步维护民办中小学教育资源在城乡之间的分布均衡。政府在制定发展规划时应对民办中小学的组成结构、比例、发展规模和速度、发展重点和特色等做出合理明确的规定。规划的制定应充分考虑当地实际人口规模的影响,根据适龄人口的变化,对民办中小学的比例和规模做出结构性调整。

(二)落实民办学校教师福利待遇,稳定教师队伍

在教师的专业发展上,要将民办教师培训、职称评审、表彰奖励、业务竞赛等与公办学校同步规划、同步实施,保障九年义务教育和学前教育阶段的民办教师能够在资格认定、科研项目申请、评先评优等方面享有同等机会;在教师待遇上,参照公办中小学教师的绩效工资标准来制定民办中小学教师的工资指导线,不断提高民办学校教师的工资福利待遇;提供多种机会让教师进行在职培训,满足教师在个人和专业发展方面不断进取的需求,提高教师的专业素质和水平,从而建设一支稳定并具有长远规划的教师队伍。

(三)建立全面的民办中小学教学质量保障体系

教育质量是影响民办学校发展的主要因素,也是民办学校的生命线。民办中小学之间以及与公办学校的竞争,表现为生源的争夺,而本质是教育质量的竞争。总体来看,山东省民办中小学与公办中小学在教育质量上还存在着一定差距。民办学校应把保证教育质量当作办学的首要任务,逐步缩小民办教育和公办教育之间的差距。因此,民办中小学必须积极推进制度建设,建立起全面的民办学校教学质量保障体系。

在日常教学管理中,民办学校应对教学的各个环节进行检查和把控,实现对教学质量的全程监督。在具体实施中,民办学校应认真做好以下几个方面。首先,民办学校必须安排专管教学的校长对教学质量进行全面把控。教学校长应认真做好教学计划,安排好各项教学活动,通过对教研组长的工作进行督导和检查,或深入教学一线对教师的教学进行督导和检查,来提高全体教师的责任意识和对教学的重视,从而促进教学质量的提高。其次,学科教研组长应认真组织教研和讲、听、评课等活动,带动教师对教材、教法等进行深入研究,并做好对课堂教学、教案、作业的及时检查,并及时对教学中出现的问题进行反馈和指导。再次,一线教师则应认真教学,努力提高课堂效率,做好作业批改、后进

学生辅导、考试分析等工作。

民办中小学需要做好学生教育与教师培训工作。对于民办中小学来说，教学质量是学校的生命线，民办学校要将教学工作放在首位，规范教学管理和学生管理工作。由于民办中小学的学生都未成年，一些民办学校采取了寄宿制、半寄宿制的就读方式，相对于公办学校来说，学生在校的时间要更长一些，民办学校就应特别重视对学生的养成教育、安全教育和德育教育。同时加强对教师的培训工作，做好学生的生活管理，能够发现问题，解决问题，防患于未然。此外，积极发挥教师会和家长会的作用，听取教师及家长的意见和建议，以便进一步提高学校的管理效率和办学质量。

山东省民办普通高中发展报告

《山东省中长期教育改革和发展规划纲要（2010—2020年）》（简称《纲要》）指出，"各级政府要把发展民办教育作为重要工作职责，制定促进民办教育发展的优惠政策，鼓励出资、捐资办学，利用多种融资方式发展民办教育"，同时强调"促进普通高中教育优质发展"，"推进普通高中规范化建设"，"提高普通高中教育质量"，"支持普通高中办出特色"。近年来，在《纲要》的指导下，全省民办普通高中教育事业持续健康发展，取得了较大的进步。2017年，《山东省"十三五"教育事业发展规划》进一步提出"支持和规范民办教育发展。以完善管理体制和政策体系为重点，释放社会力量办学活力，促进民办教育发展，创新和扩大教育服务多样化提供"，提出"特色普通高中建设计划——到2020年，全省形成100所全国知名的特色普通高中"，山东省民办普通高中又迎来了新的发展机遇。

一、山东省民办普通高中发展现状

"十二五"期间，山东省民办普通高中阶段教育取得较大发展。截至2016年，山东省共有民办普通高中145所，招生77748人，在校生180302人，毕业生41880人，分别占全省总数的25.00%、13.94%、10.83%、7.23%，相较于2011年，增长率分别为61.11%、78.15%、51.26%、8.47%，发展势头强劲；共有教职工23449人，固定资产778876万元，占地面积17029亩，校舍面积5192064平方米，图书602万册，山东省民办普通高中办学条件得到一定程度的优化。

（一）民办普通高中地市分布情况

如图1所示，山东省民办普通高中在各地级市之间的分布并不均衡，其中20所以上的有菏泽市、青岛市，分别为23所、21所；10～20所的有潍坊市、烟台市、临沂市，各有16所、11所、11所；其余皆为10所以下，特别是威海市、莱芜市、泰安市、日照市、东营市，分别仅有1所、1所、2所、2所、3所。这种不均衡状况，一方面受各市公办高中阶段教育发展状况影响，另一方面与各市高中阶段适龄人口数不同有关。

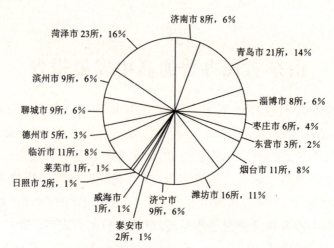

图1　2016年山东省各市民办普通高中学校数量
资料来源：根据山东省教育事业统计资料整理而成。

如图2所示，截至2016年，山东省各市民办普通高中学校占各市普通高中总数的比例也有很大差别：菏泽市占比最高，达到45.10%，占普通高中总数的近一半；威海市占比最低，仅为5.88%，发展缓慢。17地市民办高中发展速度有很大不同，其中菏泽市、青岛市、滨州市、潍坊市发展较快，威海市、泰安市、莱芜市和日照市发展缓慢。

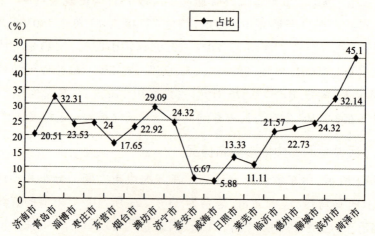

图2　2016年山东省各市民办普通高中学校数量占普通高中比例
资料来源：根据山东省教育事业统计资料整理而成。

（二）民办普通高中城乡分布情况

1.学校集中于城镇

2011—2016年，山东省民办普通高中学校数量逐年递增，城乡分布趋势较

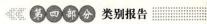

为稳定,主要集中在城镇。城区民办普通高中学校数量占民办高中学校整体比例居于首位,均在50%以上,先增后减,2013年达到最高点62.77%;镇区学校数量占比居于第二位,成波浪形变化,2016年达到最高点40.00%;乡村所占比例最小,先减后增,到2016年达到最高比例8.97%。从整体发展趋势来看,城区民办普通高中所占比例呈下降趋势,乡镇民办普通高中所占比例呈上升趋势。

表1 2011—2016年山东省民办普通高中城乡分布情况

(单位:所)

年份	2011	2012	2013	2014	2015	2016
城区数量	49	52	59	62	65	74
镇区数量	32	35	32	33	44	58
乡村数量	9	7	3	6	8	13
总计	90	94	94	101	117	145

资料来源:根据山东省教育事业统计资料整理而成。

2. 学生集中于城镇

2011—2016年,山东省民办普通高中学生总体数量、城区数量、镇区数量、乡村数量基本都呈上升趋势,学生主要集中在城镇,特别是镇区,见表2。但是从占比情况来看,如图3所示,民办普通高中城区学生占比呈递增趋势,镇区学生占比下降趋势,二者之间的比例差距由2011年的16.45%下降到2016年的1.68%,下降14.77%。越来越多的学生集中到城区上学,这与山东省大力推进城镇化有关,2016年末,山东省城镇化率达到59.02%,较2012年提升了6.59%;同时,近年来,山东省着力解决进城务工人员子女就地入学问题也是推动力量。

表2 2011—2016年山东省民办普通高中在校学生城乡分布情况

(单位:人)

年份	2011	2012	2013	2014	2015	2016
城区数量	47452	48068	51294	64045	64738	84018
镇区数量	67062	70658	60202	69234	80378	87085
乡村数量	4547	6926	5797	2743	5340	9199
总计	119203	125652	117293	136022	150546	180302

资料来源:根据山东省教育事业统计资料整理而成。

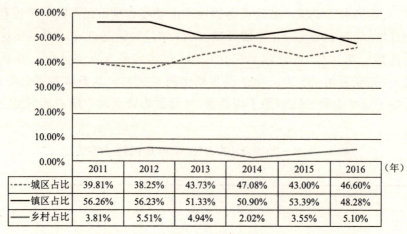

	2011	2012	2013	2014	2015	2016	（年）
城区占比	39.81%	38.25%	43.73%	47.08%	43.00%	46.60%	
镇区占比	56.26%	56.23%	51.33%	50.90%	53.39%	48.28%	
乡村占比	3.81%	5.51%	4.94%	2.02%	3.55%	5.10%	

图3　2011—2016年山东省民办普通高中在校学生城乡分布比例

如表3所示，山东省民办普通高中学校规模基本上保持在每所学校1300人左右。其中，镇区学校规模最大，近年来有下降趋势，由2011年每校2096人下降到2016年每校1501人；城区学校规模次之，有上升趋势，由2011年每校968人上升为2016年1135人；乡村学校规模最小，除2013年外，基本保持在每校500～700人，2013年乡村民办普通高中学校校均学生数量突然上升与山东省加大推进乡村中小学撤点并校力度有关。

表3　2011—2016年山东省民办普通高中分城乡学校办学规模

（单位：人／所）

年份	2011	2012	2013	2014	2015	2016
城区规模	968	924	869	1033	996	1135
镇区规模	2096	2019	1881	2098	1827	1501
乡村规模	505	989	1932	457	668	708
总计	1324	1337	1278	1347	1287	1243

资料来源：根据山东省教育事业统计资料整理而成。

（三）民办普通高中基本规模情况

1. 学校数量平稳增长

2011—2016年，山东省普通高中学校数量总体上有所增长，呈U形变化，存在先减少再增长的变化趋势，变化幅度大；相对而言，民办普通高中学校发展较为稳定，呈现平稳增长态势。6年间，山东省民办普通高中学校数量逐年上升，共增加55所，增长率高达61.11％，普通高中学校数的增长率仅为2.65％，民办普通高中学校数量增长速度远远大于普通高中。

表4 2011—2016年山东省民办普通高中学校数量情况

年份	2011	2012	2013	2014	2015	2016
民办普通高中学校数(所)	90	94	94	101	117	145
普通高中学校数(所)	565	557	547	544	555	580
民办普通高中占比(%)	15.93	16.88	17.18	18.57	21.08	25.00

资料来源:根据山东省教育事业统计资料整理而成。

2011—2016年,山东省民办普通高中学校占全省普通高中比例逐年递增,且增幅较大。2011年占普通高中学校数比例为15.93%,到2016年已经增长为25.00%,增长9.07%。民办普通高中学校增长速度较快,说明山东省对民办普通高中的需求不断提升,民办普通高中有了较大发展。

2.学生数量增长较快

表5 2011—2016年山东省民办普通高中学生数量基本情况

	年份	2011	2012	2013	2014	2015	2016
招生数	民办普通高中(人)	43643	44569	41380	47693	59384	77748
	普通高中(人)	560488	581797	588897	559235	553698	557806
	占比(%)	7.79	7.66	7.03	8.53	10.72	13.94
在校生数	民办普通高中(人)	119203	125652	117293	136022	150456	180302
	普通高中(人)	1564212	1645402	1705043	1712659	1691196	1664949
	占比(%)	7.62	7.64	6.88	7.94	8.90	10.83
毕业生数	民办普通高中(人)	38610	36655	37232	39985	42499	41880
	普通高中(人)	501759	482883	509383	543232	568865	579148
	占比(%)	7.69	7.59	7.31	7.36	7.47	7.23

资料来源:根据山东省教育事业统计资料整理而成。

由表5可知,2011—2016年,山东省民办普通高中招生数量整体保持增长趋势,增长率为78.15%,增长幅度较大,而全省普通高中招生数量不仅没有上升,反而有所下降,下降了0.48%;民办普通高中招生数占全省普通高中的比例由2011年的7.79%上升为2016年的13.94%,民办普通高中招生数量增长较快。从在校生数量来看,2011—2016年,民办普通高中在校生数量整体上保持增长趋势,增长率为51.26%,增长率较高,普通高中在校生数量的整体增长率

仅为 6.44%；民办普通高中在校学生数占全省普通高中比例由 2011 年的 7.62%
上升为 2016 年的 10.83%，共增长 3.21%，民办普通高中在校生增长较快。从
毕业生数量来看，山东省民办普通高中毕业生数量整体呈增长趋势，但占全省
普通高中毕业生比例整体呈现下降趋势。山东省民办普通高中招生数和在校
生数的快速增长均说明民办普通高中以其优势与特色在一定程度上获得了学
生和家长的认可。

（四）民办普通高中办学基本条件

1. 基本办学条件改善

2016 年，山东省民办普通高中学校教职工、固定资产、占地面积、校舍面积
分别占全省普通高中的 14.44%、15.84%、17.35%、17.24%，见表 6，民办普通
高中学校生均教职工数、生均固定资产、生均占地面积、生均校舍面积都高于普
通高中，民办普通高中学校办学条件得到一定程度的改善。

表6 2016 年山东省民办普通高中办学条件

	教职工数（人）	固定资产（万元）	占地面积（亩）	校舍面积（平方米）	图书（万册）
民办普通高中	23449	778876	17029	5192064	602
普通高中	162394	4916397	98178	30114667	5805
民办普通高中占比（%）	14.44	15.84	17.35	17.24	10.37

资料来源：根据山东省教育事业统计资料整理而成。

2. 班级规模缩小

2011 年山东省民办普通高中班级规模为 55.42 人／班，2016 年为 51.25
人／班，6 年间降低了 4.17 人／班，班级规模呈缩小趋势，见表 7。招生数与在
校生数快速增长而班级规模有所缩小，这在一定程度上说明山东省民办普通高
中办学条件有所改善。根据《山东省中长期教育改革和发展规划纲要（2011—
2020 年）》，"到 2015 年，全省所有普通高中达到基本办学条件标准，班额控制在
50 人以内；到 2020 年，办学条件进一步改善，班额控制在 40 人以内"。6 年间，
山东省民办普通高中班级规模均在 50 人以上，班级规模较大，现阶段民办普通
高中班级规模整体上还没有达标。

表7 2011—2016 年山东省民办普通高中班级规模变化情况

年份	2011	2012	2013	2014	2015	2016
在校生数（人）	119203	125652	117293	136022	150456	180302
班数（个）	2151	2253	2145	2558	2847	3518

续表

年份	2011	2012	2013	2014	2015	2016
班级规模（人／班）	55.42	55.77	54.68	53.18	52.85	51.25

资料来源：根据山东省教育事业统计资料整理而成。

（五）民办普通高中师资条件

1. 教师数量逐年上升

表8 2011—2016年山东省民办普通中学教师数据情况

年份	2011	2012	2013	2014	2015	2016
教职工总数（人） 占普通中学教师数比（%）	28367 6.13	31441 6.76	34544 7.41	40621 8.61	46977 9.87	55416 11.44
专任教师（人） 占普通中学教师数比（%）	21808 5.51	23781 5.96	27009 6.61	32411 7.76	37756 8.88	44311 10.16
代课教师（人） 占普通中学教师数比（%）	1996 54.45	2297 55.20	931 37.54	1172 45.43	840 38.20	1007 32.19
兼任教师（人） 占普通中学教师数比（%）	88 13.04	76 15.83	96 20.08	193 30.73	130 27.66	156 48.30

注：教职工总数不包括代课教师和兼任教师；此处数据为山东省民办普通中学数据，包括民办普通初中和民办普通高中。

资料来源：根据山东省教育事业统计资料整理而成。

如表8所示，2011—2016年，山东省民办普通中学教职工总数和专任教师数呈逐年递增趋势，教职工总数占全省普通中学教职工总数的比例由6.13%上升到11.44%，增长5.31%；专任教师占比由5.51%上升为10.16%，增长4.65%。6年间，民办普通中学代课教师占比基本呈下降趋势，而兼任教师占比基本呈上升趋势；但山东省民办普通中学代课教师和兼任教师仍然较多，截至2016年，二者占比仍高达32.19%、48.30%。

2. 教师学历层次较高

如图4所示，山东省民办普通高中有硕士研究生毕业的教师1248人，占山东省民办普通高中教师总数的11.20%；本科毕业的教师9355人，占山东省民办普通高中教师总数的83.95%；专科毕业的教师534人，占山东省民办普通高中教师总数的4.79%；高中阶段及以下毕业的教师6人，占山东省民办普通高中教师总数的0.05%。山东省民办普通高中教师95%以上具有本科及以上学历，教师质量的改善，也在一定程度上反映了山东省民办普通高中教学条件的改善，利于教学质量的进一步提高。具有高中阶段及以下学历的教师只有6人，随着时间的推移和我国高等教育入学率的进一步提高，未来山东省民办普通高中在职教师学历层次将进一步提升。

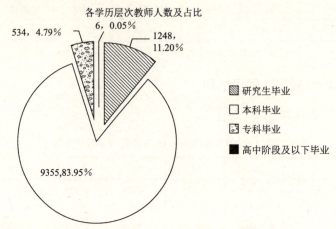

各学历层次教师人数及占比

534，4.79%　　6，0.05%

1248，11.20%

☒ 研究生毕业
☐ 本科毕业
▨ 专科毕业
■ 高中阶段及以下毕业

9355，83.95%

图4　2016年山东省民办普通高中教师学历结构
资料来源：根据山东省教育厅规划处提供的资料整理而成。

3. 教师队伍以年轻教师为主

截至2016年，山东省民办普通高中以年轻教师为主，24岁及以下教师有1402人，占山东省民办普通高中教师的12.58%；25～34岁的教师有5755人，占比为51.65%，超过一半；35～44岁的教师有2698人，占比为24.21%；45～54岁的教师占10.32%；55岁以上的教师占1.24%。

表9　2016年山东省民办普通高中教师年龄结构

年龄阶段	24岁以下	25～29岁	30～34岁	35～39岁	40～44岁	45～49岁	50～54岁	55～59岁	60岁以上
人数（人）	1402	3531	2224	1667	1031	745	405	122	16
占比（%）	12.58	31.69	19.96	14.96	9.25	6.69	3.63	1.09	0.14

资料来源：根据山东省教育厅规划处提供的资料整理而成。

二、山东省民办普通高中发展存在的主要问题

截至2016年，山东省民办普通高中教育状况相对改善，特别是从规模方面来看，发展势头强劲，前景广阔。但是，由于发展基础相对薄弱，目前山东省民办普通高中发展中还存在一些问题。

（一）教师队伍流动性较大，职称结构不健全

与公办高中相比，山东省民办普通高中教师队伍流动性较大，稳定性相对不足。在实践调研中发现，有的学校教师队伍流动性较大，因为教师回原籍、

考入公办学校等原因，每年十几位教师辞职，导致学校基本上每年都会招聘新教师。教师队伍的流动性导致教师队伍中新聘教师较多，兼职教师和代课教师增加，骨干教师不足，一些教师没有接受过专门的师范训练或培训，甚至没有对口的教师资格证书，教学经验不足，教学技巧有待提高，影响了教学质量的提高。

山东省民办普通高中教师队伍流动性较大的原因是多方面的。一是聘任制度不完善。民办普通高中教师大多是聘任制教师，存在随用随聘、解聘较为随意的现象。二是教师薪资福利相对较差。民办普通高中经费主要来自学生学费，而教师工资又主要源于学校自身积累的经费，因而相对公办高中而言，教师的薪资待遇较差；特别是福利保障方面，山东省民办普通高中教师大多参加企业社保，退休后的福利待遇相对较差。虽然山东省在 2015 年出台了《关于开展非营利性民办学校教师养老保险与公办学校教师同等待遇试点工作的指导意见的通知》，但由于教师的民办身份以致实施效果并不尽如人意。三是教师职称结构不健全。截至 2016 年，山东省民办普通高中中，具有中学高级职称的教师有 1063 人，占全省民办普通高中教师数的 9.54%；具有中学一级职称的有 2021 人，占全省民办普通高中教师数的 18.14%；具有中学二级职称的有 3640 人，占全省民办普通高中教师数的 32.67%；具有中学三级职称的有 233 人，占全省民办普通高中教师数的 2.09%；未定职级的有 4186 人，占全省民办普通高中教师数的 37.57%，见图 5。山东省民办普通高中具有中学高级和中学一级职称的教师数量较少，而未定职级教师数量较多，民办教师职称结构不健全，影响教师职业发展。由此种种导致很多民办普通高中教师将此当作职业发展道路上退而求其次的跳板，一旦有了更好的选择会毫不犹豫地离职。

各职称层次教师人数及占比

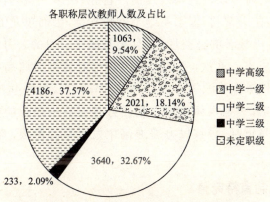

图 5 　2016 年山东省民办普通高中教师职称结构
资料来源：根据山东省教育厅规划处提供的资料整理而成。

（二）部分学校办学条件相对较差

从整体发展情况来看，山东省民办普通高中办学条件得到了一定程度的改善，但是民办普通高中内部存在"贵族高中"和"打工子弟高中"两极分化的现象，部分民办普通高中办学条件相对较差。普通高中教育不属于九年义务教育，没有免费上学的优惠政策；也不属于高等教育，专项经费支持较少；更不属于职业教育，缺乏国家对于职业教育的各项补贴政策。民办普通高中主要是通过自筹解决学校运作经费问题，学校经费主要源于学生学费，与公办高中相比缺乏财政性经费，这成为困扰学校发展的重大难题。经费缺乏，又使得优秀教师的聘任、办公条件的改善、教学设备的添置、校园文化的建设等面临困境。对于一些"打工子弟高中"而言，困难更多。随着城市化进程的加快，进城务工人员增加，进城务工人员子女的教育问题也更加突出，从山东省办学实际来看，"贵族高中"可以通过收取高昂的学费和赞助费来部分解决学校运作资金问题，优化办学条件；而对于"打工子弟高中"而言，由于学生家庭经济收入的限制，收取高昂学费和赞助费的做法不现实，进而导致学校办学条件较差。

同时，随着高中阶段教育的逐步普及，山东省对公办高中的支持力度不断加大，这也在一定程度上压缩了民办普通高中的发展，使其办学劣势增大。部分民办普通高中租用厂房、居民住宅、大中院校教室办学，环境较差，无法为学生提供良好的学习环境，学生学习条件较差，不利于学生成长。

（三）社会认同感有待提高

办学之初，民办普通高中是公办高中的补充，无论办学条件还是教学质量，民办普通高中确实不能与公办高中相比，这就造成了社会各界对民办普通高中的歧视在较长时期内难以得到有效改变。首先，很多人认为民办普通高中是私人学校，主要目的在于营利，国家不给予财政支持，因而鱼龙混杂、收费高、教学质量差，不能体现出教育的公益性，并且会与高中阶段的公办教育产生冲突，会增加居民的教育成本。其次，一些行政机构也对民办普通高中存在偏见，在招生计划、人事聘用、资源分配等方面向公办教育倾斜，对民办普通高中办学的支持力度较小。再次，一些媒体大肆宣扬民办普通高中存在的问题和不足，忽视民办教育的优点与贡献，导致民办普通高中发展步履维艰，难以实现又快又好的发展。

（四）管理机制有待完善

目前，我国民办教育主导的领导体制是董事会（理事会）领导下的校长负责制。在实际运作中，山东省民办普通高中没有取得应有的效用，管理机制有待完善。首先,民办普通高中领导体系不完善,部分民办普通高中没有按照国家要求设立理事会、董事会,所有决策都由校长一人说了算,缺乏监督机制和约束机制;即使设有董事会的学校,也大多流于形式,没有起到实际作用。其次,举办者和管理者合二为一,学校领导成员组成家族化。举办者与管理者合二为一,主要表现为学校董事长与校长合一,既是学校权力机构的最高代表,又是学校执行机构的代表,这导致学校决策不专业、执行不力。同时,民办普通高中还存在任人唯亲的问题,这在学校创建初期一定程度上能提高办事效率和效益,但是从长远来看,会阻碍学校发展,阻碍学校管理工作朝规范化方向发展。再次,部分学校还没有建立完善的规章制度,在管理上缺乏参考依据,正所谓"没有规矩,不成方圆",部分民办普通高中存在管理混乱的现象,管理机制有待完善。

(五)优质生源相对较少

6年来,山东省民办普通高中规模不断扩大,学校数、招生数、在校生数都有较大幅度的增加,但大多数民办普通高中生源质量不高。这既与社会歧视有关,同时也是因为民办普通高中自身办学质量相对不高。质量是立校之本,是民办普通高中的生命线。一方面,由于学校硬件条件、教师、资金等一系列的问题,民办普通高中办学质量整体不高,大部分学生选择民办普通高中就读是退而求其次,这就导致优质生源向公办高中集中,民办普通高中处于招生梯队的底端,优质生源较少。另一方面,学生及其家庭衡量其投入效益的最直接、最主要的标准是成绩,如果民办普通高中教育教学质量低下,学校就很难被社会和家长认可。生源"先天不足",使不少民办普通高中学校陷入"生源不好→教学质量下降→生源不好→教学质量下降"的恶性循环之中。在这种情况下,出现了一旦成绩不理想,就在民办普通高中登记注册,在公办高中花钱借读的现象:有些学校每年开学前会有不少学生转入公办学校借读,一些考生和家长到民办普通高中只是"登记注册"。

三、山东省民办普通高中发展的主要对策

(一)完善、落实专项政策法规

无论是国家层面,还是省市层面,针对民办教育事业的发展,政府已经出台了一系列规范性、鼓励性政策,如国家层面《教育部关于鼓励和引导民间资金进入教育领域促进民办教育健康发展的实施意见》《国务院关于鼓励社会力量兴办教育促进民办教育健康发展的若干意见》,省级层面的《关于开展非营利性民办学校教师养老保险与公办学校教师同等待遇试点工作的指导意见的通知》《关于民办本科高校优势特色专业支持计划的实施意见》《山东省非营利性

民办职业院校认定管理办法（试行）》，市级层面的《关于进一步促进各民办幼儿园发展的意见》（济南）、《潍坊市政府关于进一步加快发展民办教育的意见》《青岛市教育局关于积极支持民间资本进入教育领域促进民办教育健康发展办法》。从已有的政策法规来看，较少有专门针对民办普通高中的政策法规，为进一步促进民办普通高中阶段教育发展，还需要针对民办普通高中出台相关专项政策法规。同时，从落实层面来看，尽管对于诸多问题法规政策已经涉及，但是在实际操作中仍然存在表面一套、实际一套的做法，政策落实的力度不够，应该抓好民办普通高中教育行政执法工作。

（二）改善办学条件，健全管理机制

改善民办普通高中办学条件应从政府、学校自身出发，寻找解决途径。从政府层面来说，民办普通高中具有较强的社会公益性，政府有必要在落实政策支持的同时，扩大对民办普通高中的财政投入，给予资金方面的扶持，如低价提供民办普通高中建校用地，提供建校启动费，拨发教学所需仪器设备，支付一定比例生均经费，发放奖助学金、助学贷款等。从学校层面来看，各民办普通高中也要积极争取社会资源，改善办学条件，并主动进行兼并重组，实现规模办学。弱势学校要积极向优质学校靠拢，各优势学校也要认识到规模化发展对学生及学校的好处，实行强强联合，整合资源，为学生创建更好的学习条件和氛围。

完善山东省民办普通高中领导体制建设，加强董事会领导下的校长负责制，建立和完善董事会议事决策制度，建立和完善学校权力监督制度，同时必须建立校长独立权责保障制度；不断完善内部管理制度，提高学校的管理水平，用制度规范管理行为，实现用制度管人、事、物，帮助管理工作有序开展，杜绝任人唯亲的现象，避免拉帮结派影响整体管理水平。

（三）优化教师队伍建设

教师是学校发展的有生力量，推动山东省民办普通高中的发展必须优化教师队伍建设。第一，稳定民办普通高中教师队伍。政府要加大支持力度，落实民办普通高中教师与公办普通高中教师的同等待遇和法律地位，落实工资、养老、医疗等福利待遇，落实职称评定、培养、进修等职业发展待遇，切实解决民办教师的后顾之忧。民办普通高中学校要进行长远规划，不断改善教师的工作环境、生活环境，吸引优秀教师入职，实行"多劳多得、优质多酬"的薪酬结构，激发教师的工作积极性，降低流失率。第二，提高教师队伍的专业素养。招聘学历高、专业能力强的教师任教，定期对教师进行考核，将考核结果作为职位升降、薪酬增减的依据；建立常规化教师在职培训制度，提高教师的专业能力和授

课技巧,以此来提高教学质量。

(四)承认差异,共同发展

就山东省高中阶段教育发展的实际情况而言,民办普通高中与公办普通高中确实存在差异,社会各界对于民办普通高中歧视的消除也并不能一蹴而就,要想推动民办普通高中发展必须承认这种差异及其所处的弱势地位,树立共同发展的理念。行政部门要正视民办普通高中对全省教育事业的贡献,平等对待民办普通高中和公办普通高中,给予政策和资源上的帮助,加大扶植力度;社会各界人士,要消除对民办普通高中的偏见,给予关心和呵护。公办普通高中应转变观念,加强与民办普通高中的合作交流,与民办普通高中进行公平竞争,并适当地给予师资力量的支持,同民办普通高中一起共同促进高中教育事业的发展。民办普通高中自身也要不断革新,提高办学质量,优化办学环境,树立学校品牌,努力获得社会认可。例如,作为民办普通高中,青岛海山学校明确地认识到自身在吸引优质生源方面的弱势、在提高教学质量方面的困境,基于此,学校以特色立校,着力发展特色教育,彰显学生特长,抓住美术特色教育、传媒特色教育和古琴特色教育优势,扬长避短,填补学生在文化课方面的不足,教学质量和升学率有了极大的提高。

山东省民办中等职业学校发展报告

改革开放至今的三十多年中,山东省民办中等职业教育经历了逐步复苏、积极探索、快速发展到规范调整四个阶段。近年来,在国家大力发展职业教育民办教育政策的鼓励下,山东省出台优惠政策,采取民办公助、公办民助、股份制等各种形式,吸引民间资本投资职业教育,民办中等职业学校因此得到快速发展。民办中等职业教育扩大了职业教育资源总量,增加了职业教育选择的机会,增强了职业教育改革发展的活力,已经成为我省职业教育的重要组成部分,成为加快职业教育发展、扩大职业教育规模的重要生力军,为经济社会发展进步做出了贡献。

一、山东省民办中职教育基本情况

中等职业教育(简称"中职")是在高中教育阶段进行的职业教育,也包括一部分高中毕业后的职业培训,它是专门培养社会各行业所需技能性人才的教育领域,其特点是在完成初高中基础教育内容的同时,培养出各行业所需的技术能手,也同时为各高等院校进一步输送高素质的专门人才打下基础。因此,中等职业教育的功能是既承担着国家九年义务教育的职责,又肩负着培养各行业高素质技能型人才之重任。

山东省依靠区位优势和经济、人文等良好的外部环境,以及多年来发展职业教育所奠定的坚实基础、较为有效的政策措施,使得中等职业教育的结构协调水平、发展规模水平和拥有资源水平等方面均处于全国领先位置。

(一)规模与结构

截至 2016 年底,山东省共有民办中职学校 111 所,约占山东省中等职业学校总数的 25.93%;在校生共 106266 人,约占山东省中职在校生总数的 13.12%。

1. 学校数量变化情况

2011—2016 年,山东省中等职业学校总体数量逐年减少,民办中职学校数量也相应减少。从表 1 来看,民办中职学校占整个中等职业教育总量的比例在 2011—2014 年比较稳定,均为 26% 左右,每年略有微增。2015 年增长达到 27.13%,2016 年减少幅度较大,达到了 6 年中的最低值 25.93%,其中,民办中职学校总数比上年减少 7 所,说明通过撤销、合并等措施,民办中职教育资源得到进一步优化,学校发展更注重规模和特色。

表1 2011—2016年山东省民办中职数量情况

年份	民办中职数(所)	全省中职总数(所)	占全省中职数比(%)
2011	155	591	26.23
2012	147	560	26.25
2013	140	525	26.67
2014	124	460	26.96
2015	118	435	27.13
2016	111	428	25.93

资料来源:根据山东省教育事业统计资料整理而成。

2.学生数量变化情况

2011—2013年,全省民办中职招生数量变化不大,直到2014年发生明显变化,实际招生数量比前一年增长了约7%,这得益于国家及山东省出台的对于中职学生学费减免的政策。如表2所示,2014—2016年,民办中职学校实际招生人数相对稳定,占全省中职学校实际招生数的比例都保持在14%以上。从毕业生的数据来看,民办中职学校的毕业生数量在2013年发生较大变动,毕业生规模比前两年减少较多,2013—2016年趋于稳定,变化不明显。

表2 2011—2016年山东省民办中职学生数量情况

年份	实际招生		在校生		毕业生	
	人数(人)	占全省中职学生比(%)	人数(人)	占全省中职学生比(%)	人数(人)	占全省中职学生比(%)
2011	56780	12.77	161692	13.74	76995	19.18
2012	54997	13.59	141244	12.31	68259	17.94
2013	43670	12.01	120290	11.66	51632	13.64
2014	46543	14.58	116519	12.29	43427	12.27
2015	43923	14.94	109174	12.74	41444	12.94
2016	42498	14.75	106266	13.12	35731	12.46

资料来源:根据山东省教育事业统计资料整理而成。

(二)办学条件

山东省民办中职学校重视教育教学资源的完善,不断加大中等职业教育投入。2016年,全省民办中职学校固定资产304100万元,学校占地面积共7433亩,校舍面积2163500平方米,图书资料3173700册。

（三）教师队伍

1. 教师数量变化

2016年，山东省民办中等职业学校教职工数为6645人，其中专职教师4798人，兼职教师465人；高级职称64人，副高级职称455人，中级职称1300人，初级职称1053人，无职称1926人。

表3 2011—2016年山东省民办中职学校教师数量基本情况

年份	教职工		专任教师		兼职教师	
	人数（人）	占全省中职学校教师总数比（%）	人数（人）	占全省中职学校教师总数比（%）	人数（人）	占全省中职学校教师总数比（%）
2011	9968	13.43	6636	12.39	816	22.3
2012	9380	13.13	6380	12.17	530	15.03
2013	7791	11.66	5366	10.68	586	17.89
2014	7233	11.22	5076	10.3	566	9.00
2015	6642	10.66	4752	9.7	502	14.14
2016	6645	10.96	4798	9.9	465	11.44

资料来源：根据山东省教育事业统计资料整理而成。

从表3中的数据来看，民办中职学校教职工数呈下降趋势，这与民办中职学校数量减少相关。同时，民办中职学校教职工数、专任教师数和兼职教师数分别占全省中职学校教职工总数的比例也在逐年减少。

从图1可以看出，民办中职学校的专任教师数量占民办中职教师教职工的比例在2011—2016年逐年增长，相对地，可以看到兼职教师的比例随之减少，这表明随着优胜劣汰和质量提升，民办中职学校渐渐建立起一支稳定的教师队伍。

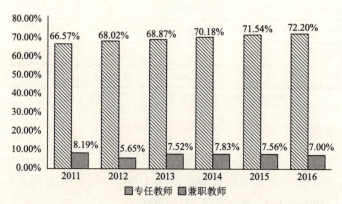

图1 2011—2016年山东省民办中职学校教职工占比情况

2. 教师职称结构变化

表4 2011—2016 年山东省民办中职学校教师职称情况

（单位：人）

年份	专任教师总数	职称				
		正高级	副高级	中级	初级	无职称
2011	6636	260	860	2175	1605	1736
2012	6380	173	876	2120	1553	1658
2013	5366	92	658	1853	1418	1345
2014	5076	70	583	1508	1215	1700
2015	4752	67	461	1470	1043	1711
2016	4798	64	455	1300	1053	1926

资料来源：根据山东省教育厅规划处提供的资料整理而成。

从表4中的统计数据来看，民办中职学校的专任教师中，高级职称教师数的比例很小。2016 年全省中职学校专任教师高级职称的比例为 26.31%，而在民办中职学校中此占比仅为 1.33%，明显低于全省水平。且正高职称老师流失严重，6 年中高级职称教师占全省中职学校专任教师的比例从 3.92% 减少到 1.33%。

与其他教育阶段相比，民办中职学校中无职称教师占相当大的比例，以2016 年数据为例，全省中职学校中无职称教师平均占比为 8.24%，而民办中职学校内此比例高达 40.14%，说明民办中职学校更看中教师的实践技能而非学历职称。

3. 师生比变化

2010 年，教育部发布《中等职业学校设置标准》，规定中等职业学校师生比要达到 1：20。从图 2 可以看到，2011 年民办中等职业学校的师生比为 1：24，之后师生比有所改善，2012 年、2013 年为 1：22；2014 年、2015 年为 1：23，2016 年为1：22。从统计数据来看，2011—2016 年民办中等职业学校的师生比一直未达到规定标准，专任教师数量相对不足。

图 2 2011—2016 年山东省民办中职学校师生比

二、山东省民办中等职业学校存在的主要问题

（一）民办中等职业教育发展面临体制机制性障碍

改革开放以来，我国出台了一系列鼓励和扶持民办中等职业教育发展的政策措施。但是，由于体制机制等方面的原因，现在我国职业教育、民办教育的发展都面临一些问题和困难。就职业教育而言，主要是教育结构和教育资源配置的不均衡问题，即在整个教育体系的基础教育、职业教育和高等教育三大支柱中，职业教育在社会环境、政策支持和物质投入等方面，都不能与基础教育和高等教育享受同等待遇。就民办教育而言，由于长期以来公办教育占据绝对主导地位，故民办教育的生存空间还相当狭窄，其在法律地位、公平政策环境和人们的思想观念等方面还面临许多难题。而对于民办中等职业教育来说，则兼有民办教育和职业教育发展所面临的双重困难和问题。突出表现在以下两个方面：

一是公平政策环境问题。民办中等职业学校一般得不到政府的投资，在社会保险费缴纳、土地征用和税收、毕业生就业等方面，也得不到平等的政策支持。特别是在就业政策上，以学历为导向，按照学历文凭的高低而非职业技能确定劳动者的经济收益以及社会地位，造成社会对职业教育的鄙视。

二是办学自主权问题。社会筹资、学费为主、自主办学、注重质量、机构精简、人员高效、机制灵活、思路新颖等，本是民办中等职业学校的办学特色和优势所在。但从目前来看，教育行政部门在招生计划、招生批次、招生分数、招生区域以及专业设置、课程安排、教学计划、教学大纲等方面，管理方式和管理标准还亟待改革。这在一定程度上影响了民办中等职业学校的办学自主权，使其难以形成办学特色和较强的竞争力。

（二）民办中等职业学校办学水平整体不高

一是民办中等职业学校投入不足。第一，举办者投入不足。绝大多数举办者仅有开办费，流动资金短缺，后续投入不足，因而许多举办者自行投入不多。另外，一些举办者的土地通过政府划拨取得，属于教育用地，不能改作其他用途，不能办理抵押，也不能向银行贷款，因而融资比较困难。第二，政府扶持力度不够。虽然政府出台了对于民办中等职业教育的扶持政策，在现实中却迟迟得不到有效落实。新修订的《民办教育促进法》明确县级以上各级人民政府可以采取购买服务、助学贷款、奖助学金和出租、转让闲置的国有资产等措施对民办学校予以扶持；对非营利性民办学校还可以采取政府补贴、基金奖励、捐资激励等扶持措施。但从目前看，这一政策还没有惠及全部民办学校。同时，《民办教育促进法》规定国家鼓励金融机构运用信贷手段支持民办教育事业的发展。

但目前来看,在实际操作过程中还存在着重重困难。

二是民办中等职业学校师资队伍结构不合理,教师流失严重。部分学校教师专业素质整体欠缺,"双师型"教师进不来、稳不住。如图3所示,民办中职学校中副高级职称教师在全体专任教师中的占比明显低于全省平均水平。2016年全省中职学校副高级职称占比为26.01%,民办中职的此项占比从2011年的12.96%滑落到9.48%;中级和初级职称教师是民办中职学校教师的主力军,但从历年数据看,中级和初级职称教师数量也呈逐年递减的趋势,这一方面说明民办中职学校数量的减少,另一方面也反映出民办中职学校教师流失严重。

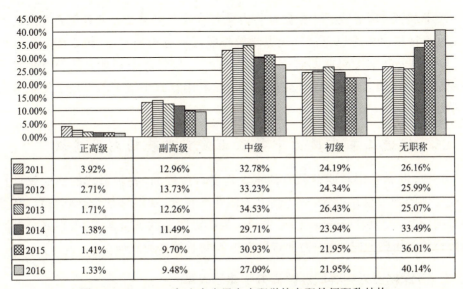

	正高级	副高级	中级	初级	无职称
2011	3.92%	12.96%	32.78%	24.19%	26.16%
2012	2.71%	13.73%	33.23%	24.34%	25.99%
2013	1.71%	12.26%	34.53%	26.43%	25.07%
2014	1.38%	11.49%	29.71%	23.94%	33.49%
2015	1.41%	9.70%	30.93%	21.95%	36.01%
2016	1.33%	9.48%	27.09%	21.95%	40.14%

图3　2011—2016年山东省民办中职学校专职教师职称结构

同时,从实地调研的情况看,民办中职学校青年教师较多,他们精力充沛,干劲足,但在教学经验和方法上有欠缺。所以,专业技术要求较强的专业课程教师和实习指导教师不足,也是民办中职学校面对的难题。

(三)民办中等职业学校招生困难

一是公办学校免收学费,而民办学校要收取学费,加之公办学校普遍规模大、投入足,因此民办学校在招生的起点条件上就明显处于劣势,家庭条件差的学生报考民办学校的动力不足。普高录取线近几年来持续走低,高校持续扩招,生源争夺日趋加剧,民办学校普遍处于劣势。从图4可见,2011—2016年,民办中职学校在校生占全省中职学生的比例徘徊在12%～13%,与实际招生的比例对比发现,占比情况存在变动,说明民办中职在校生不够稳定,有中途退学或者流失的情况。

图4　2011—2016年山东省民办中职学校招生占比情况

二是按照《国务院关于鼓励社会力量兴办教育促进民办教育健康发展的若干意见》精神，"中等以下层次民办学校按照国家有关规定，在核定的办学规模内，与当地公办学校同期面向社会自主招生"。但目前个别地方的教育主管部门积极支持当地公办职业学校的招生工作，利用行政手段干预当地学生报考民办学校。

三、促进山东省民办中等职业教育发展的对策建议

当前，世界各国对职业教育的重视程度日益提高，各种形式的职业教育和职业培训的规模日益扩大，应当树立大职业教育观，在继续加强基础教育、高等教育的同时，大力发展职业教育。同时，为扩大职业教育资源，在发挥好公办职业教育的作用的同时，要大力促进民办中等职业教育的发展。

（一）深化民办中等职业教育办学体制改革

根据职业教育的特点，借鉴国际经验与结合我国国情，职业教育不可能也不应当由政府包揽，而要依靠政府、行业、企业、社会团体、公民个人等各方面力量来办。应积极鼓励事业单位组织、社会团体、其他社会组织及公民个人兴办、支持和赞助职业技术教育；并吸引境外组织和个人依照我国法律及有关规定，同境内有关组织和机构联合举办职业学校或培训机构。要积极创造条件促进民办中等职业学校与企业进行产学研合作，大力提倡多种形式的联合办学，联合各方共同承担办学经费、师资、设施等，同时享有参与学校决策和管理、优先录用毕业生等权利。

（二）为民办中等职业教育提供积极的扶持政策

一是落实新法新政为民办中等职业教育提供多元扶持。各级政府应认真落实新的《民办教育促进法》，创造更加公平的政策环境来扶持民办中等职业教育的发展，给予民办中等职业教育与公办教育一视同仁的支持。特别要采取多

种方式鼓励民办中职学校建立多元融资体系,并在税收、贷款、土地征用、建校场所、师资设备、就业安排等方面,给予一定的政策优惠。

二是为民办中等职业教育提供财政资助。国外政府对私立学校的资助包括低息贷款、税收优惠、政府补助等方式,而对学生的资助主要通过助学贷款、奖学金、专项补贴等方式。例如,在日本,自1970年《私学振兴财团法》和1975年《私立学校振兴援助法》颁布后,政府对包括职业学校在内的各类私立学校的经常投入费用补助金,最高达学校经常费用的50%。我省也应加快完善政府资金支持民办中等职业教育发展的政策,并要落实到位。

三是重点建设一批有特色、质量好的民办中职学校。在招生过程中,帮助这些学校宣传和推介办学特色和优势。要充分发挥"民办教育专项发展资金"的作用,制定科学有效的考核扶持办法,停止"撒胡椒面"的做法,集中资金,重点扶持优质学校和特色专业。对师生参与各类技能竞赛和教学比武活动取得优异成绩的,要给予一定奖励。对那些适应地方产业和经济发展需要的精品专业、特色学校,更要给予重奖。要进一步优化民办中职教育发展环境,有效防止部门对民办中职学校"乱检查、乱收费、乱罚款"及"搭车收费"现象的抬头。

(三)改善对民办中等职业教育的宏观管理

一是进一步扩大职业学校办学自主权。扩大办学自主权应使学校自主制定和调整发展规划,自主调整和设立专业,自主选用和编写适用教材,从而努力实现职业学校面向市场自主办学,增强学校自主办学和自主发展的能力。同时,政府管理民办学校的方式与手段也应有所变革,实现从行政管理向法制管理、经济管理和行政管理相结合的转变,减少行政干预,更多地运用政策、经济和法律等手段进行管理和调控。

二是从扩大资源转向优化资源,建立高职与中职合理发展的格局。市直单位要以提高办学层次为重点,大力发展高等职业教育;区县(市)要以提高办学质量为重点,大力发展中等职业教育。民办中职学校要调整定位。一是注意错位发展,弥补公办学校的不足;二是突出特色发展,以特色赢得市场;三是根据自身优势,更多地开展面向社会的短期培训。教育行政部门要严格审批新设的民办中职教育机构,对现有民办中职学校加强业务指导,不断提高民办中职学校办学水平。对办学条件长期得不到改善、不具备办学基本条件的专业要停止招生审批。

山东省民办技工学校发展报告

人力资源和社会保障部《关于印发技工院校设置标准（试行）的通知》（人社部发〔2012〕8号）指出技工学校培养适应现代化生产、服务需要的中级技工，同时面向社会开展各类职业技能培训，并承担职业技能鉴定和就业服务等任务。民办技工学校作为职业教育的重要组成部分，在解决生产一线劳动力素质偏低、技术工人和技能型人才紧缺等问题上起着重要作用，因而在"十二五"期间也得到了一定的发展。

一、山东省民办技工学校基本情况

截至2016年底，山东省共有技工学校194所，其中民办学校42所，占山东省技工学校总数的21.65%，较2011年增长了2.44%。招生学校数167所，其中民办学校34所，占山东省技工学校总数的20.36%，较2011年下降了5.56%。招生人数133600人，其中民办学校招生15487人，占总数的11.59%，较2011年下降了16.57%。在校生人数335348人，其中民办学校在校生33558人，占总数的10.01%，较2011年下降了11.94%。毕业生人数89629人，其中民办学校毕业生9202人，占总数的10.27%，较2011年下降了36.71%。就业人数87074人，其中民办学校就业人数8855人，占总数的10.17%，较2011年下降了30.71%。

（一）学校数量变化情况

2011—2016年，山东省民办技工学校规模较为稳定，见表1。主要表现在民办技工学校数、实际招生学校数及其占全省技工学校的比例变化不大。

表1　2011—2016年山东省民办技工学校数量情况

年份	民办技工学校机构数（所）	全省技工学校机构数（所）	民办技工学校机构数占全省技工学校机构数比（%）	民办技工招生学校数（所）	全省技工学校招生学校数（所）	民办技工招生学校数占全省技工学校招生学校数比（%）
2011	41	208	19.71	36	170	21.18
2012	39	213	18.31	32	185	17.30
2013	41	207	19.81	30	171	17.54
2014	36	203	17.73	29	174	16.67

年份	民办技工学校机构数（所）	全省技工学校机构数（所）	民办技工学校机构数占全省技工学校机构数比（%）	民办技工招生学校数（所）	全省技工学校招生学校数（所）	民办技工招生学校数占全省技工学校招生学校数比（%）
2015	44	194	22.68	39	171	22.81
2016	42	194	21.65	34	167	20.36

1. 机构数量变化情况

全省技工学校机构数量由 2011 年的 208 所增长为 2012 年的 213 所，2013—2015 年的机构数量逐年下降。而民办技工学校机构数量呈现"下降—增长—下降"的波动趋势，但波动的幅度较小，发展相对稳定。民办技工学校机构数占全省技工学校机构数的比例在 2014 年达到最低值 17.73%，在 2015 年达到最高值 22.68%。

2. 招生学校数量变化情况

全省技工学校招生学校数量在 2012 年出现较大增长，由 2011 年的 170 所增加到 2012 年的 185 所，继而在 2013 年之后呈现持续下降的趋势，但变化不大。民办技工学校招生学校数量在 2011—2014 年略微下降，而后在 2015 年增长到 39 所。民办技工学校招生学校数占全省技工学校招生学校数的比例在 2012—2014 年较低，在 2014 年达到最低值 16.67%，其他年份占比较为稳定，在 2015 年达到最高值 22.81%。

（二）学生数量变化情况

2011—2016 年，民办技工学校实际招生人数占全省技工学校实际招生人数的比例、民办技工学校在校生人数占全省技工学校在校生人数的比例、民办技工学校毕业生人数占全省技工学校毕业生人数的比例以及民办技工学校就业人数占全省技工学校就业人数的比例相对稳定，详见表 2、表 3。

表 2　2011—2016 年山东省民办技工学校学生数量情况（一）

年份	民办技工学校实际招生人数（人）	全省技工学校实际招生人数（人）	民办技工学校实际招生人数占全省技工学校比（%）	民办技工学校在校生人数（人）	全省技工学校在校生人数（人）	民办技工学校在校人数占全省技工学校比（%）
2011	18562	149407	12.42	38109	381503	9.99
2012	11953	154546	7.73	35187	401207	8.77

年份	民办技工学校实际招生人数（人）	全省技工学校实际招生人数（人）	民办技工学校实际招生人数占全省技工学校比（%）	民办技工学校在校生人数（人）	全省技工学校在校生人数（人）	民办技工学校在校人数占全省技工学校比（%）
2013	10699	144165	7.42	32953	369922	8.91
2014	12985	128007	10.14	29785	329473	9.04
2015	14178	131550	10.78	32709	318182	10.28
2016	15487	133600	11.59	33558	335348	10.01

表3 2011—2016年山东省民办技工学校学生数量情况（二）

年份	民办技工学校毕业生人数（人）	全省技工学校毕业生人数（人）	民办技工学校毕业生人数占全省技工学校比（%）	民办技工学校就业人数（人）	全省技工学校就业人数（人）	民办技工学校就业人数占全省技工学校比（%）
2011	14538	123404	11.78	12779	117047	10.92
2012	10361	113066	9.16	10025	110187	9.10
2013	15079	121782	12.38	14238	116046	12.27
2014	10956	108046	10.14	10834	106134	10.21
2015	13448	98154	13.70	12596	95129	13.24
2016	9202	89629	10.27	8855	87074	10.17

1. 招生人数变化情况

民办技工学校招生人数在经历了两年的下降后，从2014年开始逐年增长。民办技工学校招生人数占全省技工学校招生人数的比例由2011年的12.42%下降为2012年的7.73%，继而在2013年达到最低值7.42%，从2014年占比逐年上升。

2. 在校生生人数变化情况

2012—2016年，民办技工学校在校生人数和全省技工学校在校生人数在绝对值上呈现下降趋势。具体来看每一年的情况，民办技工学校在校生人数占全省技工学校在校生人数的比例由2011年的9.99%降为2012年的8.77%，2013年和2014年变化不大，在2015年和2016年恢复至10%左右。

3. 毕业生人数变化情况

全省技工学校毕业生人数呈现下降趋势,由 2011 年的 123404 人下降为 2016 年的 89629 人,而民办技工学校毕业生人数变化呈现"下降—增长"循环波动的趋势,奇数年的人数要远远多于偶数年。民办技工学校毕业生人数占全省技工学校毕业生人数的比例在 2012 年达到最低值 9.16%,在 2015 年达到最高值 13.70%。

4. 就业人数变化情况

全省技工学校就业人数呈现下降趋势,由 2011 年的 117047 人下降为 2016 年的 87074 人,而民办技工学校就业人数与毕业生人数变化基本同步,也呈现"下降—增长"循环波动的趋势。民办技工学校就业人数占全省技工学校就业人数的比例在 2012 年达到最低值 9.10%,在 2015 年达到最高值 13.24%。

5. 就业率变化情况

就业率一直是中等职业教育关注的重点,民办技工学校也不例外,表4显示,2011—2016 年山东省民办技工学校和全省技工学校的就业率都出现了波动。其中全省技工学校就业率在 2011 年达到最低值 94.85%,在 2014 年达到最高值 98.23%。民办技工学校就业率也是在 2011 年达到最低值、在 2014 年达到最高值,分别是 87.90%、98.89%。

表4 2011—2016 年山东省技工学校就业率情况

年份	全省技工学校			民办技工学校		
	毕业人数（人）	就业人数（人）	就业率(%)	毕业人数（人）	就业人数（人）	就业率(%)
2011	123404	117047	94.85	14538	12779	87.90
2012	113066	110187	97.45	10361	10025	96.76
2013	121782	116046	95.29	15079	14238	94.42
2014	108046	106134	98.23	10956	10834	98.89
2015	98154	95129	96.92	13448	12596	93.66
2016	89629	87074	97.15	9202	8855	96.23

对比民办技工学校就业率和全省技工学校就业率的具体情况不难发现,除了在 2014 年民办技工学校的就业率略高于全省技工学校的就业率以外,其他5年均低于全省的就业率,而且在 2011 年差距悬殊。民办技工学校就业率低的

原因有以下几个方面：首先是多数单位对民办技工学校认可度不高，甚至歧视民办技工学校的毕业生；其次由于生源紧张，市场竞争大，许多学校为了生存，往往招收分数较低的学生，这些学生往往学习能力不足；最后是很多学校投入不足，人才培养与市场需求脱节。

（三）教师队伍变化情况

1. 教师数量变化情况

截至 2016 年底，山东省技工学校教职工总数 29133 人，其中民办学校教职工数 3336 人，占全省技工学校教职工总数的 11.45%，较 2011 年增长了 1.95%。2011—2016 年，山东省民办技工学校教职工总数占全省技工学校教职工总数的比例基本维持在 11% 左右，详见表 5。

表 5　2011—2016 年山东省民办技工学校教职工情况

年份	民办技工学校教职工总数（人）	全省技工学校教职工总数（人）	占全省技工学校教职工总数比（%）
2011	3272	27774	11.78
2012	3230	29909	10.80
2013	3478	30860	11.27
2014	3039	29404	10.34
2015	3948	29228	13.51
2016	3336	29133	11.45

与此同时，民办技工学校教职工总数发展趋势呈现较为稳定的上升趋势。山东省民办技工学校教职工总数占全省技工学校教职工总数的比例在 2014 年达到最低值 10.34%，在 2015 年达到最高值 13.51%。

2. 专任教师结构变化情况

人力资源和社会保障部《关于印发技工院校设置标准（试行）的通知》（人社部发〔2012〕8 号）规定技工学校技术理论课教师和实习指导教师总数不低于教师总数的 70%，兼职教师人数不得超过教师总数的 1/3。表 6 显示，2011—2016 年山东省民办技工学校技术理论课教师和实习指导教师总数占教师总数比基本符合国家规定，兼职教师的比例都低于教师总数的 1/3，2013—2016 年占比均符合国家规定。

表6 2011—2016 年山东省民办技工学校教师结构

年份	教职工总数（人）	1. 文化技术理论课教师（人）	2. 生产实习指导教师（人）	1、2 两项合计（人）	1、2 两项合计占教职工总数比（%）
2011	3272	1438	1139	2577	78.76
2012	3230	1185	1022	2207	68.33
2013	3478	1180	1206	2386	68.60
2014	3039	1333	945	2278	74.96
2015	3948	1845	1128	2973	75.30
2016	3336	1553	1125	2678	80.28

表7 2013—2016 年山东省民办技工学校兼职教师占比

年份	教职工总数（人）	兼职教师数（人）	兼职教师占比（%）
2013	3478	374	10.75
2014	3039	336	11.06
2015	3948	334	8.46
2016	3336	400	11.99

3. 专任教师师生比变化情况

人力资源社会保障部《关于印发技工院校设置标准（试行）的通知》（人社部发〔2012〕8 号）规定技工学校师生比应不低于 1:20。表 8 显示 2011—2016 年民办技工学校师生比均高于 1:20,符合国家规定。

表8 2011—2016 年山东省民办技工学校师生比

年份	民办技工学校教职工总数（人）	民办技工学校在校生人数（人）	民办技工学校师生比
2011	3272	38109	1:12
2012	3230	35187	1:11
2013	3478	32953	1:9
2014	3039	29785	1:10
2015	3948	32709	1:8
2016	3336	33558	1:10

二、山东省民办技工学校存在的主要问题

（一）民办技工学校财政资金不足

2013—2016 年,山东省民办技工学校经费收入情况与全省技工学校经费收

入情况存在巨大差异。全省技工学校的财政性收入占比由 2013 年的 70.43%
增长为 2016 年的 79.36%，而民办技工学校的财政性收入占比由 2013 年的
31.78% 下降为 2016 年的 7.34%。全省技工学校学费收入占比从 2013 年的
17.17% 下降为 2016 年的 12.84%，而民办技工学校学费收入占比从 2013 年的
53.57% 增长为 2016 年的 87.35%，详见表 9。

表9 2013—2016 年山东省民办技工学校经费收入情况

年份	类别	合计（万元）	学费收入（万元）	学费收入占比（%）	财政性收入（万元）	财政性收入占比（%）	其他收入（万元）	其他收入占比（%）
2013	全省	350266.5	60149.7	17.17	246681	70.43	43435.8	12.40
	民办	12944.1	6933.8	53.57	4113.3	31.78	1897	14.65
2014	全省	364160.5	54619.9	15.00	270793.2	74.36	38747.4	10.64
	民办	15841.4	12186.7	76.93	2611.7	16.49	1043	6.58
2015	全省	367252.9	48116.3	13.10	284407.9	77.44	34728.7	9.46
	民办	26063.3	12703.4	48.74	4397.2	16.87	8962.7	34.39
2016	全省	451221.3	57941.3	12.84	358085.1	79.36	35194.9	7.80
	民办	16561.3	14466.1	87.35	1216.2	7.34	879	5.31

2016 年山东省技工学校总体经费收入中财政性收入占 79.36%，学费收入
只占 12.84%。2016 年民办技工学校的财政性收入只占 7.34%，而学费收入占
比高达 87.35%，是全省技工学校总体学费收入占比的近 7 倍，形成了极其鲜明
的对比，见图 1、图 2。

山东省民办技工学校学费收入占比与全省技工学校学费收入占比相差悬
殊，而且在全省技工学校总体学费收入占比逐年下降的同时，民办技工学校的
学费收入占比呈波动式上升趋势，见图 3。

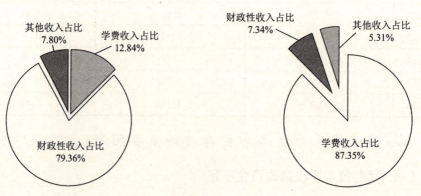

图 1　2016 年山东省技工学校经费收入来源　图 2　2016 年山东省民办技工学校经费收入来源

图4也显示山东省民办技工学校财政性收入和全省技工学校总体财政性收入占比每年都存在巨大的差距，呈现全省技工学校总体财政性收入逐年明显上升，而民办技工学校财政性收入逐年明显下降的趋势。山东省民办技工学校的经费收入绝大多数来源于学费，财政性收入微乎其微，使民办技工学校与其他类型学校办学经费差额越来越大。在办学成本和内涵建设的投入都不断增加的情况下，对于以学费为主要办学经费来源的民办技工学校来说，办学压力越来越大。为了生存，只能是进一步扩大规模效益，甚至不惜牺牲办学质量，这也是无奈之举。在教育资源紧缺时可以通过扩大招生维持，但目前其他学校提供的教育资源充足，导致有些民办技工学校已经难以为继，甚至面临着生存危机。

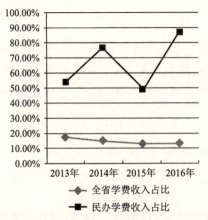

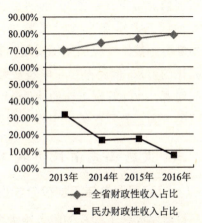

图3　2013—2016年山东省技工学校学费收入来源占比情况　　　图4　2013—2016年山东省技工学校财政性收入来源占比情况

（二）民办技工学校师资队伍结构有待改善

山东省民办技工学校教师的年龄结构普遍呈现出偏大的趋势，很少有青年教师愿意加入民办技工学校的教师队伍中，部分民办技工学校教师队伍"断层"现象严重，进而影响到教师队伍知识体系的革新和教学理念的创新。近几年，民办技工学校教师的学历结构，通过招聘或者继续教育得到逐步完善。但不同于普通教育，技工教育具有更强的实践操作性，因而对教师的职业技能等级具有更高的要求。基于技工教育目标和教育内容的特殊性，技工学校教师应协调好行政教师和教学教师、理论教学教师和实习指导教师的比例。具体而言，部分学校的教师长期脱离工作岗位，未能投入到日常的教学工作中，因而安置了大量的行政后勤岗位，能够投入到教学环节的教师的比例被压缩。在教学环节,理论课程与实习指导课程应处于同等重要的位置。虽然民办技工学校的实习指导教师比例相对山东省整体水平较高,但是理论教学教师所占的比例还是远高于实习指导教师的比例,因而应该适当提高实习指导教师的比重。

（三）民办技工学校师资管理体系有待革新

一是教师引进缺乏与学校办学发展、专业建设需求相配套的教师管理整体规划。教师引进的短期波动性、缺少教师队伍建设的长远规划、教师引进的随意性势必会影响到教师的专兼比例、理论教学与实习指导教师比例、教师素质能力结构等。二是对教师培训重视不够。民办技工学校现有的教师培训多为理论性的继续教育,针对学科发展前景、课程教学革新的培训较少,而且教师参与的培训前后衔接并不紧密,因而培训缺乏系统性。学校组织教师到企业实践的机会远低于实际需求,到企业培训多为"走过场式"的培训。三是教师激励政策不健全。技工学校的生源质量和教学特征对技工学校教师的教学工作提出了多元化的要求,但民办技工学校教师普遍面临着待遇差、职称晋升慢、社会评价低等问题。教师管理工作的缺位,大大降低了教师投身民办技工教育的积极性,进而影响到了教师在教学工作中的创造性。[①]

三、促进山东省民办技工学校的对策建议

（一）完善民办技工学校办学投入机制

目前民办技工学校的收入绝大多数依赖学费,政府支持甚少,这严重影响了民办技工学校的发展。地方政府对民办技工学校是否加以扶持,很大程度上取决于政府及其职能部门对民办技工学校的认识程度。为完善山东省民办技工学校办学投入机制,必须引导各级政府部门从全省教育事业发展的战略全局角度出发,进一步提高对民办技工学校重要性的认识,真正确立"民办教育是我国教育事业的重要组成部分"的理念,强化政府职责,科学规划民办和非民办技工学校的市场分布,将民办技工学校纳入教育事业发展总体规划,纳入经济社会发展规划;以促进民办技工学校可持续发展与保证民办技工学校的公益性为基点,以体现公办、民办技工学校事业的协调发展为原则,制定民办技工学校发展的宏观规划;进一步细化和完善有关财政资助、税收优惠、建设用地、银行贷款、教师权益保障等各项政策,构建完备的民办技工学校政策法规体系。同时,各地市要结合本地本部门实际,认真研究民办技工学校发展规划和政策措施,切实加强对民

---

① 孙倩. 山东省技工院校师资队伍建设现状及对策分析 [J]. 新校园(上旬),2017(6):50-52.

办技工学校工作的指导。在此基础上,机关政府部门要积极筹措资金,大力支持民办技工学校基础能力建设,支持规范化和示范性民办技工学校建设,支持公共实训基地建设、专业建设、课程改革和教师培养培训聘用。落实民办技工学校校企合作税收优惠政策,鼓励行业组织、企业参与民办技工学校办学,在学校投资建设生产车间、技术研发和服务中心,创新行业、企业和社会各方分担民办技工学校基础能力建设和转移实训成本的机制。

(二)加强民办技工学校师资队伍建设

要办好民办技工学校,必须打造一支拥有理论功底扎实、技术能力过硬的教师队伍作为支撑。加强师资队伍建设,需要严把教师准入关,科学规划师资结构,完善教师培训制度。

1. 严把教师准入关

技工教育办学定位和教学内容的特殊性,对技工学校教师也提出了不同于普通教育教师的相应要求,即不仅要兼顾教师学历,更要侧重教师的职业技能等级。因而在招聘教师的过程中,无论是理论教学教师,还是实习指导教师,都应该侧重对职业技能资格的考查,突出其技能等级水平,严把教师准入关。

2. 科学规划师资结构

从年龄结构而言,鉴于目前民办技工学校教师年龄结构偏大的趋势,应注重年轻教师的引入,为民办技工学校队伍注入新鲜血液,并通过建立年轻教师入企实践、赴外培训的长效机制,快速提升年轻教师的教学水平。在资质结构方面,首先,应该严控专兼教师的比例。各学校都应该将兼任教师比重控制在政策要求范围内,保证教师队伍的稳定,确保教师资源的梯队建设。其次,提升具有企业工作经历的教师比重。学生的技能是在教师的演示和指导下经过反复训练形成的,教师只有具备熟练的操作技能,才能对学生进行正确的示范和指导。此外,还应该加强专业学科带头人制度建设。专业学科带头人是专业建设发展的灵魂,一方面可以引导专业建设发展,另一方面还可以带来资源集聚效益。

3. 完善教师培训制度

德国、美国、英国、日本等职业教育较为发达的国家都高度重视职业教育教师的培训体系建设。鉴于国外较为先进的经验,完善技工学校教师培训也应该从以下四个方面展开:一是丰富教师培训的内容,培训应该涵盖理论性知识和技能型操作两个层面,具体体现为师范性内容、技能实践性内容和开发应用性内容。二是创新教师培养的模式,依托校企合作,推行技能教师顶岗实践制度,将教师输送到企业中,与生产实际零距离接触,使其在实践环境中提升实践能力。三是推行校本培养工程,确定以老带新的培训学徒制,通过"传帮带"的形式,实现教师队伍的梯队建设。四是实施跨国培养工程,与国外先进的职业学校建立长期的合作交流项目,定期组织优秀教师出国接受先进的职业教育培训,也可以吸引优秀的国外职业教师来校进行工作指导。①

---

① 孙倩. 山东省技工院校师资队伍建设现状及对策分析 [J]. 新校园(上旬), 2017 (6): 50-52.

山东省民办高校发展报告

民办高等教育的发展历经 20 世纪 80 年代的初创期、90 年代的规范期和 2000 年后的发展期,现已初具规模,成为高等教育事业的重要组成部分。"十二五"期间,山东省民办高校规模基本稳定,在校生数有所增加,教师数量总体增长,科研水平有所提高,办学条件初步改善。但民办高校发展还面临着一些问题和困难,需要政府、学校、社会的通力合作,以更好地促进民办高校的健康可持续发展。

一、山东省民办高校发展基本情况

本部分所研究的民办高校是指企业事业组织、社会团体及其他社会组织和公民个人利用非国家财政性教育经费,面向社会举办的高等学校及其他教育机构,其办学层次分专科和本科,不包括独立学院。

(一)发展概况

截至 2016 年,全省共有普通高校 144 所,民办普通高校(包含独立学院)39 所,其中民办高校 28 所。山东省民办高校最早兴起于 20 世纪 80 年代,像潍坊科技学院、德州科技职业学院等。20 世纪 90 年代以后,民办高等教育进入快速发展时期,民办高校的数量明显提升,涌现出了齐鲁医药学院、山东英才学院等 13 所独立设置的民办高校。2000 年以后,山东省又陆续新建了 9 所民办高校,如青岛工学院、日照航海工程职业学院等。山东省民办高校情况见表 1。

表 1 山东省民办高校情况一览表

学校名称	创办时间	办学层次	创办情况	办学地点
潍坊科技学院	1984	本科	1984 年创建寿光县农业技术学校;1999 年潍坊广播电视大学寿光分校、寿光师范学校、山东经济职业技术进修学院等合并组建齐鲁经济学院(专修);2001 年,齐鲁经济学院(专修)、寿光成人中专、寿光市第七职业高中等合并组建潍坊科技职业学院;2008 年,潍坊科技职业学院升本,更名为潍坊科技学院,由山东晨鸣纸业集团股份有限公司投资	潍坊
烟台南山学院	1991	本科	1991 年新华毛纺厂厂长宋作文出资创办新华职业高中;1992 年成立龙口市南山职业中等专业学校;1998 年,南山职业培训学院更名为南山职业专修学院;2005 年由南山集团投资的普通本科高校烟台南山学院成立	烟台

学校名称	创办时间	办学层次	创办情况	办学地点
青岛滨海学院	1992	本科	1992年创建青岛经济技术开发区自立职业高等中学；1995年更名为私立青岛远东职业技术专修学院；2005年成立青岛滨海学院，升格为山东省首批民办本科高校	青岛
山东现代学院	1993	本科	1993年山东民进中西医进修学院正式成立；1995年刘春静正式接管山东民进中西医进修学院；2003年山东民进中西医进修学院和山东现代计算机专修学院合并组建山东现代职业学院；2015年经教育部批准，改建为山东现代学院	济南
山东协和学院	1993	本科	1993年山东中医学院成立中专部；2003年筹建济南协和职业技术学院；2011年经教育部批准，改建为山东协和学院	济南
齐鲁医药学院	1995	本科	1995年创建山东万杰医学院；1999年成为山东万杰医学高等专科学校；2008年经教育部批准，改建为山东万杰医学院，2015年经教育部批准更名为齐鲁医药学院，隶属于山东省商业集团有限公司，是社会力量办学范畴中的"国企公有高校"	淄博
青岛黄海学院	1996	本科	1997年山东省经济职工中专学校黄海分校成立；2002年青岛黄海职业专修学院成立；2003年青岛黄海职业学院成立；2011年青经教育部批准，改建为岛黄海学院	青岛
山东英才学院	1998	本科	1998年山东英才专修学院成立；2000年被山东省教育厅批准为山东师范大学二级学院；2002年建立山东英才职业技术学院；2008年经教育部批准，改建为山东英才学院，现由济南双胜教育咨询有限公司投资	济南
青岛恒星科技学院	2001	本科	2001年青岛恒星科技专修学院正式成立；2003年筹建青岛恒星职业技术学院；2014年经教育部批准，恒星集团投资创办青岛恒星科技学院	青岛
山东华宇工学院	2002	本科	2002年创建德州华宇学校；2004年成立山东华宇职业技术学院；2014年经教育部批准，德州亚太集团有限公司出资建立山东华宇工学院	德州
青岛工学院	2005	本科	2005年由中国海洋大学申办、新疆生产建设兵团下属的青岛伊力特德泰科教投资管理有限公司投资举办的独立学院中国海洋大学青岛学院正式成立；2011年转设为独立建制的民办本科高校，更名为青岛工学院	青岛
齐鲁理工学院	2005	本科	2005年曲阜师范大学杏坛学院成立；2013年曲阜师范大学杏坛学院与山东杏林科技职业学院合作成立曲阜师范大学杏坛学院济南校区；2014年曲阜师范大学与曲阜孔子教育发展有限公司签订终止合作协议，曲阜师范大学杏坛学院转设为独立设置的民办本科院校，更名为齐鲁理工学院，由山东盛翰邦琳实业有限公司控股	济南
山东力明科技职业学院	1985	专科	1991年与日本合作变更校名为"中日合作山东中西医结合大学"；2001年建立山东力明科技职业学院	济南

续表

学校名称	创办时间	办学层次	创办情况	办学地点
东营科技职业学院	1985	专科	1985年山东省第一家乡镇企业创办的职业学校——大王职工技校诞生;1995年广饶县编制办公室将学校列为正科级事业单位;2012年广饶县职业教育资源整合,原广饶中专、广饶综合高中、广饶成人中等专业学校合并,成立广饶县职业中等专业学校,与山东大王职业学院实施中高职一体化办学;2014年山东大王职业学院更名为东营科技职业学院	东营
山东艺术设计职业学院	1985	专科	1985年中国书画函授大学济南分校成立;1991年更校名为山东书画函授学院,开始学历教育;2010年,在学校中专部基础上成立山东省艺术设计学校;2013年,在学校大专部基础上筹建山东艺术设计职业学院	济南
德州科技职业学院	1988	专科	1988年德州机电工程学校创建;2001年由德州、禹城两级人民政府共同投资兴建德州科技职业学院	德州
潍坊工商职业学院	1988	专科	1988年潍坊市经济学校建校,属国家级重点普通中专;2005年升格为全日制普通高校,定名为潍坊工商职业学院,由诸城市人民政府投资兴办,省市两级管理	潍坊
山东凯文科技职业学院	1990	专科	1990年山东大学创办山东大学电子维修培训学校;2003年山东大学科技集团与三庆置业集团有限公司签署了合作协议;2005年成立山东凯文科技职业学院;2007年三庆实业集团有限公司成为唯一举办者;2017年申报升格为本科,申请升格为济南工学院	济南
青岛求实职业技术学院	1992	专科	1992年经山东省人民政府批准、教育部备案,由林夕宝董事长创办的普通高等院校	青岛
山东杏林科技职业学院	1992	专科	2000年被批准为非学历民办高校;2004年成为全日制普通高等职业院校	济南
青岛飞洋职业技术学院	1996	专科	1996年青岛飞洋经贸进修学院成立;2002年经山东省人民政府批准改建成为青岛飞洋职业技术学院;2014年因资金紧张暂停招生	青岛
曲阜远东职业技术学院	1998	专科	1998年成立曲阜远东工商外语大学;1999年与山东农业大学合作创办山东农业大学远东工商外语学院;2000年经建立曲阜远东职业技术学院	曲阜
日照航海工程职业学院	1998	专科	1998年设立日照船员培训中心;2003年设立日照航海技术学校;2004年建立山东日照海事专修学院;2017年,山东省人民政府网站发布关于同意建立日照航海工程职业学院的批复	日照
山东外事翻译职业学院	1999	专科	1999年由山东外事委员会创办山东外事翻译职业学院;2004年成为全日制普通高等职业院校;2017年申报升格为本科,申请更名为山东外事翻译学院	威海
山东圣翰财贸职业学院	2001	专科	2001年由山东长城实业集团总公司投资创办山东圣翰财贸职业学院;2012年学校由加拿大国际教育发展中心全面管理	济南

学校名称	创办时间	办学层次	创办情况	办学地点
山东海事职业学院	2011	专科	2011年，山东省人民政府批准设立，由潍坊市政府主导举办、社会力量参与举办的山东省首所混合所有制普通高职专科院校山东海事职业学院建立	潍坊
山东外国语职业学院	2005	专科	2005年山东华信工贸有限公司创办山东外国语职业学院；2017年申报升格为本科，申请升格为山东经贸学院	日照
山东文化产业职业学院	2009	专科	2009年由大众报业集团（大众日报社）投资建立	烟台
烟台黄金职业学院	2016	专科	2016年由山东招金集团有限公司投资建立	烟台

资料来源：根据山东省各民办高校官方网站整理而成。

（二）学校数量基本稳定，地位得以巩固

2011—2016年，山东省普通高校数量总体处于增长状态。2011年，普通高校有139所，2016年，普通高校有144所，增长率为3.6%；民办普通高校数量基本稳定，2011年、2016年为39所，2012—2015年为38所；民办普通高校总体数量基本稳定。

2011—2016年，民办高校占全省民办普通高校的比例总体呈现上涨趋势，上涨幅度不大，由2011年的69.23%上涨到2016年的71.79%。民办高校占全省普通高校的比例总体有升有降，但波动幅度不大，2014年以前，民办高校占全省普通高校的比例呈下降趋势，由2011年的19.42%下降到2013年的18.57%；2014年以后，民办高校占全省普通高校的比例呈上涨趋势，由2014年19.01%上涨到2016年的19.44%。

从民办高校所在区域来看，山东省民办高校主要分布在省会城市济南以及青岛、潍坊、烟台等沿海城市。从民办高校在各地市的布局来看，济南市作为省会城市，民办高校占据的数量最多达9所。青岛市虽然不是省会城市，但是经济和教育水平较为发达，在山东省的经济和教育中占有重要地位，民办高校数量达6所。也有民办高校分布在县级市。

（三）学生数量有所增加，招生态势发展良好

2011—2016年，山东省普通高校每年的招生数为50万～60万，且招生数逐年上涨，民办高校招生数占全省普通高校招生数比重较小，2014年招生数最多，也仅有9.7647万人。普通高校每年的在校生数为160万～190万，在校生数逐年增加。民办高校在校生数占全省普通高校在校生数比重较小，但在校生

数量不断增加,2016 年达到最大值 27.79 万人;普通高校每年的毕业生数为 46 万～50 万,民办高校招生数为 6 万～7 万,民办高校招生数占全省普通高校招生数的比重先下降后增长,呈 W 形波动曲线。2011—2013 年,民办高校招生数占全省普通高校招生数的比重呈下降趋势。2014 年,民办高校招生数占全省普通高校招生数比重较高。2015—2016 年,民办高校招生数占比呈上升趋势;民办高校在校生占比总体呈上涨趋势,由 2011 年的 12.66% 上升到 2016 年的 13.92%;民办高校毕业生占比总体呈现先下降后增长趋势,2011 年民办高校毕业生占比最高,见表 2。

表 2　2011—2016 年山东省民办高校学生数量情况

年份	招生		在校生		毕业生	
	人数(人)	占全省比(%)	人数(人)	占全省比(%)	人数(人)	占全省比(%)
2011	73504	14.78	208301	12.66	69722	14.65
2012	69703	13.98	210541	12.69	66393	14.00
2013	70011	13.27	219694	12.93	62199	13.07
2014	97647	16.81	247891	13.80	65017	14.00
2015	82378	13.83	263066	13.84	60923	12.85
2016	92829	14.87	277902	13.92	71885	14.12

资料来源:根据山东省教育事业统计资料整理而成。

(四)教师数量总体增长,质量水平不断提高

如表 3 所示,2011—2016 年,民办高校教职工和专任教师总数与占比总体呈上涨趋势,其中教职工数由 18848 人增长到 20706 人,专任教师数由 12135 人增长到 14427 人。民办高校教职工总数占全省普通高校教职工总数的比重由 2013 年的 12.50% 增长到 2016 年的 13.78%,专任教师数占教职工总数的比重由 64.38% 增长到 69.68%。专任教师数占全省普通高校专任教师总数的比重由 12.83% 增长到 13.40%。

表 3　2011—2016 年山东省民办高校教师数量情况

年份	教职工		专任教师		
	总数(人)	占全省普通高校教职工比(%)	人数(人)	占教职工总数比	占全省普通高校专任教师比(%)
2011	18848	—	12135	64.38	12.83
2012	18171	—	12027	66.19	12.52
2013	17778	12.50	12162	68.41	12.32

续表

年份	教职工		专任教师		
	总数（人）	占全省普通高校教职工比（%）	人数（人）	占教职工总数比	占全省普通高校专任教师比（%）
2014	18938	13.16	13189	69.64	13.01
2015	19553	13.30	13585	69.48	12.98
2016	20706	13.78	14427	69.68	13.40

资料来源：根据山东省教育事业统计资料整理而成。

　　从职称结构来看，2011—2016 年民办高校教师总量基本稳定，高级职称教师占专任教师的比例大体保持在 30% 左右。其中，正高级专任教师数量和占专任教师的比例略微下降，副高级专任教师数量和占专任教师的比例有所上升。这种变化一是源于年轻教师和高水平教师的引进，二是源于民办高校自有教师的成长。

表4　2011—2016 年山东省民办高校专任教师职称情况

年份	专任教师	正高级职称		副高级职称		高级职称	
	数量（人）	数量（人）	比例（%）	数量（人）	比例（%）	数量（人）	比例（%）
2011	12135	1275	10.51	2522	20.78	3797	31.29
2012	12027	1184	9.85	2397	19.93	3581	29.77
2013	12162	1113	9.15	2484	20.42	3597	29.58
2014	13189	1187	9.00	2758	20.91	3945	29.91
2015	13585	1178	8.67	2938	21.63	4116	30.30
2016	14427	1192	8.26	3230	22.39	4422	30.65

资料来源：根据山东省教育事业统计资料整理而成。

　　从学历结构来看，2012—2016 年，民办高校专任教师的学历层次不断提升。如表5 所示，民办高校博士研究生学历教师数量总体有所增长，占专任教师的比例较小，但总体呈上涨趋势；硕士研究生学历教师数量不断增加，占专任教师比呈上涨趋势。民办高校教师队伍学历结构的变化与学校重视人才培养和人才引进相关。

表5　2012—2016 年山东省民办高校教师学历结构情况

年份	博士研究生学历		硕士研究生学历	
	数量（人）	比例（%）	数量（人）	比例（%）
2012	201	1.67	5301	44.08

续表

年份	博士研究生学历		硕士研究生学历	
	数量(人)	比例(%)	数量(人)	比例(%)
2013	189	1.55	4726	38.86
2014	265	2.01	5212	39.52
2015	292	2.15	5594	41.18
2016	468	3.24	6245	43.29

资料来源:根据山东省教育事业统计资料整理而成。

从表6中的年龄结构来看,民办高校教师以中青年教师为主,年龄多集中在40岁以下,29岁及以下教师数量最多,其次是30～34岁的教师数量。

表6 2013—2016年山东省民办高校专任教师年龄结构情况

(单位:人)

年份	29岁及以下	30～34岁	35～39岁	40～44岁	45～49岁	50～54岁	55～59岁	60～64岁	65岁及以上
2013	3584	3208	1220	964	797	524	623	624	618
2014	3674	3310	1674	1056	873	627	622	721	632
2015	3383	3404	2209	1144	936	705	596	631	577
2016	3884	3384	2432	1225	936	875	499	627	565

资料来源:根据山东省教育事业统计资料整理而成。

(五)科研实力初步提升,研究成果初见成效

近年来,山东省民办高校重视应用科研,科研实力明显增强,科技和社科研究成果明显增多。从2014—2016年的山东省民办高校科研成果统计来看,这3年民办高校共立项科技课题618项,获得资助经费1590.4万元;立项社科课题2091项,投入研发经费464.82万元;技术转让3项,获取转让费用16万元;出版有影响力的专著144部;另外还有不少成果获得省级及以上级别的教学、科研奖励。见表7、表8。

表7 2014—2016年山东省民办高校科研情况

年份	科技课题(项)	拨入经费(万元)	社科课题(项)	研发经费(万元)
2014	158	445.7	434	220.5
2015	234	624.6	667	30.0
2016	226	520.1	990	214.3

资料来源:根据山东省教育事业统计资料整理而成。

表 8 2014—2016 年山东省民办高校科研成果情况

年份	专著(部)	学术论文(篇)		技术转让		成果获奖(项)	专利(项)		
		合计	国外及全国性刊物	签订合同(项)	当年实际收入(万元)		当年申请	当年授权	拥有数
2014	22	484	35	0	0	0	102	39	172
2015	53	991	113	2	6	0	62	17	25
2016	69	633	37	1	10	3	31	11	17

资料来源：根据山东省教育事业统计资料整理而成。

（六）办学条件得以改善，办学积累不断扩大

随着经费投入的增加，山东省民办高校办学条件整体有所改善。2016 年，学校占地面积和校舍面积分别达到了 26732761 平方米和 10541969.07 平方米。按照学校法人财产权的要求，举办者大都遵守法律要求，将学校资产过户到学校名下。当前，民办高校占地面积中，产权独立使用占地面积占比 69.71％，校舍面积中产权面积占比 60.68％。发展到现在，民办高校办学积累不断扩大。

表 9 2016 年山东省民办高校校舍、占地情况

校舍面积				占地面积			
总计(平方米)	学校产权校舍(平方米)	非学校产权校舍		总计(平方米)	产权占地(平方米)	非产权独立使用占地	
		面积(平方米)	占比(％)			面积(平方米)	占比(％)
10541969.07	6397095.07	4144874	39.32	26732761	18635824	8096937	30.29

资料来源：根据山东省教育厅规划处提供的资料整理而成。

2016 年，山东省民办高校的固定资产总计 2153547.74 万元，教研仪器设备投入 288431.44 万元。同时，举办者也将相关产权过户到学校名下。其中，产权内固定资产占固定资产总额的 81.25％，产权内教学仪器设备占教学仪器设备总值的 92.76％，产权内的图书和计算机分别占各自总量的 94.13％和 95.96％。

表 10 2016 年山东省民办高校办学资产情况

	图书(万册)	计算机(万台)	固定资产(万元)	教研仪器设备(万元)
产权	3324.79	93085	1749705.24	267541
非产权独立使用	207.4946	3915	403842.5	20890.44
总计	3532.2846	97000	2153547.74	288431.44

资料来源：根据山东省教育厅规划处提供的资料整理而成。

二、山东省民办高校存在的问题

经过近30年的发展,山东省民办高校获得了量的积累和质的提升。透过民办高校发展的现状,我们可以看到民办高校取得的一系列成绩。但是,民办高校在快速发展的过程中也凸显了许多问题。剖析民办高校发展存在的问题,不仅有利于进一步了解其发展状况,更有利于其健康可持续发展。

(一)民办高校发展不平衡

一是区域发展不平衡。从布局来看,民办高校主要集中在济南、青岛、潍坊、烟台,这4个城市的民办高校达21所,占全省民办高校总数的75%。其中济南、青岛分别集中了9所和6所民办高校,潍坊和烟台各有3所,德州、日照、淄博、曲阜、东营、威海分别有1所。聊城、菏泽、临沂等地市没有民办高校。

二是本专科生比例不均衡。山东省民办高校本专科生的比例不合理,如表11、表12所示,2012—2016年,全部本科生数量占本专科学生总数的比例为20%左右,占比较小。即使一些声誉较好的民办本科高校,本科生的数量占本专科学生总数的比例也较低。在实践调研中发现,许多省外民办本科高校的本科招生计划可以达到4000~5000人,而山东省民办高校基本为1500~2500人。

表11 2012—2016年山东省民办高校本科生情况

年份	招生总数（人）	本科招生		毕业生总数（人）	本科毕业生	
		数量（人）	比例（%）		数量（人）	比例（%）
2012	69703	17946	26	66393	7532	11
2013	70011	15854	23	62199	7769	12
2014	97647	16565	17	65017	9956	15
2015	82378	20950	25	60923	11507	19
2016	92829	24376	26	71885	16929	24

资料来源:根据山东省教育事业统计资料整理而成。

表12 2012—2016年潍坊科技学院本科生情况

年份	招生总数（人）	本科招生		毕业生总数（人）	本科毕业生	
		数量（人）	比例（%）		数量（人）	比例（%）
2012	5553	1939	35	5145	324	6
2013	5612	1814	32	5392	593	11
2014	6300	1636	26	4610	954	21
2015	3547	2392	67	5068	1492	29

续表

年份	招生总数（人）	本科招生		毕业生总数（人）	本科毕业生	
		数量（人）	比例（%）		数量（人）	比例（%）
2016	7799	2557	33	6013	1898	32

资料来源：根据山东省教育事业统计资料整理而成。

三是专业发展不平衡。一方面，民办高校为了规避办学风险，大都选择设置比较成熟的专业；另一方面，民办高校设置迎合短期市场需求性强的专业，导致特色型专业和普遍性专业不均衡，专业特色不明显。据统计，全省民办高校专业设置集中于工学、文学以及管理学和经济学领域，而医学、理学以及市场需求量较少的农学、教育学等专业门类设置较少。在全省民办本科高校中，有 12 所院校开设市场营销和会计学专业，有 11 所开设计算机应用技术，有 10 所院校开设物流管理专业，另外，开设艺术设计、建筑工程、英语等专业的民办院校也超过一半以上。

（二）生师比尚未达到办学条件指标

根据《普通高等学校基本办学条件指标（试行）》（教发〔2004〕2 号），普通高等学校基本办学条件指标中生师比为 18∶1。如图 1 所示，2013—2016 年，随着民办高校招生规模的扩大，民办高校生师比均未达到 18∶1 的办学条件指标。2011—2016 年，民办高校生师比呈递增趋势。从图 2 可以看出，随着在校生数量的递增，专任教师数量的增速明显不能赶上学生的增速。

图 1　2011—2016 年山东省民办高校生师比变化

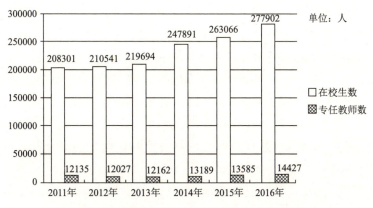

图2　2011—2016年山东省民办高校师生数量情况

（三）师资队伍建设存在问题

一是教师队伍职称、年龄结构问题。首先，2011—2016年，民办高校的高级职称教师数量匹配较少，尤其是正高级职称教师所占比例较低且总体呈下降趋势。其次，高学历教师数量及占比较低，尤其是博士研究生学历教师占比较低。再次，年轻教师占比最大，中青年骨干教师数量少，缺乏中坚力量，还存在着相当一部分60岁以上的从公办学校退休的老教师。从要素匹配上来看，优化的年龄结构应是高中低合理结合、老中青合理搭配，而山东省民办高校的师资队伍结构整体上欠合理。

二是教师的福利待遇问题。民办高校专任教师在福利待遇上与公办高校存在着较大差距，导致专任教师的流动性很大。民办高校教师没有事业编制，其在医疗、养老金、住房补助等福利待遇方面不能享受与公办院校教师同等待遇。另外，民办高校专任教师在职称评聘方面同样面对不平等待遇。《关于民办高校职称评审有关问题的通知》（鲁人社字〔2015〕198号）规定，政府部门不再组织评审和审批民办高校教师专业技术职务资格，学校自行规定标准条件和评聘程序。这导致各个民办院校评定的职称不被外界认可，加剧了教师的不稳定因素，制约优秀人才的引进。

（四）办学经费不足

一是公共财政支持力度不够，经费来源单一。山东省民办高校办学主要来源于学费，因而来源单一。无论是新建校区还是扩大规模后学校运营所需的各项费用，主要依赖学生提供的学费，由此，民办高校要生存发展一靠生源，二靠学费。最近几年，不少民办高校都在大幅度提高学费，以至于一些本科专业的学费总额已达25000元左右，直逼江苏、浙江、上海。相比公办高校，一些民办高校学费本身就已经很高,但还在不断提高学费,而办学经费仍然拮据,这很大程度上归因于民办高校缺少财政支持特别是没有生均拨款。2012年,省属本科高校生均财政拨款已经达到12000元。根据山东省政府《关于进一步完善现代职业教育政策体系的意见》(鲁政发〔2015〕17号)规定,2016年,公办高职高专院校生均拨款标准达到11000元,2017年达到12000元。民办高校至今没有政府的生均拨款,单纯依赖学费维持经营很难。

二是信贷政策受限,融资困难。民办高校的融资主要有贷款、社会捐赠、企业投资、校办产业和后勤社会化等多种方式。目前,民办高校既得不到政府财政划拨的经费,社会捐助也极其微薄,而且因为信贷政策的限制,依靠银行贷款又举步维艰。其他校办产业、后勤社会化等虽被一些民办高校运用,但还没有为学校带来大量营收。所以,现实中民办高校融资渠道单一,这也成为限制其进一步发展的瓶颈。

(五)法人治理结构有待完善

一是董事会制度不完善。相关法律制度虽然规定了董事会产生方法、人员构成、任期、议事规则等内容,但对其成员构成比例,各董事的任期、义务、职责、监督和退出等都没有明确的规定,这样就给民办高校带来很大的可操作空间。有些民办高校未建立董事会,有些高校虽设立了董事会,但董事会缺乏相应的准入机制和完善的决策机制,以至于董事会制度流于形式,并不能真正发挥作用。董事会的组成人员中大多为投资人及其亲属,举办方代表占较高比例,缺乏教职工代表和社会人士等利益相关者的参与,董事会成员家族化现象严重,导致董事长一人专制,董事会运行程序不规范,决策随意。

二是监督机构缺失。部分民办高校缺少常设监督机构,自身未建立教职工代表大会或监事会等监督机构。有的民办高校设立了监事会,但却以举办方代表为主,未能与决策和执行机构形成权力制衡。

三、促进山东省民办高校发展的对策建议

(一)完善政策体系,推动改革发展

一是加强政策扶持和落实力度。完善扶持政策体系,在政府补贴、购买服务、税收优惠等方面给予民办高校以支持。加大对民办高校的财政扶持力度,创新财政扶持方式,设立民办教育专项资金,帮助民办高校提升基础能力,探索给予民办高校生均经费补贴。在投融资方面,政府给予民办高校信贷支持,探索民办学校以有偿获得的土地、未来经营收入、学费和非教育设施抵押贷款。支持民办高校依照国家规定利用捐赠资金和办学结余设立教育基金,利用专业

基金运营机构运作,实现保值增值;鼓励民间资金投资办学,以合资、合作、参股的方式投入办学。

二是坚持扶优扶特,激发办学活力。启动优质民办高校建设或一流民办大学工程,着力打造一批办学定位明确、专业特色鲜明、社会服务能力强、办学质量高的民办高校,推动山东省独立设置民办高等教育体系建设。另一方面要发挥民办高校办学机制的灵活性,鼓励积极探索混合所有制法人产权制度,提高民办高校的办学水平。

(二)健全治理体系,促进民办高等教育治理现代化

一是完善管理体制,改进管理方式。建立协调统一的民办教育协调机制,帮助解决民办高校发展的重点难点问题。加强民办高校管理监督机制,推进信息公开制度,规范民办高校办学行为。

二是加强现代制度建设,提高学校管理水平。山东省民办高校的董事会应建立相应的准入机制和完善的决策机制,对董事会成员构成比例,各董事的任期、义务、职责、监督和退出等都进行明确规定,加强董事会运行程序的规范性。明确校长和董事会的权责关系。民办高校实行董事会领导下的校长负责制,校长受聘于董事会。建立教职工代表大会或监事会等监督机构,监事会与决策和执行机构形成权力制衡。

(三)提升教师素质,加强师资队伍建设

一是保证教师的权力和待遇,稳定师资队伍。建立民办高校教师社会保障的政府补贴制度,通过政府、学校、教师个人三者共担的形式,提升民办高校教师的社会保障水平。建立最低工资标准,保障教师的工资水平。把民办高校教师队伍建设纳入教师队伍的建设规划,享有同公办高校同等的培养培训机制,帮助民办高校提高师资队伍水平。

二是加强"双师型"教师队伍建设。民办高校要重视教师的教学能力和水平,重视教师的科研成果创新和实际贡献,推动教研相长、教学相长。学校与企业共建教师培训体系,加强教师的实践能力培训,建立一支理论与实践相结合的优秀教师队伍。针对民办高校师资队伍年轻化、职称偏低以及经验不足的问题,民办高校在人才引进方面应充分考虑职称、年龄结构平衡问题,引进一些能弥补高校职称、年龄结构中缺档的教师。同时鼓励年轻教师脱颖而出,提高其自身的专业能力,鼓励其积极晋升学历,增进其职称。不同年龄、不同职称、不同学历的民办教师并存才有利于高校发展和师资队伍建设。

山东省独立学院发展报告

"十二五"是山东省教育事业发展实现重大战略转型的关键时期。在这一时期,全省民办高等教育事业取得了较大发展。独立学院作为民办高等教育的组成部分,让更多的人有了接受高等教育的机会,为扩大高等教育资源供给贡献了重要力量。"十二五"规划以来,山东省独立学院发展规模基本稳定,表现在:招生数量、在校生数量、毕业生数量平稳增长,专任教师数量不断增多,教师职称结构、学历结构不断优化,科技活动、社科活动取得明显进步,服务社会能力不断增强。

一、山东省独立学院发展现状

独立学院是我国高等教育特有的办学模式,最初主要由公办普通高校的民办二级学院发展而来,起初并没有完整、具体且有针对性的界定,直到 2003 年,教育部以《关于规范并加强普通高校以新的机制和模式试办独立学院管理的若干意见》的文件形式,逐步规范二级学院的管理,并且首次明确提出了"独立学院"的概念,指出"独立学院是专指由普通本科高校按新机制、新模式举办的本科层次的二级学院"。2004 年,《山东省普通高等学校独立学院设置暂行办法》指出"独立学院是指普通本科高校(以下简称高校)与社会力量按新机制、新模式合作举办的本科层次的二级学院。高校按公办机制和模式建立的二级学院、分校或其他类似的二级合作办学机构不在本办法规定范围"。《独立学院设置与管理办法》(教育部〔2008〕26 号)规定"实施本科以上学历教育的普通高等学校与国家机构以外的社会组织或者个人合作,利用非国家财政性经费举办的实施本科学历教育的高等学校"是独立学院。

（一）发展概况

截至 2017 年,山东省共有 11 所独立学院,分别为烟台大学文经学院、聊城大学东昌学院、青岛理工大学琴岛学院、山东师范大学历山学院、山东财经大学燕山学院、中国石油大学胜利学院、山东科技大学泰山科技学院、青岛农业大学海都学院、山东财经大学东方学院、济南大学泉城学院、北京电影学院现代创意媒体学院。

按参与办学的主体数量,独立学院可划分为"独办型"和"合作型"两种。

目前,山东省 11 所独立学院中有 2 所(山东科技大学泰山科技学院、青岛农业大学海都学院)"独办型"学校,即由普通高等学校举办;其余 9 所为"合作型"学校,其中有 4 所(中国石油大学胜利学院、山东财经大学燕山学院、山东财经大学东方学院、济南大学泉城学院)是"政校型"学校,其余 5 所均为"混合所有制"模式。详见表 1。全省 11 所独立学院主要分布在青岛、泰安等地市,济南、青岛、泰安各 2 所,烟台、聊城、东营、蓬莱、莱阳、青州各 1 所,形成了以青岛和泰安一东一西两个中心,基本辐射山东省黄蓝经济区的布局。

表 1　山东省独立学院情况一览表

序号	学校名称	创办时间	创办情况	办学层次（专业数量）	办学地点
1	聊城大学东昌学院	2002	2002 年,山东省教育厅批准设立为聊城大学的二级学院;2005 年,经教育部批准为独立学院;2005 年,聊城教育学院、聊城师范学校并入聊城大学东昌学院(合作者:山东泉林纸业有限公司)	专科 14 本科 28	聊城
2	烟台大学文经学院	2003	2003 年,由烟台大学举办;2004 年,经教育部确认为独立学院;2007 年,烟台大学与祥隆集团签订合作办学协议,祥隆集团全资收购了烟台大学文经学院	本科 28	烟台
3	青岛理工大学琴岛学院	2003	2003 年,由青岛理工大学与青岛盛世华侨教育管理有限公司合作举办;2004 年,经教育部确认为独立学院	专科 16 本科 17	青岛
4	中国石油大学胜利学院	2003	2003 年,由中国石油大学(华东)、胜利石油管理局在原胜利油田师范专科学校基础上创办;2005 年,更名为中国石油大学胜利学院;2013 年,中国石油大学(华东)、胜利石油管理局和东营市人民政府三方签署共建协议	专科 10 本科 23	东营
5	山东科技大学泰山科技学院	2004	2004 年,经教育部批准为独立学院。与山东科技大学泰安校区合署办学,共用学科与管理平台,其师资和管理人员全部来自山东科技大学	专科 11 本科 25	泰安
6	山东师范大学历山学院	2005	2005 年,由山东师范大学与浪潮集团合作创办;2008 年,山东禄禧新能源科技有限公司投资 8 亿元建成占地 1000 亩的山东师范大学历山学院新校区;2011 年,山东师范大学与潍坊青州市人民政府、山东禄禧置业有限公司签署合作办学协议;2013 年,迁址青州	专科 16 本科 31	青州

序号	学校名称	创办时间	创办情况	办学层次（专业数量）	办学地点
7	山东财经大学燕山学院	2005	2005年,原山东经济学院与山东黄金集团有限公司合作创办,同年经教育部批准确认为独立学院	本科12	济南
8	山东财经大学东方学院	2005	2005年,原山东财政学院与山东黄金集团有限公司合作创办	专科6本科16	泰安
9	青岛农业大学海都学院	2005	2005年,由莱阳农学院举办;2007年,更名为青岛农业大学海都学院	专科11本科33	莱阳
10	济南大学泉城学院	2005	2005年,经教育部和山东省人民政府正式批准成立;2011年,在济南大学、大众报业集团合作下迁址蓬莱	专科7本科30	蓬莱
11	北京电影学院现代创意媒体学院	2010	2010年,由北京电影学院和青岛市政府及青岛满天下文化投资发展有限公司等共同创办	本科8	青岛

资料来源:山东省各独立学院官方网站。

（二）学校数量基本保持稳定

2011—2016年,山东省高等学校数量总体处于增长状态,增长率为3.60%;独立学院数量虽从2014年开始减少到11所,但也只是1所数量的变化,所以总体保持稳定。

2011—2016年,独立学院占全省民办普通高校比总体呈现下降趋势,波动幅度不大,由2011的30.77%下降到2016年的28.21%;独立学院占全省高等学校的比重总体呈现下降趋势,波动幅度不大,由2011年的8.63%下降到2016年的7.64%。

（三）学生数量平稳增长

2011—2016年,山东省独立学院招生（本科）总计90990人,在校生总计425971人,毕业生134305人。全省独立学院招生（本科）从2012年的18518人增加到19976人,增长率为7.87%;独立学院在校生数从2011年的82175人增加到2016年的90064人,增长率为9.60%。

表2　2011—2016年山东省独立学院学生数量情况

年份	招生（本科）			在校生			毕业生		
	人数（人）	占民办普通高校比（%）	占全省高校比（%）	人数（人）	占民办普通高校比（%）	占全省高校比（%）	人数（人）	占民办普通高校比（%）	占全省高校比（%）
2011	—	—	—	82175	26.92	4.99	15902	18.75	3.36

续表

年份	招生（本科）			在校生			毕业生		
	人数（人）	占民办普通高校比（％）	占全省高校比（％）	人数（人）	占民办普通高校比（％）	占全省高校比（％）	人数（人）	占民办普通高校比（％）	占全省高校比（％）
2012	18518	19.15	3.71	84448	27.99	5.09	21784	24.70	4.59
2013	17635	18.66	3.34	84719	27.21	4.99	24037	27.84	5.05
2014	16989	13.87	2.93	84565	25.43	4.71	24431	27.31	5.26
2015	17872	16.40	3.00	——	——	——	23829	28.12	5.03
2016	19976	16.43	3.20	90064	24.44	4.51	24322	25.28	4.78

资料来源：根据山东省教育事业统计资料整理而成。

2011—2016 年，独立学院招生数占全省民办普通高校比重、占全省高校比重总体呈现先下降后增长趋势。独立学院招生数占全省民办普通高校比重，由 2012 年的 19.15％下降为 2014 年的 13.87％，到 2016 年增长到 16.43％；独立学院招生数占全省高校比重，由 2012 年的 3.71％下降为 2014 年的 2.93％，到 2016 年增长到 3.20％。

2011—2016 年，独立学院在校生数占全省民办普通高校比重、占全省高校比重总体呈现先增长后下降趋势，2012 年是峰值期。独立学院在校生数占全省民办普通高校比重，由 2011 年的 26.92％下降为 2016 年的 24.44％；独立学院在校生数占全省高校比重，由 2011 年的 4.99％下降为 2016 年的 4.51％。

2012—2016 年，独立学院毕业生数占全省民办普通高校比重总体呈现先增长后下降再增长后下降趋势，由 2011 年的 18.57％增长为 2013 年的 27.84％，接着下降为 2014 年的 27.31％，既而增长为 2015 年的 28.12％，接着下降为 2016 年的 25.28％；独立学院毕业生数占全省高校比重总体呈现先增长后下降趋势，由 2011 年的 3.36％增长为 2014 年的 5.26％，既而下降为 2016 年的 4.78％。

（四）教师数量基本稳定

从数量上看，2011—2016 年，山东省独立学院教职工总计 38946 人，专任教师总计 26765 人。2011—2016 年全省独立学院专任教师数量、教职工总数虽有波动，但变化幅度都不大，总体保持稳定状态。

2011—2016 年，独立学院专任教师数占全省民办普通高校教师比重、占全省高校教师比重总体呈现先增长后下降趋势，2012 年是峰值期。专任教师数占全省民办普通高校教师比重由 2011 年的 25.65％增长为 2012 年的 27.00％，既而下降为 2016 年的 23.99%；专任教师数占全省高校教师比重由 2011 年的 4.55% 上升为 2012 年的 4.71%，既而下降为 2016 年的 4.23%。详见表 3。

表 3　2011—2016 年山东省独立学院教师数量情况

年份	教职工总数（人）	专任教师（人）	占民办普通高校教师比（%）	占全省高校教师比（%）
2011	6556	4309	25.65	4.55
2012	6795	4524	27.00	4.71
2013	6471	4499	26.39	4.56
2014	6338	4399	25.01	4.34
2015	6465	4480	24.80	4.28
2016	6321	4554	23.99	4.23

资料来源：根据山东省教育事业统计资料整理而成。

从年龄结构来看，根据已有统计数据计算（2013 年、2015 年、2016 年），独立学院形成了一支主要以 40 岁以下年轻教师为主的专任教师队伍。

从职称结构来看，2011—2016 年，山东省独立学院高级职称教师总计 8663 人，其中正高级 2674 人，占比 30.87%；副高级 5989 人，占比 69.13%。《山东省普通高等学校独立学院设置暂行办法》第二章第七条规定："建院初期，专任教师中具有副高级以上专业技术职务的比例不低于 30%。" 如表 4 所示，2011—2016 年（2014 年无数据），全省独立学院专任高级教师比例分别为 38.20%、37.67%、37.21%、35.71%、35.44%，均高于 30%，符合设置规定。

表 4　2011—2016 年山东省独立学院专任高级教师职称情况

年份	专任教师总数（人）	正高级		副高级		高级教师	
		人数（人）	占比（%）	人数（人）	占比（%）	总数（人）	占比（%）
2011	4309	477	11.07	1169	27.13	1646	38.20
2012	4524	498	11.01	1206	26.66	1704	37.67
2013	4499	461	10.25	1213	26.96	1674	37.21
2014	4399	425	9.66	—	—	—	—
2015	4480	414	9.24	1186	26.47	1600	35.71
2016	4554	399	8.76	1215	26.68	1614	35.44

资料来源：根据山东省教育事业统计资料整理而成。

2011—2016 年，山东省独立学院中正高级教师数量总体呈现先增长后下降的趋势，2012 年是峰值期；全省独立学院正高级教师占比呈现逐年下降趋势，由

2011 年的 11.07% 下降到 2016 年的 8.76%;副高级教师占比总体呈现先下降后增长的趋势,由 2011 年的 27.13% 下降到 2015 年的 26.47%,后增长为 2016 年的 26.68%。

(五)科研实力整体提高

2011—2016 年,山东省独立学院科技活动、社科活动都取得了较大程度的进步与发展,科研成绩提升较快,科研实力整体提高。

从课题研究来看,2014—2016 年,全省独立学院课题研究数量总体处于上升趋势,由 2014 年的 222 项上升到 2016 年的 482 项,增长率为 117.11%。其中,科技课题数量呈现先上升后下降趋势,社科课题数量一直处于上升状态,由 2014 年的 144 项上升到 2016 年的 380 项,增长率为 163.89%。全省独立学院社科课题占比呈现上升趋势,由 2014 年的 64.86% 上升到 2016 年的 78.84%,增长率为 13.98%。

表5 2014—2016 年山东省独立学院科研课题占比情况

年份	科技课题	社科课题	课题总数	科技课题占比(%)	社科课题占比(%)
2014	78	144	222	35.14	64.86
2015	122	349	471	25.90	74.10
2016	102	380	482	21.16	78.84

资料来源:根据山东省教育事业统计资料整理而成。

从科研经费来看,如图 1 所示,2014—2016 年山东省独立学院科研经费投入总体呈现先增长后下降趋势,2015 年总投入最高为 2052.83 万元,2014 年投入 750.46 万元,2016 年投入 1816.7 万元。其中,科技课题经费总体处于上升趋势,由 2014 年的 534.6 万元上升到 2016 年的 903.9 万元,增长率为 69.10%;而社科活动经费投入情况复杂一些,研究发展经费在 2015 年出现峰值期,增长率高达 759.79%,之后又呈现下降趋势,2016 年较 2015 年同期下降 43.10%。

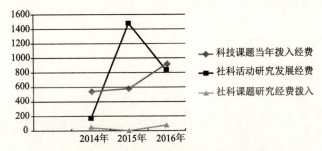

图1 2014—2016 年山东省独立学院科研经费变化(单位:万元)

资料来源:根据山东省教育事业统计资料整理而成。

（六）办学条件逐步改善

山东省独立学院重视教育教学资源的完善，不断加大教育投入改善办学条件。2016年，全省独立学院校舍建筑面积总计2258937.34平方米，占全省民办普通高校的17.65%。独立学院占地面积总计5334209平方米，占全省民办普通高校的16.63%。独立学院计算机总计20819台，占全省民办普通高校的17.67%。独立学院固定资产总计508938.85万元，占全省民办普通高校的19.12%。独立学院教学、科研仪器设备总计76358.40万元，占全省民办普通高校的20.93%。从上述几方面来看，独立学院产权法人化进程令人担忧，其学校产权固定资产只占学校固定资产总额的75.92%，尤其是学校产权的校舍建筑面积和占地面积，分别只占到学校总建筑面积和占地面积的47.8%和58.09%。

表6 2016年山东省独立学院办学条件

校舍建筑面积（平方米）		占地面积（平方米）		教学、科研仪器设备（万元）		固定资产（万元）	
合计	其中:学校产权	合计	其中:学校产权	合计	其中:学校产权	合计	其中:学校产权
2258937.34	1079821.28	5334209	3098721	76358.40	69017.95	508938.85	386370.91

资料来源：根据山东省教育厅规划处提供的资料整理而成。

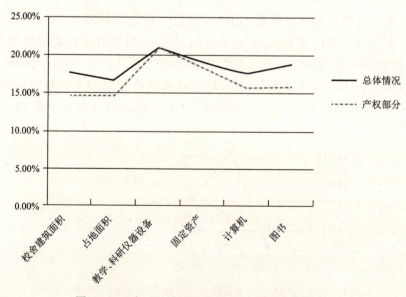

图2 2016年山东省独立学院办学条件占比情况

二、山东省独立学院发展遇到的主要问题

近几年,山东省全力统筹发展民办教育事业,在一系列有利政策的推动下,全省民办高等教育发展势头良好,展现出广阔的发展前景。但是,全省独立学院的发展仍然面临着诸多问题和制约因素。

(一)办学经费压力较大

一是公共财政扶持力度不足。第一,独立学院没有生均财政拨款。2012年,山东省省属本科高校生均财政拨款已经到达12000元。《关于进一步完善现代职业教育政策体系的意见》(鲁政发〔2015〕17号)提出,2016年公办高职高专院校生均拨款标准达到11000元,2017年达到12000元。而独立学院至今未得到政府的生均经费拨款,在缺乏财政投入和社会支持的情况下,生存将愈加艰难。如烟台大学文经学院本科会计学专业学费14000元/学年,艺术类专业15000元/学年,其他本科专业13000元/学年(除中外合作办学,中外合作办学按照中外双方教育成本另行拟定进行公示),专科专业全部为9000元/学年。而公办学校本科生生均财政拨款12000元,再加上学费,远远高出独立学院学费,这给以收取学费为主要经费来源的独立学院很大压力。第二,财政专项建设资金尚未完全惠及独立学院。2014年山东省开展民办本科高校优势特色专业支持计划,入选的8所民办高校19个本科专业[《关于公布2014年民办本科高校优势特色专业支持计划获资助专业名单的通知》(鲁教高字〔2014〕19号)]中没有一所独立学院;2016年开展的民办本科高校优势特色专业支持计划评选出12所民办高校20个本科专业[《关于公布2016年民办本科高校优势特色专业支持计划获资助专业名单的通知》(鲁教高字〔2016〕2号)],同样没有一所独立学院;最近几年的民办高校基础建设资金还未惠及独立学院。

二是办学经费来源单一。第一,独立学院办学经费的最主要来源是收取学生学费,不少学校自身经费不足,每年还要上缴母体学校高额管理费,这无疑更加重了独立学院的负担。第二,大部分独立学院融资面临双重困难。一方面,一些法律制度对独立学院融资存在一定制约。《中华人民共和国民办教育促进法》第四十九条规定"国家鼓励金融机构运用信贷手段,支持民办教育事业的发展",《国务院关于鼓励社会力量兴办教育促进民办教育健康发展的若干意见》提到"鼓励金融机构在风险可控前提下开发适合民办学校特点的金融产品,探索办理民办学校未来经营收入、知识产权质押贷款业务,提供银行贷

款、信托、融资租赁等多样化的金融服务"，但《中华人民共和国担保法》第九条"学校、幼儿园、医院等以公益为目的的事业单位、社会团体不得为保证人"和第三十七条"学校、幼儿园、医院等以公益为目的的事业单位、社会团体的教育设施、医疗卫生设施和其他社会公益设施"不得抵押贷款的规定，无疑成为制约独立学院融资发展的制度障碍。另一方面，融资渠道狭窄。按照法律规定，民办教育机构的融资主要有学费、贷款、社会捐赠、企业投资、校办产业、后勤社会化等多种方式。但包括独立学院在内，民办教育机构经费来源比较单一，其中学费、贷款和社会捐赠占据前三位。而学费上涨空间已经不大，社会捐赠一直微薄且在短时期内无法改善。因为信贷政策的限制，独立学院贷款艰难。如公办高校可以直接以信用向银行贷款，独立学院则必须找到一个企业（单位）以其资产作为抵押担保，方能向银行申请贷款，这样一来，独立学院一方面需向银行支付利息，同时还得向担保的企业（单位）支付担保费用，这无疑又是一大负担和压力。其他如校办产业、后勤社会化等融资方式虽被一些独立学院成功运用，但是并未普及，尚不能成为可依赖的主要融资方式。

（二）师资队伍建设还需加强

一是工资和福利待遇不尽如人意。独立学院教师的工资为学校自筹，由于缺少工资的指导标准，且大部分独立学院经费普遍比较紧张，致使工资水平普遍低于公办高校。独立学院的教师没有事业编制，这与公办院校相比，无论是医疗、退休、住房补助等福利待遇，还是养老保险，独立学院教师的社会保障水平都远低于公办高校教师。虽然一些政策文件反复强调民办教师与公办教师享受同样的社会保障待遇，但实际差距很大。独立学院教师在晋升方面也存在很大问题。如在职称评聘方面，《关于民办高校职称评审有关问题的通知》（鲁人社字〔2015〕198号）文件规定，政府部门不再组织评审和审批民办高校教师专业技术职务资格，学校自行规定标准条件和评聘程序。这容易导致各个院校评聘标准不统一，上级主管部门无备案，学校间不认可的情况。在教师职业生涯中，社会地位存在或多或少的"等级"划分现象，职称再打上以上所说的"烙印"，使得独立学院工作人员不能全身心投入工作，于是只要他们有机会到公办院校或者其他事业编制单位，就会毫不犹豫地离开，因此，独立学院师资队伍不稳定、流动性很大。同时，独立学院对优秀人才吸引力也不大。

二是师资队伍总体上还过于年轻。山东省独立学院专任教师总数为13533人，40岁以下教师总数为8705人，占比64.32%。全省独立学院的师资年龄结构呈现年轻化状态,刚毕业不久经验欠缺的年轻教师居多,而教育经验丰富的中青年骨干教师偏少。

三是师生比需进一步优化。《普通高等学校基本办学条件指标(试行)》(教发〔2004〕2号)规定,普通高等学校基本办学条件指标生师比为18:1。总体来看,2011—2016年山东省独立学院生师比情况,2012年最低为18.67:1,2016年高达19.78:1。全省独立学院生师比与教育部所规定的18:1还有一些差距。见表7。

表7 2011—2016年山东省独立学院生师比

年份	专任教师(人)	在校生(人)	生师比
2011	4309	82175	19.07:1
2012	4524	84448	18.67:1
2013	4499	84719	18.83:1
2014	4399	84565	19.22:1
2015	4408	—	
2016	4554	90064	19.78:1

资料来源:根据山东省教育事业统计资料整理而成。

建校时间早、发展比较成熟的烟台大学文经学院、聊城大学东昌学院,如表8所示,烟台大学文经学院2011年、2013年、2014年的生师比符合教育部规定的18:1的办学要求,其余年份均高于18:1,师资还不能完全符合教育教学需要;如表9所示,2011—2016年聊城大学东昌学院生师比均高于20:1,生师配备条件需要进一步完善。

表8 2011—2016年烟台大学文经学院生师比

年份	专任教师(人)	在校生(人)	生师比
2011	672	11950	17.81:1
2012	683	12544	18.37:1
2013	688	12381	18:1
2014	686	11995	17.49:1
2015	931	—	—
2016	636	12779	20.09:1

资料来源:烟台大学文经学院官方网站。

表9 2011—2016年聊城大学东昌学院生师比

年份	专任教师(人)	在校生(人)	生师比
2011	233	5376	23.07:1
2012	295	5949	20.17:1
2013	260	6485	24.94:1
2014	273	6763	24.77:1
2015	383	—	—
2016	306	7558	24.70:1

资料来源：聊城大学东昌学院官方网站。

（三）独立学院同质化趋势明显

一是独立学院与母体学校专业设置雷同率偏高。据调查，独立学院专业设置与母体高校的雷同率达90%以上。探究其根源发现，大多数独立学院主要依附于母体学校，这主要是因为复制母体学校的专业不但可以充分利用母体资源，也可以使得学校以最小的成本获得较快的发展，并且是最容易的发展路径。

二是在大众化高等教育阶段激烈的竞争环境中，许多独立学院之间争办短线专业、热门专业、低成本专业，导致了相互之间人才培养模式的趋同。据统计，全省11所独立学院中，有8所学校（72.72%）开设了会计学专业，7所学校（63.63%）开设了国际经济与贸易专业，6所学校（54.54%）开设了英语专业和市场营销专业，开设艺术设计、信息管理与信息系统等热门专业的学校也超过40%。

三是产业对接不足，自身特色缺乏。引导部分地方本科院校向应用型大学转型已经成为当前高等教育界的热点和焦点问题。对独立学院来说，向应用型大学转型是学校重要的发展方向和选择。既然要向应用型方向转型，就必须要以市场需求为导向，首先要设置与地方产业行业对应的应用型专业。然而，实际情况是许多独立学院专业不仅没有很好地对接产业，同时也没有形成自身特色。

三、独立学院发展的对策建议

为进一步发挥民办高等教育的作用，促进山东省高等教育更好地发展，特提出促进独立学院发展的以下对策建议。

（一）规范和扶持独立学院发展

山东省独立学院办学主体存在较大差异，同时在办学历史、办学条件方面都有所不同,为此,政府应该根据独立学院的不同情况给予差别化对待、规范和扶持。

一是建立独立学院发展的规范协调机制。第一,建立协调机制,加强统筹协调力度。独立学院的改革与发展涉及了教育、国土、财政、税务、建设等 10 多个部门,非教育部门所能解决。但是从人才培养的角度,教育部门应该发挥首当其冲的作用。所以,支持独立学院的发展需建立以教育部门牵头、多部门联动的工作体制,打破条块分割,形成工作合力,特别是在独立学院转设及随后的营非选择问题上要给予及时的指导。第二,完善制度,规范独立学院发展。完善独立学院产权制度建设,明确产权关系;建立健全资产管理制度,解决资产过户慢的问题;规范独立学院法人治理结构,建立信息披露制度,规范学校的办学行为。

二是鼓励和支持探索独立学院多渠道发展。第一,根据投入主体的不同区别定性,进一步鼓励民间资本进入高教领域。第二,根据不同办学定位及转型发展的不同阶段制定不同评价考核指标,加强分类指导、统筹各种资源,及时研究解决转型中遇到的重点、难点问题。第三,加大财政支持力度。探索独立学院经费扶持制度,可给予符合条件的独立学院一定数额的生均拨款,每生每年按一定数额给予补助。或可以采取分批逐额补贴的方式给予经费支持。增设专项经费,扩大支持覆盖面,用于教师培养培训聘用、专业建设、课程改革、公共实训基地建设等方面。依法落实独立学院在办学中的主体地位,在法人登记、土地征用优惠、税收优惠、教师招聘、学生国家助学贷款、社会保障、科研项目申报、职称职务评定等方面给予政策支持。第四,健全独立学院融资机制。《国务院关于鼓励社会力量兴办教育促进民办教育健康发展的若干意见》(国发〔2016〕81 号)提出,创新教育投融资机制,多渠道吸引社会资金,扩大办学资金来源;鼓励金融机构在风险可控前提下开发适合民办学校特点的金融产品,探索办理民办学校未来经营收入、知识产权质押贷款业务,提供银行贷款、信托、融资租赁等多样化的金融服务。主管部门应按照文件精神,制定可行的、适合山东省独立学院发展实际状况的实施细则或办法,加以贯彻落实。例如,鼓励独立学院根据专业实力,承接相关的社会培训服务,并按照培训费用额度,设定比例,给予独立学院一定的资金支持,给予主动与独立学院合作的各种社会组织、企业等机构一定的优惠政策。

(二)帮助和支持独立学院发展

独立学院的举办主体是多样的,包括母体学校、地方政府、国有企业、混合所有制企业、私有企业、个人等。作为母体学校,首先要明确自身帮扶独立学院发展的责任,在学校发展规划、师资队伍建设、课程资源共享、学生培养培育等各方面承担起应有的职责。其次,强化独立学院办学主体地位,明确双方权责,真正下放人权、财权、物权,积极帮助独立学院争取利政策支持,定期组织与地方政府的交流。再次,从独立学院转型发展培养应用型人才的改革考虑,对培养目标、学科专业及教学内容、教学模式、考评方式等进行指导,积极培养和选派学科带头人,使独立学院朝着健康的方向发展。

（三）提升内涵建设,实现转型发展

一是优化学科专业结构,推进学校转型发展。研究论证学科专业发展规划、办学定位、办学特色、人才培养方案,监督考核专业教育教学管理和人才培养质量,建立专业结构动态调整机制,明确重点发展的专业集群,实现独立学院专业链与地方区域经济发展、行业产业链的集群对接。

二是加强"双师型"队伍建设,助力学校转型发展。在政策导向上要改进对教师的评价方法,鼓励专任教师参加高校教师系列职称以外的职称评审,鼓励教师参加实践锻炼,支持产学研合作项目。提高福利待遇,让教师心有所安。积极创造条件,支持教师参加各种培训、访学等活动,提升专业技能,拓宽专业发展路径。

三是加强科研创新,在协同中推动学校转型发展。独立学院要积极融入以企业为主体的行业技术创新体系,为推动区域产业升级发展服务,积极与区域内高职院校互动,共同服务区域企业。整合力量参与和承接地方政府与企事业单位重大课题研究,为政府决策、重点建设提供理论支撑与技术支持。根据地方经济、社会发展需要,寻找机会,与地方政府联合开展师资、技能、劳动力就业与创业等各类培训,努力将学校建设成为区域人力资源培训基地。

第五部分
省内民办学校办学经验

山东英才学院创建高水平应用型大学的实践探索

一、学校概况

山东英才学院创建于 1998 年，2008 年升格为普通本科高校，2013 年入选教育部应用技术大学改革试点战略研究单位，2014 年被山东省教育厅、省财政厅批准为"山东省民办本科高等教育特色名校"立项建设单位，2015 年通过教育部普通高等学校本科教学工作合格评估，2017 年获批为立项培育建设硕士学位授予单位。

学校现有南、北两个校区，占地 1600 余亩，建筑面积 54 万平方米，资产总值逾 20 亿元，教学科研仪器设备总值 1.3 亿元，图书馆藏书 188 万册。设有 11 个二级学院，拥有 70 余个本专科专业，统招在校生 18000 人。教职工 1500 余人，专任教师 970 人，高级职称教师占 35%，博士硕士学位教师占 74%，"双师型"教师达到 55%。

二、特色经验

（一）组织保障

山东英才学院坚持质量立校、科研强校、管理兴校的办学理念，不断深化体制机制改革，形成了较完善的决策、执行、监督和评价评估机制，规范办学行为。

第一，实行董事会领导下的校长负责制。学校实行董事会领导下的校长负责制，校长主持全面工作，执行发展规划，组织教育教学、科研和日常管理等工作。每周一召开由校长、副校长组成的校务委员会，研究解决学校发展中的重要问题。

第二，实行党政联席会议制度。党委成员与校务委员会共同研究学校重大事宜。为了深入学习贯彻全国、全省高校思想政治工作会议精神和习近平总书记的重要讲话精神，认真落实中央和省委关于加强民办高校党建工作的意见，山东省委组织部和省委高校工委根据实际工作需要，选派山东建筑大学原党委书记王崇杰同志担任学校党委书记，王书记已于 2017 年 8 月底到任。2017 年 10 月，夏季亭校长的《多措并举加强民办高校党建》被光明日报刊载。

第三，推行大部制改革。学校于 2015 年底推行大部制改革，实施校院两级管理的运行机制，将职能部门合并为 7 个大部，二级学院调整为 11 个，突出教育教学工作的中心地位，推动各教学科研单位向办学主体转变。

第四,完善教职工广泛参与学校管理的民主监督机制。学校坚持"以人为本""以师为本",通过完善教职工代表大会制度,保障教职工参与学校民主管理和监督。党建工作规划、薪酬体系改革和调整方案、"十三五"发展规划等这些关系到学校发展的重大事宜都是在教职工代表大会上审议通过的。学校形成了良好的尊重教师、重视教师的工作氛围,保障了广大教职工的权益,同时也推进了教职工参与学校民主管理进程。

第五,加强全面质量监控体系建设。成立质量与绩效管理办公室,重点推进全面质量管理、精细化管理和绩效管理。按照全员工、全过程、全方位控制的原则,建立和完善全面质量监控体制机制,形成上下联动、部门协调、齐抓共管、高效运行的管理格局,进一步提高办学水平。

(二)人才培养

人才培养和教育教学一直是学校的中心工作,这些年来,山东英才学院不断地进行探索、实践,形成了具有英才特点的人才培养体系。

第一,坚持"学生第一、真诚服务"的宗旨,关爱学生全面成长。学校不仅在第一时间把国家、山东省奖学金全部发放到学生手中,2008年起还设立了3000万元的"中国十大杰出母亲杨文奖助学金",现已资助2000余万元,建立了"奖、勤、免、助、帮"五位一体的帮扶体系,两次获山东省大学生资助工作先进集体。学校开展"每名党员联系五名学生,帮助一名困难学生"的"联五帮一"活动,11年来累计捐款30余万元,帮助困难学生300多名。

第二,坚持育人为本,德育为先,重视加强思想政治教育。发挥学校党史馆、国史馆、校史馆、将军书屋和中华历史文化长廊等场所以及学生成长导师、辅导员和思政课教师"三支队伍"的作用,培养学生爱党、爱国、爱社会主义的思想情感和高尚的道德情操,引导学生投身实现中国梦的伟大实践,投身国家建设事业。先后有330多名毕业生赴新疆、西藏、青海等省份志愿服务和支教,2016年山东英才学院成为全国10所西部志愿计划新疆项目重点招募高校之一。有800余名同学应征入伍,献身国防。2016年12月,山东英才学院代表山东省属高校参加了全国高校思想政治工作会议。

第三,坚持面向市场,创新人才培养模式。学校是从高职专科学院发展成为本科高校的。在前期的高职阶段,学校提出"专业知识+现代技能+职业素养"的育人理念,强调对学生动手操作能力的培养和良好精神风貌的养成,形成了"高职英才"的人才培养体系。发展成本科高校后,学校围绕应用型技术技能型人才培养目标,根据不同学科专业特点,面向行业企业需求,不断创新创建"一二三四"的人才培养模式,即坚持一个导向(以培养服务地方经济社会发展的人才为导向），构筑两个平台（理论教学平台和实践教学平台），构建三个体系（学科基础及专业教育课程体系、实践能力培养教学体系和通识课体系），实行四个结合（通识教育与专业教育结合、理论与实践结合、课内与课外结合、校内与校外结合），逐渐实现由传统的知识传授型教育向提升学生的综合素质、创新精神和实践能力的开放式教育转变。同时，成立了创新创业学院，着力开展学生创新创业教育。

第四，坚持内涵式发展，提升人才培养质量。办学19年来，学校人才培养质量不断提升，毕业生就业率连年保持在95%以上，2013年山东英才学院被教育部评为"全国毕业生就业典型经验"（全国高校就业50强），在国家统计局社情民意调查中心"用人单位对毕业生的满意度"调查中列全国被调查的省属本科高校首位。学生在主管部门组织的技能大赛中获国家级奖43项，省级奖152项；取得国家发明专利和实用新型专利157项，其中顾业栋同学4项环保类发明专利无偿转让给德国、法国等100多个国家，收到30多个国家元首的感谢信。毕业生张保松荣获"山东大学生十大创业之星""山东省双创之星""济南市高校毕业生创业就业先进典型人物"。学生在各项学科和技能竞赛中获奖共计400余项，其中国家级奖项100余项；获得发明和实用新型专利163项，学生潘宝城近年来获批实用新型专利60余项，有2项专利获得美国匹斯堡国际发明展金奖。

（三）教师发展

山东英才学院重视师资队伍建设，在着重提升教师教学质量的同时，也更加注重教师自身幸福感的提升。

第一，完善绩效工资体系，进行薪酬改革。目前，学校已经初步建立了以目标管理和目标考核为重点的绩效工资制度，并在此基础上建立了一套较为完整的能够有效激发人员潜能的绩效工资体系。制定月度考核办法，考核指标细化，将工资结构中日常考核工资与教职工的月度工作考核结果挂钩；绩效考核工资与教职工年度考核结果挂钩，同时为体现校院两级管理，绩效工资切块至所在单位（部门），由其根据年度考核成绩，结合日常表现自行制定分配方案。2014年，学校进行了工资调整，全体教职员工人均工资增幅38%，讲师一级以上的教授、副教授和中层以上的管理干部工资涨幅为60%～70%，甚至有的老师工资涨幅翻番，在一定程度上改善了教职工的工作和生活条件。另外，为加大人才引进力度，制定了《山东英才学院引进高层次人才暂行办法》，与具有副高以上职称或具有博士学位的教师签订个性化协议，明确聘期内科研和教学工作目标，获取相应的住房补贴、科研经费、特殊津贴等政策。

第二，重视培养培训，促进教师专业发展。实施"名师和团队培养工程"和"优秀团队建设计划"，重点保证资金投入和条件保障，积极扶持和建设一支结构合理、业务水平较高、学术思想活跃、发展态势良好的教学团队。幼儿英语教学法教学团队被评为国家本科教学团队，物流管理专业教学团队被评为省级教学团队。实施"131人才工程""高层次人才引进计划"，培养和引进学科专业带头人，增强学校学科建设能力。实施"青年教师博士培养计划"，每年选派10～20名符合条件的青年教师到国内外高校委培攻读博士学位。实施"青年教师访问学者进修计划"，每年选派10～20名优秀青年教师赴国内外高水平大学访学研修或进博士后工作站工作，积极助推青年教师专业发展。

第三，加强重点培养，提升青年教师教育教学水平。实施"青年教师教学促进计划"，组织开展形式多样的教学培训、教学咨询、教学交流、教学竞赛、教学观摩等活动，大力促进教学研究与教学改革。实施"青年教师成长工程"和"优秀青年教师支持计划"，对具有发展潜力的青年教师，在教研科研项目申报和成果奖励方面予以支持，给青年教师科研活动提供更大的发展空间与机会。组织新、老教师"结对子、传帮带"，重点组织开展混合式教学专题培训，组织全国高校教师网络培训课程，开通山东英才学院教师在线学习平台，丰富教师自主学习资源。代海丽、徐珍璐两位教师分别获2016、2017年山东省高校青年教师教学比赛一等奖，学校于2016年获得优秀组织奖。2016年，电子信息工程技术教学团队被评为山东省高等职业院校教学团队建设项目，钮小萌副教授入选"山东省职业教育青年技能名师培养计划"，孔令宇教授被评为山东省高等职业院校教学名师。

第四，完善规章制度建设，提升教师实践教学能力。修订出台《山东英才学院教师专业实践工作管理规定》（鲁英才人字〔2016〕19号）、《山东英才学院鼓励教师考取职业资格证书的实施办法》（鲁英才人字〔2016〕24号）、《山东英才学院"双师双能型"教师认定办法（试行）》（鲁英才人字〔2016〕5号）。近两年共选派19名教师到行业内知名企业或校企合作单位实践访学、135名教师参加暑期专业实践锻炼，到企业和基层一线实践锻炼，组织80名教师参加职业资格培训并取得相关专业职业资格证书。

第五，健全考核评价办法，完善职级晋升体系。一是建立了由日常考核（20%）、业务指标（60%）、特殊贡献（10%）、周边绩效（10%）4个关键绩效指标为一级指标的评价指标体系。其中，业务指标重点考核业务工作完成情况和完成质量，专项贡献指标主要考核对本单位及学校发展做出的特殊贡献。而对于不同类型教师，业务指标和特殊贡献又可设置不同的内容和权重；对于不同考核指标采用不同的计分办法，例如，专项贡献可采用按累计得分比较计分法，业务指标按完成比例计分法等。考核结果作为职称（职务）评聘、绩效分配、评优评先的重要依据。考核不合格者在岗位聘任、年度考核、评优评奖等工作中实行"一票否决"。二是建立教师职务晋升机制，制定教师职务评聘晋升的管理规定，受聘教师按照相应岗位条件和要求进行管理，享受相应职级工资待遇，促进教师职业发展，调动广大教师积极性和创造性。三是建立职员职级晋升机制，制定职员职级晋升的管理办法，实行职员职级工资制度，受聘期间按照确定职级享受相应工资待遇，促进广大管理服务人员的职业发展，调动管理服务人员的积极性和创造性。

（四）学科专业建设

高校毕业生的结构性过剩是当前制约高等教育发展的深层次矛盾之一。为从源头上解决"毕业即失业"的问题，山东英才学院坚持有所为有所不为，优化学科专业结构，面向市场需求，整合调整学科专业设置，打造应用型优势特色学科专业。

第一，完善专业设置调整机制。学校根据经济社会发展需要，经过充分调研，结合学校定位和专业发展实际，制定了"十三五"人才培养与专业建设规划。一是认真组织新增专业的调研论证和申报工作。近两年，学校新上了保险学、审计学、物业管理和工程管理4个本科专业，至此，学校的本科专业达到31个，专业结构布局得到进一步优化。二是完善人才需求分析机制。学校结合2016级人才培养方案的修订工作，组织各专业教师进行了调研。通过开展行业职业岗位调研、毕业生反馈、就业单位反馈、标杆学校案例分析等，了解各专业人才的市场需求趋势与容量，为明确培养目标、服务面向及人才培养规格定位提供依据。

第二，推进专业特色发展。学校目前虽然未被列入山东省高水平应用型本科专业建设范围之列，但一直以来重视优势特色专业的培育与建设。近3年共有学前教育、物流管理等7个专业被评为民办本科高校优势特色专业支持计划资助建设专业，共获得省财政1400万元的专项建设资金支持。学校现有国家综合改革试点专业1个，教育部—中兴通讯ICT产教融合创新基地试点专业2个，山东省"卓越工程师教育培养计划"专业2个，山东省特色专业3个，3个省财政重点支持的特色名校建设专业建设稳步推进，7个学校重点建设专业取得积极进展。2014年获批山东省民办本科高等教育特色名校建设单位以来，学校共投入4400万元用于特色名校建设工程，其中使用总额为2608.6万元，包括省财政专项拨款510.1万元，学校自筹配套2098.5万元。财政拨款部分按照管理办法要求，全部用于内涵建设、师资培养等重点专业的软件建设，不列支设备购置，与建设纲要和资金预算保持一致。学校自筹建设经费用于设备购置，提升了专业的硬件水平。

第三，推进重点学科强化建设。"十二五"期间，学校制定了重点学科建设规划，遴选学前教育、国际商务、模式识别与智能系统、机械制造及其自动化4个应用型重点学科，投入专项经费1680万元，进行重点支持和建设。"十三五"以来，学校又启动了重点学科强化建设，对学前教育、国际商务、计算机应用与信息技术、机械制造及其自动化4个重点学科进行强化建设，规划投入专项经费3200万元。

（五）产教融合

为提高应用型人才培养质量，山东英才学院校坚持全面开放办学，深化产教融合、校企合作，积极争取和集聚政府、行业、企业的经费、项目和资源，建立起校、政、行、企、研协同育人的"六共"机制，即方案共定、专业共建、人才共育、过程共管、互利共赢、共同发展。

第一，建立校外实习实训基地。通过定单式培养、"N＋1"顶岗实习等11种校企合作形式，建立了150多个校外实习实训基地。

第二，共建行业学院。多个二级学院进行了深入探索，与地方行业、企业共建了多个行业学院。其中，信息工程学院与中兴通讯集团联合成立的中兴通讯信息学院，是教育部—中兴通讯ICT产教融合创新基地项目，学校作为全国首批30所获批该项目的高校之一，也是山东省3所获批高校之一。学校和中兴集团共投入1500万元，共同组建师资队伍，共同组建6个高水平实验室，共同培养通信工程和云计算两个专业的应用型人才。艺术学院与山东富达装饰集团合作共建富达装饰学院，成立富达班。该班导师团由富达集团5名高级技术职务人员和学校艺术学院6名教师组成，聘请行业内知名专家为学生授课，校企双方合作论证人才培养方案，共建装饰构造实训室。学校入选教育部数据中国百校工程产教融合创新基地项目，与曙光公司投资建设曙光大数据应用创新中心；学校与济南市高新区管委会、德国费斯托（中国）有限公司共同建立"中欧智造"高技能人才培养基地，举办了济南国际技能邀请赛。

第三，搭建创新创业教育平台。成立电商创业学院、秦工国际跨境电商学院、海尔创客实验室等，培养学生自主创业意识和能力。二级学院和英才学子积极投入各种创新创业实践活动中。商学院和青岛海信空调营销股份有限公司成立海信班，学生以社会实践的形式，承接了海信空调的客服热线业务外包业务。

（六）创新创业教育

山东英才学院重视创新创业人才的培养，在实践中不断摸索各种推动开展创新创业教育的办法，努力为大学生参加创新创业训练项目创造机会和条件。

第一，修订人才培养方案。学校出台了《山东英才学院关于修订本科专业人才培养方案的原则意见》，该意见更加重视教学内容整合和知识体系、课程体系、实践教学环节及运行体系的优化，明确提出应"挖掘各专业课程创新创业教育资源，在传授专业知识过程中加强创新创业教育，促进专业教育与创新创业教育有机融合"。重视加强实践教学和学生创新创业能力的培养，规定人文社科类专业全学程课内实验课和实践教学环节的学分应大于总学分的25%，理工农医类专业应大于30%。为培养学生创新思维、创新精神，提高学生综合应用知识的能力，人才培养方案中增加了创新创业必修学分，要求学生通过参与大学生创新创业工程，至少获得5学分以上的创新学分，高出5学分的创新学分可以替代通识选修课或其他选修学分。将创新精神、创业意识和创新创业能力纳入人才培养质量标准；分层分类开设研究方法、学科专业前沿等通识课程，改革考核方式等。

第二，大力支持学生开展创新创业训练计划项目。根据学校实际，制定了《山东英才学院大学生创新创业训练计划实施管理办法（试行）》《山东英才学院本科生创新学分认定与管理办法（修订）》等，明确指出建立并实施校级项目从院级项目中遴选产生、国家级项目从校级项目组择优推荐的制度，形成以国家级大学生创新创业训练计划为龙头、校级大学生创新创业训练计划为主干、院级大学生创新创业训练计划为基础，紧密衔接、结构完善的"院级、校级、国家级"三级项目管理体系。在本科生只有6800人的情况下，2016年5月至2017年9月，学校获批国家级大学生创新创业训练计划项目86项，立项校级大学生创新创业训练计划项目309个。学校安排专项资金，支持学生参加创新创业训练。2016年5月至2017年9月，学校自筹经费73.72万元，确保学生创新创业活动顺利开展。

第三，积极组织参加各级各类创新创业大赛。学校每年参加国家级、省级、校级竞赛的学生占总数的30%以上，获奖数量年均增幅20%以上。其中，2017年在山东省"互联网＋"创新创业大赛中获金奖；2016年在"创青春"海尔山东省大学生创业大赛中获金奖，是唯一获得金奖的民办高校；在"学创杯"全国大学生创业综合模拟大赛总决赛中获全国一等奖；在第八届"创新创业"全国管理决策模拟大赛全国总决赛中获一等奖；在第六届全国大学生市场调查与分析大赛总决赛中获国家一等奖；在第二届全国高等院校学生BIM应用技能网络大赛中获全国一等奖。

第四，发起成立山东高校创新创业教育联盟，组织举行山东高校创新创业教育联盟成立大会暨首届山东高校创新创业教育论坛。组建了由15名创新教育导师、15名创业教育导师、26名学科专业导师构成的创新创业教育导师库，创建了集创业教育、创业实践、孵化功能为一体的大学生创业教育、实践和孵化平台,大大拓展了创新创业教育空间,为深度推进创新创业教育改革提供了条件。学校于2016年被评为"全国民办高校创新创业教育示范学校""全国高校实践育人创新创业基地"。

(七)应用科研

山东英才学院十分重视科研教育工作,在立足省情、市情、校情的基础上,重视基础理论研究,增强创新能力,加强应用研究与技术开发,使科研工作逐渐走上产学研一体化发展轨道。

第一,进一步明确科研定位。坚持"一个为主,两个服务",即以应用和开发研究为主,为地方经济建设社会发展和应用型人才培养服务,特别是紧紧围绕山东省"两区"和"一圈一带"发展战略以及供给侧结构性改革的需要,鼓励和支持广大教师、科研人员面向行业、企业申报承担高层次应用型课题。2016年5月以来,学校教师申报承担国家级课题7项,主持承担省部级课题38项,市厅级课题77项。

第二,推进科研成果转化和应用。注重横向学术交流与合作,加强与高校科研院所、行业协会、有科研实力的企业的联系、交流。鼓励和支持广大教师、科研人员面向企业、行业以及政府部门,积极承担横向委托课题,扩大学校科研任务和经费的来源,对学校通过鉴定和评审的科技成果,满足转化条件的,及时采取多种方式向企业转化,以取得应有的经济效益。取得的重大软科学成果,采取多种渠道呈报省委、省政府领导和省有关部门等单位参阅,争取尽快地进入领导决策程序或被采纳应用,发挥应有的社会效益。选择适宜的科研成果尽快地在教学中推广应用,以更新教学内容和方法,提高应用型人才培养质量。近年来,学校教师承接横向委托课题82项,转化推广应用科研成果1项,有6项重大软科学成果得到省委、省政府领导的批示,进入决策应用程序。2016年,建筑工程学院丰曙霞教授"一种高粉煤灰掺量Ⅰ型无机建筑保温砂浆"获得国家发明专利,该专利转让给深圳港创建材股份有限公司投产,转让经费50万元。

第三,努力打造高水平科研创新平台。在做好国家级科技思想库研究基地与山东省软科学研究基地建设和发展的基础上,加强现有科研机构的建设。围绕学前教育研究院、计算机应用技术研究所、现代物流与供应链管理研究所、机电工程技术中心,建设科研创新平台,在2016年山东省教育厅发布的《关于公布"十三五"山东省高等学校科研创新平台立项名单的通知》中,山东英才学院申报的三个科研创新平台全部获得立项建设,分别是电力大数据处理与安全实

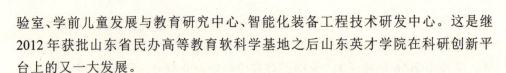

验室、学前儿童发展与教育研究中心、智能化装备工程技术研发中心。这是继2012年获批山东省民办高等教育软科学基地之后山东英才学院在科研创新平台上的又一大发展。

三、问题和努力的方向

在党和政府的关心、支持下，山东英才学院教育教学、科学研究、社会服务等各项事业蓬勃发展。当然，在发展的过程中，学校面临办学经费来源单一、教育教学改革力度不足等一些问题的困扰。

第一，办学经费来源单一。在没有企业支撑和基本没有国家财政投入的情况下，学校只能自力更生、艰苦奋斗，想尽办法通过创收获得更多的发展经费。目前，学校创收的主要途径是开展校企合作、承担横向课题。但根据实际情况来看，在前期大量投入的基础上，现阶段校企合作给学校带来的经济收入微乎其微。横向课题虽为学校带来经费，但同时需要学校按照2∶1的比例进行配套经费支持。另外，学校虽然试图从学前教育或是其他方面突破，做一些产业，但是相关探索有待努力。

第二，教育教学改革有待进一步深化。主要表现在依托信息化技术进行的课堂教学改革不充分，以"线上线下"相结合的混合式课程教学运行、考核改革等进展缓慢，对发挥学生自主学习、体现个性化培养尚不能发挥较大作用；创新创业教育、德育融入教育教学全过程尚存在标准不明确、评价不清晰、实效不明显的现象。学校将进一步制定或完善相关制度或标准，强化激励措施，加强对教师的培养培训，创新教育教学模式，深化教育教学改革。

第三，校企合作开展不够均衡。各学院之间以及学院各专业之间校企合作的开展不够均衡，在与行业企业合作深度及广度、合作模式、国际化合作程度及资源整合能力方面有待进一步加强。学校将继续狠抓落实，对于已经开展的校企合作项目，继续加强与合作单位的沟通协作，深度挖掘社会服务能力，主动对接行业产业需求，把企业用人标准引入人才培养过程，促进校企合作向纵深领域发展。同时逐步探索和开展校企合作班、技术人才交流、共建实训实验室、科研合作、专业共建及设立奖学金等多种合作模式，将校企合作工作推向新高度。

第四，教师评价考核指标有待进一步优化。学校将以问题为导向，在继承与创新的基础上，优化考核体系，增强绩效考核的有效性，建立重师德、重能力、重业绩、重贡献的分类考核指标体系，形成英才特色的教师考核评价体系。

第五，面临非营利性和营利性办学类型的选择。2017年9月1日起，新的《民办教育促进法》开始实施，民办学校面临着营利性和非营利性的选择，这对学校来讲既是机遇也是挑战。从政策目标来看,政府对营利性和非营利性学校会有不同的支持性政策,并特别鼓励学校走非营利性之路。从政策实践来看,各省会给民办学校 1～5 年的过渡期,但是具体的可操作性政策还没有出台。一旦省级政策出台,民办学校未来发展中必然会出现大分化、大改组和大变化。无论选择营利性还是非营利性办学,未来的发展中学校一定要抓住这一大分化、大改组、大变化的机遇,坚持办学的公益性,端正办学态度,积极从社会各界吸引办学资金,扩充学校办学经费来源,化解学校发展难题,提升学校竞争实力,努力成长为有实力的学校或教育集团。

德州交通职业中等专业学校发展特色职业教育的探索与实践

一、学校概况

德州交通职业中等专业学校成立于 1986 年,占地 240 亩,建筑面积 124310 平方米,现有在校生 7000 余人,一线教师 320 人,设有汽车学院、机电工程系、计算机系、工商管理系 4 个院系,共设置汽车运用与维修、数控机床、制冷、电子、装潢设计、学前教育、会计等 20 多个专业,为企业、社会输送了十几万高素质技能型人才。学校下设北京中交荣庆科技技术有限公司、山东荣庆国际经济技术合作有限公司、德州荣庆驾校、德州青年创业(就业)中心 4 个公司。

德州交通职业中等专业学校是国家级重点职业学校,教育部、人力资源和社会保障部、财政部确定的第二批国家中职改革发展示范学校建设单位,教育部、人力资源和社会保障部、财政部、交通部等 6 部委确认的制造业与现代服务业四大技能型紧缺人才培养培训基地,中央财政支持的实训基地,山东省"3＋4"应用型本科人才培养学校,山东省"汽车运用与维修""汽车车身修复""制冷和空调设备运行与维修""汽车整车与配件营销"品牌专业建设学校,山东省职业教育创新发展实验区重点学校。

二、特色办学的探索与实践

(一)创新教学模式,提升教学水平

1. 开发任务驱动式校本教材,强化专业技能培养

学校组织召开汽车行业、企业专家、技术骨干、校领导、各系部教学管理人员及专业带头人、学科带头人参加的任务驱动式校本教材编制研讨会,成立校本教材编制委员会。在现有教材基础上探讨任务驱动式校本教材编制的流程,明确教材改革的目的、意义及编制原则。

按照确定的编制思路,在企业调研基础上制定符合任务驱动教学模式的教学文件标准,结合中职学生特点及企业岗位技能需求,逐一推敲各科目教学任务及考核点的设定。在项目开展过程中,明确每个阶段工作完成标准及时间点。确定各项目责任人及负责人,各项目负责人确保完成质量并接受学校校本教材编制委员会的监督及考核。学科带头人任项目责任人整合全校优质师资,高标

准完成各项任务。各重点专业开展人才需求调研,制定人才培养建设方案;根据人才培养建设方案,设计课程体系。

2012年,山东省教育厅与财政厅分两批下达了56个中等职业学校专业教学指导方案开发任务,学校承担了汽车运用与维修、汽车车身修复两个专业的教学指导方案开发任务并顺利完成。

2013年3月,学校组织召开校本教材编写会议,邀请汽车运用与维修专业、汽车车身修复专业教学指导方案编制人员重点讲解编制思路、流程及课程设置的依据。学校其他9个重点专业参照首批两个教学指导方案(尚未公开发行)编写规范,在企业调研基础上制定了本专业的教学指导方案,并通过校委会验收实行。

(1)制定学分制考核标准。为充分体现以学生为中心、以技能为本位的教学理念,改革评价模式,科学评价学生的学习质量和综合素质,2013年8月,学校制定并下发了《学分制指导方案》,明确了学分制实施的前提条件、学分分配原则、学分考核及学分互认办法、学分制达到的效果及实施学分制的步骤。2013年9月,学校组织召开了学分制指导方案及课程标准学分认定标准专题培训,明确了具体编制任务。各教学任务的考核点、考核任务、考核方式及考核等级、相应考核试题均要涵盖本阶段所有知识点及技能点。2013年10月,制定了11个重点专业110门课程的考核及学分认定标准,开发试题164160道,试卷684套。

(2)开发理实一体校本教材。2013年12月,学校选择汽车专业4名骨干教师组成任务驱动教学模式改革小组,研究摸索课堂组织形式、教学设备配套、教学资料(工作页)开发及使用效果等诸方面。经多次试课、研讨、观摩,形成了学校任务驱动教学模式的雏形,并明确了工作页在任务驱动教学模式推行中的重要性。在充分借鉴汽车校企合作项目先进教学模式、教学文件、教学资料基础上,结合出版社提供的优质教材,制定校本教材(工作页)模板。

自2014年1月开始,以典型工作任务为知识载体,融工作任务描述、学习准备、计划与实施、评价反馈等环节于一体的理实一体校本教材开始编制,并随之开发与其配套的电子教案、电子课件等数字化教学资源。学校开设的所有课程均按照此模式编制校本教材,以工作页形式进行印刷并应用于课堂,先后印刷了242个科目,42320册,2285321张工作页。现已完成69个科目整套工作页的编写,其中实用语文、计算机应用基础、机械制图、汽车电工与电子技术4本任务驱动式教材已与出版社签订出版合同,10月份公开发行。

2.搭建数字化教学资源平台,促进专业教学提升

2014年11月,着手搭建平台,制作、整理、上传、调试各项功能。现已形成

集课程标准、任务描述、电子教案、电子课件、工作页、素材等教学资料、专业视频资料、中职生职业素养、德育教育等资源于一体的教学资源平台。现有教学科目186门，2687个资源。现学校教学场所的158个终端可自由使用该平台资料。丰富的教学资源平台，为全体教师开展任务驱动式教学模式改革搭建了标准化平台，促进了专业和课程建设、师资教学水平的提升。教师建成的丰富教学资源，也通过该教学平台学生端的功能展示给全校学生，方便了学生自觉自主学习，实现了"人人皆学，处处能学，时时可学"。

（二）构建"四个德育体系"，引领学生成长成才

学校积极贯彻《国务院关于加快发展现代职业教育的决定》（国发〔2014〕19号）、《关于加强和改进中等职业学校学生思想道德教育的意见》（教职成〔2009〕11号）和《中等职业学校德育大纲（修订）》，把立德树人作为教育的根本任务，把"为家庭培养好孩子，为企业培养好员工，为社会培养好公民"作为学校德育工作目标。在"培养具有中国灵魂世界眼光的职业人"的教育理念引领下，学校坚持育人为本，德育为先，教育引导学生"弯下腰做事，抬起头做人，心中有自信，脸上有阳光"。学校在文化管理特色项目建设框架内，成立了德育教研室，吸收校内学生教育管理经验丰富的干部、学管和班主任参加。

1.构建"德育课、实训课、其他课程"三位一体的德育课程体系

学校发挥德育课在德育工作中的主渠道、主阵地作用。健全德育工作管理体制，加强德育师资队伍建设，重视德育科研，教育引导教师修师表、塑师德、正师风、强师能、铸师魂，做德育工作的行家、育人的专家，把德育贯穿在其他课程和实习实训中。

2.构建"文化育人、活动育人、环境育人"三位一体的德育育人体系

学校贯彻落实《关于加强中等职业学校校园文化建设的意见》（教职成〔2010〕号），不断加强校园文化建设，优化校园人文环境和自然环境，完善校园文化活动设施，组织丰富多彩的校内外活动，在教书育人、管理育人、服务育人的基础上，发挥文化、环境、活动育人作用。学校汲取产业文化的优秀成分，让行业文化进校园、企业文化进课堂。学校具有雄厚的校企合作基础，丰厚的企业文化充实了校园文化，促进了德育工作。学校营造了广播站、LED电视、宣传栏、墙体文化等立体德育环境，抽象的德育变得看得见、听得到、摸得着。

学校积极开展社会实践活动、志愿服务活动、文体活动，"寓教于乐"，把德育融合到学生喜闻乐见的活动中，近年来，相继组织了"德州、北川一家亲"，"职教精彩人生，技能点亮梦想"多场大型晚会，组织志愿服务队参与世界太阳城大会安保、第十一届全运会安保、德州市创建全国卫生城活动。

3.构建"校本德育、学生干部培训、班主任培训"三位一体的德育培训体系

学校牢牢把握学生是德育的主体、学生干部是德育的主线、班主任是德育的主导,制定了学生主题教育月方案、学生干部培训教程、班主任培训教程,形成了"校本德育、学生干部培训、班主任培训"三位一体的德育培训体系。2015年,学工委将图书楼五楼提档升级,开设为德育大讲堂。德育大讲堂的开设缩短了德育培训周期,德育培训场次、质量都有很大提高。

4.构建"团委、学生会、社团"三位一体的学生自我教育体系

学校注重在学生自我教育、自我管理中实施德育,加强团委、学生会、社团的管理,树立德育榜样,用身边的人和事教育引导学生。充分发挥共青团、学生会、社团等学生组织在德育工作中的独特作用,开展丰富多彩的校园文化活动。"让学生弯下腰做事,抬起头做人,心中有自信,脸上有阳光。""让学生感受到,虽然我是一名技工,但我有自己的价值,能够实现自己的人生梦想。"

(三)建立高效规范的内部管理体系

学校实行了校长负责制,建立垂直管理、部门协作的管理体系;健全财务和资产管理制度,成立了学校理财小组,完善财务审批、内部审计、财务公开制度,建立资产专人负责制及财产定期检查、报损审批制度,确保了资产管理安全有效;完善了教学管理制度,规范校内实训实习管理和校外顶岗实习管理,降低安全风险;建立了信息化管理平台,将学生电子学籍、教务管理系统、教师个人资料等信息全部纳入网络管理,提高了学校管理的规范化、现代化和信息化水平;坚持校务公开,定期召开教代会,依法保障了教职工参与学校民主决策、民主管理和民主监督的权利。

(四)校企合作机制构建与实施

1.政府主导

《德州市中长期教育改革和发展规划纲要(2010—2020年)》提出大力发展职业教育:继续完善"政府主导、依靠企业、充分发挥行业作用、社会力量积极参与、公办与民办共同发展"的多元办学格局。加强基础能力和教育体系建设,优化职业教育资源,坚持品牌发展和特色发展。

2015年,德州市政府把德州交通职业中等专业学校汽车工程公共实训中心建设及2015年全国中职汽修大赛项目列入政府工作报告,并投入专项资金500万元。2015年6月德州市汽车工程公共实训中心正式投入使用,学校顺利承办2015—2016年全国职业院校技能大赛中职组汽车运用与维修赛项,2017年承

办全国职业院校技能大赛中职组汽车营销赛项。

2. 合作办学

（1）校企合作。学校与企业、行业联合共建校外实训基地，保证在校学生能对口、稳定地进行岗位实践锻炼，已与全国 130 家企业建立校外实训基地。其中，天津一汽丰田汽车有限公司、北京福田戴姆勒重型汽车厂、北京奔驰汽车有限公司、北京现代汽车有限公司、天津长城汽车有限公司、芜湖奇瑞汽车有限公司、上汽通用青岛分公司等为整车组装实训基地；潍坊福田重工为农业机械装配实训基地；苏宁电器为空调安装维修实训基地；广东美的集团芜湖制冷设备有限公司、石家庄格力空调有限公司、青岛海尔商用空调有限公司为制冷设备生产实训基地；天津扎努西有限公司、杭州天煌教仪有限公司、德州三和电器、德州富电电子为电子类产品生产实训基地；北京汉王科技股份有限公司、杭州信雅达有限公司、北京华道数据有限公司为文字录入及排版实训基地；天津勤威工业、威海天润曲轴股份有限公司、东营万迪诺有限公司、北京康明斯有限公司为数控加工实训基地；上海纽福克斯汽车配件有限公司为汽车电器产品生产实训基地；北京联想集团、苏州铭硕电脑有限公司为电脑组装实训基地。学校校外实训基地生产能力强、设备先进、技术力量雄厚，有效增强了学生的实践技能和实际参与生产的能力，对专业教学和发展起到了积极的推动作用。

学校现有 37 个订单培养班，冠名班有奥迪职业学校、大众机修班、大众钣喷班、丰田机修班、丰田钣喷班、上海通用班、北京现代机修班、北京现代营销班、龙神钣喷班等。新增 35 个校外顶岗实习基地，合作企业达 276 家，覆盖学校所有专业。

（2）校校合作。"3＋4"分段培养试点工作是山东省教育厅深化教育综合改革，创新应用型人才培养模式，全面推进山东省中职、高职、本科贯通培养，搭建畅通职业教育人才成长"立交桥"的核心问题和切入点，是加快山东省现代职业教育体系建设的重要举措。山东省 2013 年 7 月在青岛、潍坊、德州 3 市的 8 所中职学校、全省 11 所高职学校和 12 所应用型本科学校开展了中职与本科"3＋4"、高职与本科"3＋2"分段贯通培养招生试点。德州交通职业中等专业学校成为德州市唯一一所中职与本科"3＋4"招生试点学校，首次与山东交通学院合作培养汽车服务工程专业学生。2013 年学校被批准为山东省首批"3＋4"中职与本科贯通培养试点学校。联合山东交通学院开展汽车运用与维修专业"3＋4"中高职对口贯通分段培养人才培养方案开发研究，有效推动了山东省现代职教体系的建设。2016 年，通过山东省教育厅统一组织的转段测试，2013 级有 39 人通过，顺利转入山东交通学院进行为期 4 年的本科学习，1 名学生转入山东交通职业学院进行为期 2 年的高职阶段学习，升本率 97.5%，升学率100%。现2014级、2015级、2016级在校学生共127人。2014级该校58名同学参加转段考试,有55名同学转段成功,转段成功率95%。

开展"3+2"中高职贯通培养项目。该校自2012年与山东交通职业学院联合办学成立"3+2"连读高职班。2012年招生97人,2013年招生157人,2014年招生180人,2015年招生332人。2015年,为满足家长和学生们的求学渴望,结合《山东省教育厅关于调整五年制高等职业教育专业点的通知》(鲁教职字〔2015〕3号)要求,经省教育厅职成教处审核,学校在原有2个招生专业基础上,新增与山东科技职业学院联合办学成立的"3+2"连读高职班,其中机电技术应用专业首批招生101人,计算机应用专业首批招生97人。

(3)协同育人。近日,教育部遴选165家单位作为首批现代学徒制试点单位和行业试点牵头单位,德州交通职业中等专业学校入围全国首批27所现代学徒制民办中职院校,这也是山东省入围的唯一一所中职院校。

德州交通职业中等专业学校自1986年成立以来,校企合作取得了丰硕成果:2007年与一汽丰田、丰田(中国)投资、广汽丰田联合签订合作协议,成立丰田T-TEP丰田技术员培训班,每年为企业培养一般维修技师300余人;2007年5月与博世汽车检测设备(深圳)有限公司合作组建博世技师班,每年培养汽车维修、检测技师200余人;2008年6月学校成为全国首批上海通用AYEC项目合作院校,2008年至2014年共为上海通用公司累计培养机电维修学员850余人;2008年12月学校成为丰田T-TEP钣喷合作院校,每年为全国丰田4S店培养钣喷学员200余人;2008年与海尔集团进行合作,每年为企业培养售后维修人员和生产技术人员200余人;2010年3月与珠海市龙神有限公司合作,成立珠海龙神钣喷班,已经为全国各大品牌4S店输送钣喷学员200余人;2010年4月与世界500强企业美国PPG公司签约合作,每年为奔驰、奥迪等高端品牌汽车行业输送涂装学员100余人;2010年10月与奥迪中国合作,成立奥迪技师培训班,每年为奥迪经销店培养奥迪维修技师100人;2011年与长城汽车合作,每年为企业培养数控加工人员100余人;2011年与北京康明斯公司合作,每年为企业培养数控加工技术人员50名;2011年9月与汉王科技股份有限公司签订合作协议,每年分配到该企业的学生约100人;2012年一汽-大众班成立,每年培养机电维修技师、钣喷维修技师100人;2012年12月与北京现代公司合作成立北京现代机电维修培训班,每年为北京现代经销店输送机电维修学员125人;2012年12月与北京现代公司合作成立北京现代营销培训班,每年为北京现代经销店输送营销学员80人;2013年8月与奥迪事业部签约成为全国首批合作院校之一,每年为奥迪经销店培养奥迪维修技师80人;2013年与北京格力电器客服中心合作,每年为企业培养客服人员20多人;2013年7月份,与高德公司合作,每年分配到该企业的学生约 120 人;2014 年 5 月学校顺利通过上海通用 ASEP 校企合作项目组审核,正式组建首届上海通用 ASEP 项目培训班,每年为上海通用输送学员近 100 人。

通过校企合作,建立了"学习课堂、实训车间和实习企业"三位一体的教学模式,实现了招生与招工、上课与上岗、毕业与就业的有效对接。在现有校企合作基础上,调整、制定具有现代学徒制特征的相关专业人才培养方案,学校与企业共同研究制定人才培养方案,确定相应的教学内容和合作形式。在职教专家、企业与学校、教师与师父的共同参与下,按照"企业用人需求与岗位资格标准"来设置课程,建成"公共课程＋核心课程＋教学项目"为主要特征的适合学徒制的专业课程体系。

在优势专业中遴选实力强、资源丰富并热衷于职业教育的上海通用汽车有限公司、海尔集团、联想集团,确定招生的规模。学校与企业共同制定教学质量评价标准和学生考核办法,将学生工作业绩和师父评价纳入学生学业评价标准;建立教学质量监控机制,对教师和师父进行考核;改革评价模式,围绕行业、企业用人标准,针对不同类型的课程建立不同的评价标准,自我评价、学生评价、企业评价和社会评价相结合,建立以能力为核心、行业企业共同参与的学生评价模式,引导学生全面发展。

（五）勇于承担社会责任

学校建校 30 年来,致力于"职教兴业,教育报国"的办学追求,弘扬"厚德、包容、创新、图强"的德州精神,热心公益事业,担当社会责任,积极践行社会主义核心价值观。

2003 年"非典"时期,学校组织了防"非典"下乡赠药活动,投资 30 余万元,为山东德州、聊城、滨州、临沂等地市的中小学送去药品、器械和预防宣传材料,预防山东地区教育行业疫情的蔓延。

2008 年汶川大地震发生后,学校积极响应党和政府的号召,在获知北川羌族自治县职业高中校舍被毁,学生在帐篷中栖身的情况后,决定出资 360 万元免费救助北川羌族自治县职业高中 111 名学生。6 月 16 日,北川羌族自治县职业高中师生顺利来到学院就读。学校除免除每名学生两年学费、住宿费、生活用品费、书费 7200 元外,还向每名受助学生提供每月 300 元的生活费和春节放假回家往返交通费,总救助资金投入近 400 万元。汶川地震一周年的时候,学校倡导"德州人爱心在延续·二次援川"活动,组织"爱心车队"奔赴四川,捐赠给北川职业高中包括一辆教学用车在内的价值 56 万元的教具。还走访受助学生家庭,给他们送去慰问金和慰问品。2010 年,四川凉山彝族自治州 159 名学生入校就读,学校减免他们的教材费、住宿费、学费、校服费等共计64万元。

2016年1月,组织德州市的山东省人大代表、市人大代表教育小组成员到山东省未成年犯管教所关于就预防青少年犯罪进行调研,并为山东省未成年犯管教所赠送价值10万元的电脑,鼓励未成年犯好好反省、重新做人。

2015年12月7日,中共中央、国务院发布《关于打赢脱贫攻坚战的决定》(中发〔2015〕34号),教育扶贫被赋予了"阻断贫困代际传递"的使命,其实现路径被描述为"让贫困家庭子女都能接受公平有质量的教育"。

为贯彻落实中央、山东省扶贫攻坚工作部署,德州市制定出台了《关于贯彻落实中央、全省扶贫开发工作部署坚决打赢脱贫攻坚战的实施意见》《德州市脱贫攻坚三年行动计划(2016—2018)》《德州市行业扶贫实施方案》等,为打赢脱贫攻坚战提供了科学指引。学校用实际行动积极响应党和政府的号召,先后制定《精准资助,职教扶贫方案》(校发〔2016〕11号)、《精准资助,职教扶贫行动计划》(校发〔2016〕15号)、《精准资助,职教扶贫组织架构及启动步骤》(校招发〔2016〕13号)、《精准资助,职教扶贫宣传政策》(校招发〔2016〕14号)、《职教助力,精准扶贫方案》(校发〔2017〕3号)等系列文件,涉及预算、认定、资金发放、教育管理等职教扶贫各环节,保障精准扶贫工作的顺利实施。根据学校《职教助力,精准扶贫行动计划》,三年内(2016—2018年)将投入700余万元,在德州市扶贫办、市教育局的协助下,每年免费招收120名建档立卡贫困家庭孩子,组建励志班。励志班同学享受学校"两免一补"(免学费、住宿费,免费发放生活用品、校服、教材,补助每人每月500元生活费)政策。2016年4月25日,根据各县(市)教育局、扶贫办提供的建档立卡名单,学校安排12名老师分赴11个县市区,行程3万余千米,深入走访260个家庭,开展精准扶贫走访筛查,结合学校学习、年龄实际,确定救助帮扶名单,让好政策落地、开花、结果,把钱花在刀刃上。

2016年5月21日、2017年5月24日,德州市教育局先后两次组织职教精准扶贫会议暨学校励志班开班仪式。开班仪式上,励志班同学代表、家长代表相继发言,学校代表致辞,市教育局领导讲话。会议吹响了德州市教育精准扶贫的冲锋号,是德州市教育扶贫工作在新起点上的传承和提升。学校励志班开班,标志着德州市教育精准扶贫探索出一条新路子。2017年5月10日至11日,学校组织走访的扶贫学生、家长到校参观,了解精准扶贫政策,办理入学报名手续。截至5月13日,120名学生报名参加2017级励志班。

2016年8月,在山东省大学生徐玉玉电信诈骗案后,发起"撑起被诈骗大学生生命的保护伞——山东德州交通职业中等专业学校为被诈骗大学生发放救助"活动,截至目前已经救助4名被诈骗大学生并发放3.7万元救助金。

该校自 2014 年起每年免收青海北海州职业技术学校派遣来的学生在校学习期间的学费、住宿费、教材费和生活用品费；自 2009 年免费辅导、培训四川北川七一职中的职业技能大赛师生；2016 年学校新增对口支援职业学校新疆拉萨一职专、二职专两所。

　　30 年来，学校减免贫困生学费、发放生活费及向社会救助资金 800 多万元，给困难教职工送去慰问金和慰问品 100 多万元。学校用实际行动在社会上树立了"扶危济困，助人为乐"的榜样。

青岛建国职业学校培养高素质技术性人才的探索

一、学校基本情况

青岛建国职业学校是青岛建国工程集团于 2006 年投资 6800 万元,经青岛市教育局批准成立的一所中等职业学校,学校总占地面积 135 亩,建筑面积 68000 平方米。其中,教学楼综合楼 36000 平方米,公寓楼 14000 平方米,餐厅 6000 平方米,工学车间 12000 平方米。有专用教室 120 间,能同时容纳 4000 人学习生活。校园成园林式布局,绿化面积 7000 平方米,学校现拥有教学仪器设备 1523 台(套),仪器设备总价值 2000 多万元;有数控实训、机械实训、钳工实训、焊接及自动化实训、电工实训、电子实训、计算中心等实训室的实训岗位 800 余个。现有专兼职教职工 128 人,其中专职 108 人,兼职 20 人,在校生 1860 人。教师本科以上学历占 90%;研究生学历占 2.5%;具有技师以上职业资格的有 25 人。"双师型"教师占教师总数的 60%。现开设机电技术应用、数控技术应用、会计、物流服务与管理和汽车检测与维修 5 个专业。

学校成立至今,在各级领导的关心与支持下,办学工作得以全面开展,并形成了良好的社会效益,先后被评为青岛市规范化学校、青岛市 4A 级办学单位、黄岛区教育教学先进集体等荣誉称号,在周边也具有一定的知名度和美誉度。

二、依法治校,规范管理,全面提高师德修养

1. 加强干部、教师思想道德建设

一支思想、作风过硬的干部队伍也是学校依法执教、依法管理的基础。自建校以来,学校一直明确"学校领导是教师的表率、教师是学生的榜样"的管理理念,将建设一支"团结务实、率先垂范"的干部队伍作为学校建校的基石。

2. 加强职业道德建设,培育良好的师德修养

在师德建设中,学校首先提高教师政治道德素质。通过"政治学习""师德活动月""专题培训"等多种活动形式让每名教师都具有较高的政治素养,具有高度的工作责任心和事业心,具有优良的师德和品质。要求教师在学校管理规范的前提下,全方位地为学生做好服务工作,要求教师走进学生生活,贴近学生心灵,做学生的良师益友。近两年学校按照上级要求选派多位教师到南京、上海等地进行学习。

多年来学校非常注重教师队伍思想建设,不断用先进的教育理念武装教师,让教师树立献身教育、无私奉献、全心全意为学生服务的主人翁精神。

三、提高教师业务水平,让学生学有所成

1. 注重教学研究,提高教师业务水平

有特色的教学,才是有竞争力的教学。根据职业教育现状和市场运作,学校不断研究课堂教学,改变教学模式,以适应企业用人需求。

教务处开展经常性的听课、评课、集体备课、教研活动,学习外地先进教学经验;多次进行钢笔字、粉笔字及普通话比赛活动,促进了教师基本功的提高。为抓好教师的继续教育,学校支持教师自学、进修,考取教师资格证、专业技术证书,提高教师的综合素质,培养终身学习型的教师队伍。同时鼓励教师积极参加教育局组织的教师培训工作,让每名教师每年都有所提高,同时引入竞争机制、末位淘汰制,进一步完善教师的考评制度,使教师感到有竞争、有压力。

2. 注重技能教学,培养优秀人才

一切为了学生,为了学生的一切。学校不断摸索职业教育的新路子、新特点,根据企业需求制订教学计划,抓操作实践能力的培养,达到理论和实践课比例为1:1,同时抓好毕业班级职业资格鉴定考证工作。坚持让学生考高证、考多证,努力把学生培养成一专多能,"做人有品德,就业有优势,创业有能力的复合型的人才"。同时加强和海尔、上汽等企业的合作,定期召开校企座谈会针对学校开设的专业和课程设置进行讨论,让学生的实训教学更具有针对性和实用性。同时邀请海尔、上汽的培训教师为我校的相关专业学生上课,为实训教学带来了新理论和新思想,使技能教学更加符合企业的需要。

3. 加强岗前培训,提高教师思想素质

学校注重教师的岗前培训。每年暑期上课前的一个多星期,学校制订培训计划,教学选学《教育学》《心理学》,学习《教师职业道德》及如何做好一名教师的规定要求,让每一位教师做到既能"授业",又能"传道","学高为师,身正为范"。

四、全面开展素质教育,建设平安、和谐校园

1. 加强管理,创建平安校园

学校实行军事化管理模式,带班领导和值班教师24小时在岗,班主任为专职班主任,有安全保卫专职人员,校园内监控无死角全覆盖,并同派出所建立了联动体系。在学生思想教育方面能够认真开展安全教育,学生入校签订《安全

管理协议》,定期组织安全教育活动,增强学生的安全意识和安全行为习惯。

加大学生宿舍管理力度,在学生宿舍每个楼层安排一个宿舍,每个宿舍两名班主任执行值班制度,当学生出现任何情况,班主任能第一时间到场,保证了学生的休息环境。

学生到校后,班主任要在两个周内掌握学生个人的自然情况,并且通过背对学生点名、与学生谈心和与家长通话等方式,了解学生当前的思想情况,及时做好学生思想上的疏导工作。

2. 通过丰富多彩的活动,来"影响人,培养人,塑造人"

丰富多彩的活动能让学生在良好的氛围中逐步形成良好的思想道德素质。学校抓好早操、体育课的同时,积极开展形式多样的文体活动。广播站每天坚持为同学点歌、播送各班来稿,积极弘扬校园文化。组织进行篮球赛、拔河比赛、演讲比赛、大合唱等校园文体活动,成功举办了全校田径运动会。成立了跆拳道、街舞、鬼步舞、说唱、篮球队等社团并且经常性地开展活动,极大地丰富了校园文化建设。这些活动不但发展了学生的文体特长,而且陶冶了学生情操,提高了学生综合能力。

3. 通过军事化管理塑造学生的良好风貌

学校提高军事化管理水平,在开学初对入校新生进行为期15天的军训。在军训的过程中全体参训师生不怕苦、不怕累,以高昂的斗志完成了训练任务,并且在军训汇报表演中向全校师生展示了良好的精神风貌和军训成果,培养了学生的军人素养、团队精神、纪律观念。

4. 加强校园文化建设,用校园文化感染人、培养人

学校重视校园文化,健康向上的校专栏、生动丰富的第二课堂活动、丰富多彩的业余活动,陶冶了学生的情操,强健了学生的体魄,增强了学生的才干,也为学生的全面发展搭建了平台。

学校成立了义工团队,积极参与社区服务活动,多次组织师生到敬老院、社区义务进行卫生清扫和节目演出服务活动,通过活动不仅让老人感受到了家庭般的温暖,更是让学生从活动中学会尊老爱幼的传统美德。

如"大珠山登山节""唐岛湾健步行""世界环境日"等全区主题活动中都留下了我校义工的身影。为更好地服务社会、培养学生,2017年9月青岛山海情救援组织到校进行授旗,我校成为其支队,在对全员进行培训的同时选拔部分学生进行训练,开展社会救援活动,培养学生具有奉献精神。

学校开展"学生评议教师"活动。定期召开座谈会,或对家长进行电话家访,暑假、寒假学院采取"致家长一封信"的做法,听取学生及家长的意见,建立

立体化教育网络,更好地接受社会的监督,收到了显著的效果。学校能够及时地和家长进行沟通,反馈学生在校学习、生活情况,让家长放心。

五、开拓就业门路,坚持跟踪服务

由于学校坚持特色教学,加上完善的跟踪服务体制,使企业和毕业生双方满意,同企业建立了良好的关系,学生就业率达到98%,企业满意率达到80%以上。同时学校积极开拓新的就业市场,选择工资待遇高、工作环境好的企业作为学生实习基地,海尔集团等企业为我校颁发合作授权书,让学生的出路更广、岗位更好、就业渠道更宽。

六、加大投入力度,提高办学水平

为了提高办学水平,学校投资200余万元对学校的校舍、公寓进行改造,包括粉刷墙壁、公寓楼、教室铺地板砖、宿舍安装新床等,改善办学硬件,增加数控、汽修实训设备,在教室安装多媒体设备,重新安装监控设施,新建体育馆,拓宽跑道,为学校的现代化教学实施奠定了基础。

学校自2006年办学以来不忘初心,不管面对什么样的困难始终坚持办好职业教育,让学生切实学到一技之长,以为青岛西海岸新区的建设和发展培养更多的技术性人才。

青岛海山学校精细管理、特色发展的探索与实践

一、学校概况

青岛海山学校创办于 1995 年,是一所全日制、寄宿制民办学校。学校坐落在石老人国家旅游度假区内,占地 100 余亩,依山傍海,风景秀丽,是青岛市拥有独立校舍产权的 A 级学校。现有建筑面积 65000 平方米,其中高中部建筑面积 45000 平方米,现有 34 个教学班,师生员工共 2000 余人。

学校秉承董事长王文祥先生提出的"教育无小事,事事是教育"的教育理念,全面推进素质教育,积极探索"合格+特长"的发展模式,在生源质量偏低的前提下,实施"因材施教,错位发展,挖掘潜能"的教学策略,注重发展学生特长,实现了教学成绩的大面积丰收,使一大批学生顺利考入国家重点大学,真正实现了后进生转化和低进优出的目标,赢得了社会各界的高度赞誉。学校以"为学生的终身发展奠基"为办学宗旨,自觉肩负起社会赋予的教育责任,大力实施"精品战略",推行"全员管理,全程管理,精细管理"模式,向管理要质量,向管理要效益,向管理要品牌。

学校优越的地理位置、先进的办学理念、灵活的用人机制吸纳了全国各地的优秀人才。现有专职教师 140 人,全部为本科以上学历,其中研究生及以上学历 37 人。他们学术精湛,爱岗敬业,勤于奉献,形成了一支专业水平高、素质修养好、年龄梯次结构合理、稳定的师资队伍,深得学生和家长信赖。近年来,学校在教学管理、德育教育、教学改革、教学成绩等方面实现了跨越式发展,招生规模逐步扩大,2009—2014 年连续 6 年每年仅用 2 天时间即完成高一年级招生任务;2015—2017 年连续 3 年在学校班额不断扩招的前提下每年仅用 1 天时间就完成了招生计划。高考升学率连续 8 年刷新,2017 年艺术类本科达线率为 98.01%,录取率为 89.28%;纯文理本科达线率为 85.71%,录取率为 76.84%。

学校以自身的努力取得了骄人的成绩,赢得了人们对学校的信任和深厚感情,现已成为青岛同类民办学校行列中基础设施较为完善、在校人数较多、教学质量较为优异的现代化领军品牌学校。学校和学校董事长多次获得各级各类表彰奖励。学校先后被山东省民政厅、青岛市民政局评为"山东省先进社会组织""山东省先进民办非企业单位""山东省先进党组织""青岛市先进基层党组织""青岛市社会力量办学先进集体""青岛市 5A 级民办非企业单位""青岛市民办教育先进集体""青岛市诚信民间组织"等,并相继成为"南开大学文学

院艺术设计系生源培训基地""东北师范大学传媒科学学院生源培训基地""山东艺术学院国际艺术交流学院生源基地""青岛大学师范学院教学研究基地"。董事长兼校长王文祥先生，先后被山东省人事厅、山东省教育厅评为"山东省民办教育先进个人"，并荣记三等功，被中国高等教育学会、教育部老干部协会聘为"中国西部教育顾问"，被中国民办教育家协会聘为副理事长，荣获"改革开放三十年青岛市民办教育十大风云人物""中国民办学校优秀校长""青岛市社会组织创先争优优秀共产党员""中国教育改革创新示范人物"等荣誉称号，数次获得"青岛市社会力量办学先进个人"称号和表彰。

二、发展历程

在跨世纪的 22 年间，青岛海山学校经历了飞跃发展的三个时期。

（一）艰难生存期（1995—2008 年）

1995 年办学之初，学校只有一栋综合楼，融教学、办公、住宿、活动于一体，教工办公室和宿舍合二为一；只有一间容纳 232 人的餐厅。学校总建筑面积不足 3000 平方米，在校师生总人数不足 200 人，个别班级人数不足 10 人。学校硬件设施差，生源素质较低，师资力量较弱，管理比较混乱。1997 年，王文祥先生接管学校，担任董事长。王文祥面对困境，迎难而上，多方筹措资金，投资数千万元，连续 5 年对校舍进行大规模改建和扩建。学校新建了教学楼、科技楼、艺术楼、公寓楼，扩建了餐厅，增设了现代化教学设备，配建高标准语音室、实验室、计算机室、多功能厅，建筑面积扩展到 18000 平方米，学校硬件设施达到岛城同类学校领先水平。王文祥先生同时多方聘请专家到校指导，探寻学校生存之道，聘请在省内外有影响力的名校长到校担任常务校长，同时着手培养自己的专职教师队伍，探索管理机制，全力扭转被动局面。

栽下梧桐树，没有引来金凤凰。这一阶段，学校仍然存在教学管理乏力、教学成绩偏低、招生困难等一系列问题，所以还面临着严峻的生存压力。

（二）规模发展期（2009—2012 年）

2009 年以来，学校改变用人机制，完善招生制度，实施全方位教学管理改革，实施依法治校总战略，制定各项规章制度，完善管理流程，探寻教学模式。董事长亲自到教室听课，参与学科教研，每日召开中层干部座谈会，反复研究教学策略。前后三次亲自带领教师到江苏省洋思中学参观学习，推行"先学后教，当堂训练"教学模式，带领教研组长开展课型研究和一系列教研活动，制定考核制度，从根本上遏止了学校的下滑趋势。学校出现了平稳发展的势头，教育教

学质量迅速提高,社会美誉度进一步增强,招生数量逐年增加,高考本科升学率连年攀升,由2009年的19.43%上升到2012年的46.26%。在岛城民办高中教育中一枝独秀,成为很多中考学生的首选学校。

(三)内涵发展期(2013年至今)

2013年以来,学校大力推行科研兴校战略。采取"请进来""走出去""学得会""用得巧"的方法,开放视野,开拓思维,放开手脚。每周参加市教研活动,定期参加市教学研讨会,派出教师赴外地学习考察,把好的做法、典型经验运用到我校教育教学中去。同时完善教学常规细则,跟踪检查指导,编纂校本课程,开展各项德育活动,开办各类兴趣社团,学校迈上了由制度引领到文化引领的新征程。

面对越来越好的教育形势和蒸蒸日上的学校新局面,为满足更多学子到海山学校就读的要求,根据青岛市城市建设规划,经过充分论证和青岛市教育局批准,2015年,学校又吸纳社会资金投资2.5亿元,按照现代化标准兴建了新校区,新增建筑面积45000平方米,完成第二次校舍扩建。

三、精细管理

"天下大事,必作于细","致广大而尽精微"。以质量求发展是海山立校之本;关注工作细节,把小事做细、做透、做精,在平凡中做出不平凡,是提升质量的必由之路。为此,海山学校制定了严密的规章制度,使各项工作都有章可循,严格对照本学年《管理制度汇编》落实,并在办学实践中逐年完善。

(一)政教管理

学校研究细化了《教职工七大纪律》《校园行为七大纪律》《课堂教学七大纪律》《学生一日规范》《班主任量化考核细则》《政教管理员考核细则》《先进班级评选办法》等一系列规章制度,成为学校政教管理的重要依据。

学校实行校领导值班制度,每日由1名校领导和2名教师对全校10个盲点进行不少于4次巡查,每天课堂秩序检查不少于4节,每堂课对每个班级进行请假、迟到、外出等学生出勤情况抽查;每个课间都有政教老师在楼道巡视,防止学生发生意外事故;就餐时间,餐厅、楼梯、甬道都有政教人员值班,午休、晚休后教学楼要清楼;每天班主任老师在学生晚休前到宿舍检查,清点人数,维持秩序,和宿舍管理员无缝对接;晚上有专职管理员值班,随时解决学生出现的意外情况。学生离校有严格的请销假制度。每周日下午召开全体班主任例会,对班主任进行业务培训,对存在的突出问题集中解决。

政教管理实现 24 小时无缝隙检查，政教检查格式化。值班检查人员要像时针一样按时到岗、按程序执行；落实制度要像卡尺一样精准无误、不打折扣；处理违规违纪要像法官断案一样一视同仁、铁面无私。一系列有力措施维护了学校的良好秩序，学校成为教师用心、学生安心、家长放心的一方净土。

（二）教务管理

学校通过《教务处工作职责》《教务主任工作职责》《教务员工作职责》《教研组长工作职责》《教研组量化考核细则》等办法，对职能岗位进行了明确的职责界定。通过研制《教学工作日常检查细则》《教师业绩考核细则》《课堂秩序检查量化细则》《晨读自习课评价细则》等办法，使教学管理与督查有章可循。特别是《教研组量化考核细则》涵盖了教师备课、上课、作业批改、教研、教学成果等方面的综合评价，对推动教学改革具有积极意义。

学校通过《教师教学常规规范》细化了每个教学环节。例如，备课"五个结合"：教材与考纲相结合，个人备课与集体备课相结合，问题导学、课堂研究、课后巩固相结合，教师精讲点拨与学生自主合作相结合，学习目标和教学手段相结合。导学案"五要素"：学习目标、学法指导、学习内容、时间分配、教学手段。提问"两个至少"：教师课堂提问至少占到班级 1/3 的学生，被提问学生中该科后进生至少占一半。作业批改"五必须"：必须使用分数式批改，必须有评语，当天作业（语文作文除外）必须当天批改完毕，出错作业必须当日纠错，答题要求必须符合考试标准。考试"三化"：作业考试化、考试高考化、高考平时化。工作精确化、明细化，让每个部门、每名成员各司其职、各尽其责。评价各级管理人员工作成效，完全用数据说话，不用"大多数、基本上、差不多"等模糊字眼。每一天、每节课、每件事的评价，都靠事实说话。不仅对各项工作提出了明确、具体的指导，更把每个人推向更高的位置，充分挖掘了自身潜力。

在教务管理工作中，学校还注重教学管理的数据化。实施了数据库建设，把教学成绩、教学反馈和教学行为，量化为数字输入系统，用大数据指导教学，为教学决策、教学评估和教学预测提供了科学依据。

四、特色立校

在当前教育大背景下，民办学校的生源质量大都不如重点公立学校，尤其是重点公立高中，而生源质量又在学校发展过程中尤其是教学质量方面起着很重要的作用。在无法摆脱民办学校生源素质偏低的困境下，如何走出一条健康的发展之路，是摆在民办学校面前需要解决的最迫切、最重要的难题，也是必须完成的最繁重的任务，是学校生存必须解决的头等大事。没有生存，就谈不上发展。基于此,董事长王文祥先生结合"多元智能理论"和国家教育形势,鲜明地提出"错位发展,特色立校,优质高效"的总战略思想,引领学校一步一步摆脱困境,走出了一条由小到大、由弱到强的成功发展之路。

(一)错位发展,差异化竞争

学校应该是学生幸福生活的乐园、健康成长的沃土、梦想成真的殿堂。让学生们具有强健的体魄、良好的习惯、高尚的品德,使其各尽其能,各展其才,各得其所,就必须尊重个性,因材施教。海山学校提出了"错位发展,差异化竞争"的育人理念,让每个学生都能在适合自己的课堂里学习。

学校在实际招生中,按学生的不同爱好和学科成绩,编为不同层次的行政班级。这样就大大缩小了同一班级同学之间的差距,既便于教师授课,也便于学生交流、互动,让每个层次的学生都能形成完整的知识链条,然后再结合高考对学生文化课成绩的要求,分别按照普文类、普理类和艺术类为学生设计不同的发展目标,帮助学生实现上大学的愿望。这样,使不少学生从入学到毕业在成绩和能力上都能得到长足的发展,一批低于中考公立普高线的学生,在"错位发展,差异化竞争"理论指导下,经过3年学习,取得了优异成绩,升入本科院校。

(二)发展特长,为学生插上腾飞的翅膀

海山学校立足校情,着力发展特色教育,彰显学生特长,经过多年实践,已形成独特的教学体系,"合格＋特长"教育模式取得了显著的成绩,得到了社会的广泛认可和家长的极高赞誉。

一是美术特色。经过多年的不懈探索,学校美术组形成了"五三三"式美术教学理论,并在教学中不断完善。"五步"即为构图、造型、塑造、深入、调整五个步骤,"三关"即为空间、比例、透视三大关系,"三感"即为体感、量感、质感三种画面效果。为了提升美术教学效果,学校不断聘请全国名校专家来校指导教学,引领教研,使美术教学的研究有计划、有步骤、有针对性地不断深入;每学年组织专业教师、学生外出考察交流学习;每月进行校内单元模块化课程的测试;每学期定期举行学生写生采风系列游学活动;每学年组织专业教师走进定点高校、美术学院学习深造。

近年来学校美术教学连创佳绩,省美术联考本科合格率均达98%,超全省平均值约10%,得到了青岛市教研室的充分肯定。如今,学校已跻身山东省美术强校之林,被确定为青岛市美术联考崂山区考点、全市美术联考阅卷点。青岛市教研室多次在学校举行美术教研会,推广学校教学经验。

二是传媒特色。为进一步提高我校学生的综合素质,给学生搭建更广阔的发展平台,学校在正常开设国家课程之外,从高二开始增设传媒选课特色课程,主要开展广播电视编导、文化产业管理、播音主持、表演、摄影等专业的教学。学校聘请传媒专业专职教师任教,采取分散培训和集中培训相结合的方式,并聘请高校传媒专业教授到校讲座授课,为传媒专业学生的输出提供了有利的师资保障。传媒专业学生的校考本科专业合格率达100%。

三是古琴特色。学校自2009年开设古琴特色班,在各级比赛中均取得了优异成绩。2012年6月11日,学校被批准为古琴考点;2013年7月16日,学校在齐鲁情山东省校园学生展示活动大赛中荣获二等奖;2015年,学校承担了青岛市教育局组织的教育部"十二五"重大课题之一——非物质文化遗产进校园活动,全国多位著名古琴艺术家到学校考察并指导工作;2015年9月14日,学校古琴生与钟、磬特长生合奏的《梅花三弄》荣获全国第五届中小学生艺术展演乐器类比赛山东赛区民族弹拨类乐器一等奖;2016年4月,学校获得全国第五届中小学生艺术展演二等奖。随着教学改革的进一步深化,古琴教学必将会成为我校教育花园中的另一朵奇葩。

经过不懈努力,学校在教育教学各方面取得了可喜的成绩。表1所示的数据也许会让每个人感受到海山学校发展的强劲动力!

表1　2013—2017年青岛海山学校与山东省平均本科录取率对照

年份		2013	2014	2015	2016	2017
山东省录取率(%)		48.7	42.8	40.9	44.3	45.6
海山学校	录取率(%)	57	58.89	71.46	83.61	86.59
	高出省平均值(%)	8.30	16.09	30.56	39.31	40.99

2017年青岛海山学校高考再次取得优异成绩。全校共440人参加高考,其中本科达线人数为414人,本科达线率94.09%;最终本科录取381人,本科总达线率为89.6%。青岛海山学校普通文理本科达线率为85.71%,有5个艺术类行政班文化课本科达线率为100%,古琴专业艺术考生本科升学率达到100%。这在山东省同类学校中是绝无仅有的成绩。

风雨兼行20年,不惜汗水领潮头,心有大爱为教育,光辉业绩写春秋。青岛海山学校经过22年的不懈奋斗,走过雄关漫道,逐步发展壮大为一所理念先进、体制健全、特色鲜明、低进高出、高进优出、声名远播的一方名校。

潍坊光正实验学校致力于打造高品质学校的探索

一、学校基本情况

潍坊光正实验学校位于山东省潍坊市潍城区,是潍坊市委、市政府确定的提升市区重点项目、潍坊市国际化办学重点项目,纳入了潍坊市 2016 年国民经济和社会发展计划。学校由广东光正教育集团投资兴建,一期工程占地 177 亩,规划建筑面积 11 万平方米。设三校一园一部,即小学、初中、高中、幼儿园、国际部。

潍坊光正实验学校设立了学校董事会,并制定了董事会议事规则。学校实行校董事会领导下的校长负责制,学校校长依法独立行使教育教学和行政管理职权。潍坊教育部门和广东光正教育集团选派有丰富管理经验的干部,组成高效管理团队,并选派潍城区级以上各学科教学能手、优秀教师作为学校教学骨干。光正教育集团以优厚待遇选聘优秀毕业生及教学科研团队,组建一流师资队伍。聘请高水平外籍教师,实施纯正外语教学,培养与时代接轨的国际化人才。学校秉承“以诚心服务社会,以爱心培育人才”的办学宗旨,致力于创建现代化高品质学校,提供优质教育资源,提升城市生活品质。2016 年 3 月,潍坊光正实验学校动工建设,9 月,初中、小学开学,在校师生 800 余人;2017 年 9 月,初中、小学、高中全面开学,在校师生 1600 余人。仅用 1 年时间,在校师生翻番,学校规模快速扩张,潍坊光正实验学校强势崛起,成为潍坊民办教育的一颗璀璨新星。

潍坊光正实验学校办学条件按照最高标准配备,均达到或超过《山东省普通中小学基本办学条件标准》。一是占地面积。目前,学校用地总面积 118042 平方米,现有学生 1400 人,生均占地面积 84.31 平方米。达到了省标准生均占地面积(21.69 平方米)的 389%。二是建筑面积。学校建筑面积(包括教学及辅助用房、办公用房、后勤及生活用房等)84764 平方米,现有学生 1400 人,生均建筑面积 60.54 平方米,是省标准生均建筑面积(6.27 平方米)的 9.66 倍。三是体育用地。学校现有田径场地面积 19620 平方米(环形跑道 600 米),篮球场地 5040 平方米,羽毛球场地 360 平方米,排球场地 1600 平方米,中学器材场地与小学游戏场地 3092 平方米。目前,体育用地总面积达到 29712 平方米,超过省标准(20504 平方米)。四是教学用房。学校现有普通教室 60 间,按标准配备理化生实验室及器材室、危险药品室,配有藏书 52800 余册的图书室,配备阅览室、音乐教室、舞蹈教室、武术教室、钢琴房、戏剧教室、美术教室、书法教室、地理教室、历史教室、微机室、语音实验室、体育器材室、少先队活动室、科学技术实验室等功能室，配备文印室、广播室、展览室、会议室、档案室及行政办公室等教辅用房，配备标准高于《山东省普通中小学基本办学条件标准》。五是教学设施设备。学校严格按照《山东省普通中小学基本办学条件标准》配备教学仪器和设备。所有教室配备85寸触控一体机、多媒体控制台。实验室均配有标准器材室、药品室，各项装备配套齐全。六是办公及生活设备。配备高标准办公室、电脑、打印设备；配备独立文印室；教学楼、宿舍楼共安装开水净水（5级）设备60余台；目前已建成可容纳3000人同时就餐的餐厅1个，另有一个同等规模餐厅即将开始装修。教师人手一台电脑，每间办公室配备一台空调、每位教师配备一个橱柜、办公室配备单独打印机。教学楼、宿舍楼每层配备多个高质量饮水设备，确保学生安全饮用水。配有公共电话区域。

二、学校发展经验

（一）硬件过"硬"铸就高端

走进潍坊光正实验学校，映入眼帘的是"光正之光"雕塑，设计精巧的银色双螺旋结构顶端，三朵象征"真、善、美"的金色葵花熠熠生辉。大气庄重、空灵飘逸的雕塑与潺潺流淌的水景交响辉映，诉说着"陶冶启迪、润物无声"的教学方略。高大挺拔的银杏树、绿草茵茵的足球场、大气磅礴的艺术楼……置身光正校园，感受到的是大气、愉悦和舒畅。

建设"品质城市"，教育先行。潍城区积极引进广东光正教育集团投资建设潍坊光正实验学校，完善城市功能配套，提升城市品质。潍坊光正实验学校一期占地177亩，建筑面积11万平方米。其中，教学楼建筑面积2.2万平方米，配套400米、200米标准跑道运动场各一个，建有标准足球场、标准篮球场。体育馆设有室内篮球馆，可容纳3000人开展室内阳光体育活动。

学生寝室配备空调、风扇、双层床、储物柜、鞋架等，有独立的卫生间、沐浴间和盥洗室；2个学生餐厅，每个可以容纳2000名学生就餐。学校各科实验室、音乐室、舞蹈室、书画室、历史室、地理室、综合电教室、网络中心等各类功能教室齐全，为每一位学生的学习和发展搭建了广阔平台。

"学校整体设计动静分离，留足了学生活动场地，学生用餐后可就近到寝室休息，非常人性化。内部配套也是潍坊顶级的，因此，我决定把孩子送到这里读书。"今年刚把女儿送进初一的学生家长谢国华说。

（二）名师汇集，彰显品质

潍坊光正实验学校小学部组织开展了新教师上岗展示课活动。课堂上，新教师精神饱满、教态自然，从不同角度展示了教学艺术和个性风采。

教师的品质决定了学校的品质。清华大学校长梅贻琦先生曾经说过:"大学者,非有大楼之谓也,有大师之谓也。"这也正是光正"上学上光正,从小上'大'学"的不懈追求。

学校既注重高端硬件设施的配备,更关注优质的师资力量的配备与建设。正式招生之前,潍城区教育局经过层层选拔,与潍坊光正实验学校合力组建了有丰富教学和管理经验的高效管理团队,选派刘加爱、赵群、考扶兴、刘金梅、臧福春、陈艳、姜传森、赵小红、朱峰等一大批省、市特级教师、优秀教师、教学能手、优秀少先队辅导员等到校任教,发挥了教学骨干的带动作用。随着学校办学规模的扩大,非物质文化遗产传承人、面塑大师季道江等一批名师加盟光正教师队伍。为了充实师资力量,每年春季,光正教育集团都组织专门的招聘队伍,赴北京师范大学、东北师范大学、陕西师范大学、华东师范大学、山东师范大学等全国知名高校招聘大批优秀应届毕业生。

在山东省特级教师刘加爱老师的课堂上,学生自主探讨,教师精讲点拨,课堂妙趣横生。"教无定法,小学课堂贵在把数学和生活紧密联系起来,让学生感受到数学的魅力。"刘加爱一句话道出了寓教于乐的教育真谛。

毕业于厦门大学化学系的徐云燕的课别具一格,深受学生喜爱。"徐老师的化学课生动、有趣,经常带我们做实验,自己动手操作,提高了我们的动手能力,让抽象的知识跃然面前,变得更加容易理解。"初三一班的于静雯说。

负责、精心是每一个光正人的执着。在潍坊光正,有一支特殊的老师队伍,她们负责给孩子分餐、陪孩子就餐,给孩子分水果,给孩子梳头,晚上为孩子掖好被角。她们就是光正的生活老师,被孩子们誉为"光正妈妈"。

"这所学校的师资队伍值得信赖,对学生特别有爱心,有耐心,真正做到了爱生如子。"学生家长郑汉宣说。

(三)特色立校,打造品牌

潍坊光正实验学校正式启动素质教育拓展课堂,以丰富学生的校园生活,搭建起学生多元发展的平台。走进学校的素质教育拓展课堂,慷慨激昂的国学诵读、行云流水的武术表演、宛若天籁的童声合唱、优美妖娆的舞蹈表演……让人目不暇接、惊叹不已。

"没有特色就没有工作,长期坚持才能形成特色。我们高度重视学生的特长培养,本学期我校开设了65项素质教育拓展课程,其中小学46项,初中19项,旨在加快学生特长培养,培育全面发展的高素质现代人。"潍坊光正实验学校校长吴浩说。在潍城区双语经典诵读大赛中,潍坊光正实验学校的汉语经典诵读获得一等奖第一名,英语经典诵读获得一等奖第二名。项目成绩的取得,从一个侧面展示了"光正"特色育人初见成效。

据了解，光正教育集团旗下的学校，均采取15年连贯性的育人方式，特别有利于人才的可持续发展和特长的持续培养。幼儿园的学生毕业后可选择就读小学，小学优秀毕业生可以优先升入初中，初中优秀毕业生通过全市统一的学业水平考试，可以升入高中。幼儿园—小学—初中—高中，就像跑接力赛，一棒接一棒，越跑越快，越跑越轻松。目前，学校已经开设了阳光武术社、丹青国画社、向阳花舞蹈队、星光合唱团、雅舒阁书法社等特色社团。学校对学生进行跟踪培养，经过几年、十几年的坚持与努力，孩子的特长发展会达到意想不到的高度。

（四）科学育人，奠基成长

教育教学质量是一所学校的生命线。怎样打造一所教育教学质量一流的学校？光正实验学校立足潍坊实际，借鉴集团成熟的管理经验和模式，确定了"以完整的现代教育培养高素质现代人"的办学理念，实施小班化教学，针对每一名学生的个性，选择有针对性的教学策略，促进学生自主发展和成长成才。

学校拥有一套成熟的教学管理办法和教学质量监控措施，教师的教学质量与考核成绩挂钩，与绩效工资挂钩，与工作岗位挂钩，教师的责任感和积极性得到最有效的激活，为学生学习和成长提供了最坚实的保障。吴浩说，在光正，教师根据每一位学生的个性特点，因材施教，注重学习方法的指导和学习能力的培养，实现素质与成绩的全面提升。

教书育人，以德为首。在提高学生学业水平的同时，光正实验学校高度重视学生德育和习惯养成，建立了"文明、诚信、感恩、尽责"为核心的德育目标，本着"生活即教育"的思想，把学生在校的每时每刻都当作德育的内容，就餐、就寝、活动都纳入教学管理之中，构建了"全员、全程、全方位"的德育体系。学部实行校长负责制，下设德育处、教务处，德育处配备德育主任和德育文员，对学生进行全时段科学管理，从而达到"春风化雨润无声"的效果。

每周，光正学子都会带回一张家校联系卡，详细列注了学生的家庭作业和在家孝敬父母、参加家务劳动等，家长评价后，返校带回，让老师及时了解学生在家情况。这是光正强化家校沟通、凝聚教育合力的有效尝试之一。授课教师、宿管老师、家长的无缝对接，形成了家校教育的最强大的合力。正因如此，学生入校后的最大变化就是习惯变好了，自理能力强了。

潍坊光正实验学校是光正教育集团在山东创办的第一所学校，致力于为孩子创造最舒适的就学环境，打造最优质的教学质量，提供最贴心的教育服务，让孩子舒心、家长安心、社会放心，正成为一所有灵魂、有境界、有温度的品牌学校，为"品质城市"建设注入新的活力。

第六部分

民办教育改革新进展

民办高校迎接本科教学工作审核评估

——以浙江树人学院为例

根据教育部规定,参加普通高等学校本科教学工作合格评估获得通过结论的新建本科高校,5 年后须参加审核评估。浙江树人学院 2011 年接受了教育部本科教学工作合格评估,经过几年建设后,今年开始迎接本科教学工作审核评估。近几年,浙江树人学院围绕教学服务型大学的办学定位和高级应用型人才的培养目标,扎实推进应用型试点示范院校建设,初步形成了"1234"的应用型人才培养体系:以高级应用型人才培养为目标,突出德育为先、能力为重,着力构建理论教学、实践教学、素质拓展三大体系,不断推进应用型导向下的专业、课程、课堂和综合领域的改革。

一、浙江树人学院基本状况

浙江树人学院创办于 1984 年,是改革开放以来我国最早成立并经教育部批准承认学历的全日制民办普通高校之一。学校坚持社会主义办学方向,弘扬"立德树人,为国植贤"的办学宗旨,秉承"崇德重智,树人为本"的校训,坚持"教学服务型大学"的办学定位,经过 30 多年发展,走出了一条独特的民办高校发展之路。2003 年,经教育部批准,学校升格为本科高校。2011 年 11 月,学校顺利通过教育部本科教学工作合格评估,并在随后的一年内完成了整改工作。2015 年,学校被确定为浙江省应用型试点示范建设学校。在中国管理科学院2016 年和 2017 年的中国民办大学排行榜中学校综合实力均排名第一。

树人学院坚持"教学服务型大学"建设,紧密对接浙江省八大"万亿产业",围绕绿色环境、智能 IT、大健康、现代服务业等特色学科专业领域,着力于高级应用型人才培养,形成了服务地方产业经济发展的良好态势。目前,学校设有12 个二级学院,42 个本科专业,5 个专科专业,在校学生 15606 人(其中专科学生 1898 人),留学生 32 人,拥有杭州拱宸桥与绍兴杨汛桥两个校区,占地 1220亩,教学仪器设备总值 1.89 亿余元,图书馆藏书 168 万余册,电子图书 88 万余种。学校在 30 多年的办学实践中,逐渐形成了自身的特色。

敬终如始的公益性、非营利性的办学性质。学校坚持公益性、非营利性办学,始终把学生的成才成长作为学校发展的最高目标。办学初期,学校就提出了"为国植贤"的办学宗旨。2000 年新的树人学院组建以后,重申了学校公益性、非营利性的办学初衷,任何个人不在学校占有股份和拥有个人权利,任何人、任何单位不以任何理由取得办学回报,所有收入均用于学校的建设和发展,使得学校始终保持快速健康稳定的发展态势,深得社会和广大教职员工的理解和支持,保持了良好的社会声誉和形象。

独具特色的内部治理结构和运行机制。学校由浙江省政协主办,省教育厅主管,实行董事会领导下的校长负责制。董事会历任董事长均由省政协主要领导担任,董事会成员由省教育厅、发改委、财政厅、科技厅、人保厅等各省政府相关部门负责人、热心教育公益事业的企业家、知名校友和学校部分领导组成。积极发挥各董事单位成员作用,为学校办学创造良好的外部发展环境。学校建立党政联席会议等制度,实行科学民主的决策机制;中层机构精简高效,目前仅设12个职能部门,数量为同等规模公办学校的一半左右;坚持一人多职、一人多岗,建立了人员精干、服务教学的全员聘任机制;坚持权责对等、重心下移、权力下放,不断深化校院两级管理体制改革,着力将二级学院建设成为非法人的办学实体。

贴近需求的专业建设机制。学校一直坚持以市场需求为导向,根据经济社会发展灵活设置专业,培养高级应用型人才。近年来围绕国家与地方产业发展方向,相继增设了国内首批钢结构、服务外包等专业方向,组建成立了国内第一所现代服务业学院。学校紧紧抓住省委省政府提出的大力发展健康家政养老产业的战略机遇,加强资源整合,组建了健康与社会管理学院,先后设置了社区与家政管理、社区与养老机构管理、公共事业管理、老年服务与管理、护理学等专业(专业方向)。目前,学校本科专业涵盖经济、管理、工学、文学、艺术、法学、理学7个学科门类,拥有国家特色专业1个、省重点专业4个、省优势专业1个、省优势建设专业1个、省新兴特色建设专业4个、省特色建设专业3个。

一以贯之的高级应用型人才培养。2005年,学校在国内较早确立了"高级应用型人才"的培养类型定位,明晰了知识、能力、素质协调发展的人才培养规格。经过多年的努力,高级应用型人才培养模式逐渐完善,初步形成了"1234"高级应用型人才培养的总体思路:围绕"1个目标"——高级应用型人才培养;强调"2个突出"——德育为先、能力为重;构建"3大体系"——理论教学、实践教学、素质拓展;实施"4大改革"——应用型导向下的专业、课程、课堂和综合领域的改革。学校重视多样化人才培养,探索分层分类多样化人才培养、通识教育与优秀生培养、"校企融合"人才培养、"一二三四"课堂联动的思政教育等育人模式。

服务和反哺人才培养的科研与学科建设。学校贯彻学科强校战略,坚持科研反哺教学的原则,努力实现科研、学科与教学同步提升的目标。目前,学校拥有教育部白俄罗斯国别与区域研究中心、省现代服务业研究中心学科基地2个、省级创新团队 1 个、环境科学与工程等省级一流学科 5 个、省级行业平台 2 个，联合我国台湾等地区高校共建"引进大院名校共建创新载体"，建有中国民办高等教育研究院、智慧养老与家政服务协同创新中心、人机交互工程实验室等校级研究机构及平台 25 个。

二、应用型人才培养体系建设

（一）教学改革

1. 明确整体思路，全面推进应用改革

学校"十三五"专业建设与人才培养规划指出，教学改革的总体思路是认真贯彻党的教育方针，把立德树人作为根本任务，围绕教学服务型大学办学定位与高级应用型人才培养目标，坚持"提升内涵，强化特色"发展主题，推进应用型试点示范院校建设，深化应用型内涵建设；以"复合应用型、技术应用型和职业应用型"为主要培养类型，推进专业和课程的应用性改造，深化实践教学改革，不断创新人才培养模式；以行业学院建设为龙头，深化校企合作，促进产教融合；以课程改革和课堂创新为主线，深化教学方式方法改革，努力构建优质高效课堂；推进学分制改革，不断增加学生学习选择权与自主性；全面实施创新创业教育，不断提高应用型人才的培养质量。

学校相继制定（修订）了《专业建设与人才培养规划（2016—2020 年）》《应用型试点示范院校建设方案》《进一步加强应用型院校建设的若干指导意见》《学分制改革指导意见》《教学质量工程项目管理办法》《创新实践学分指导意见》等 45 个文件制度，把教学改革的总体思路融入教学运行、教学建设、教师考核、学业评价等各项工作中。

2. 创新培养模式，满足多样人才需求

学校以应用型人才培养为主线，通过多年的探索与实践，形成了"校企融合"人才培养、优秀生通识教育、"一二三四"课堂联动的思政教育等特色人才培养模式，构建了多样化人才培养体系，不断满足社会和学生的多样化需求。

"五位一体"校企融合的人才培养模式。学校十分注重对接区域产业，深化产教融合，近年来，各二级学院全面开展与企业的深度合作，在专业、课程、基地、教学团队、科研项目建设等方面开展"五位一体"的全方位、融入式合作，共同育人。现代商贸类专业通过专业生态群落建设，组建多元化校企合作教学团队和导师团队，搭建立体式校内外创新创业平台，构建多元化实训课程体系，探索了一条从认知到实战的复合型、递进式、全方位的创新创业人才培养模式。信息等工科类专业以"需求导向、能力核心、工学融合"的应用型人才培养理念

为指导,构建了"机制融合、师资融合、资源融合"的校企"三融合"教学平台,实施了"综合能力与岗位需求对接、课程内容与职业标准对接、教学过程与开发过程对接、孵化项目与产业市场对接"的"四对接"教学改革,设计、实施了校企共管的"多元化、多维度、多途径"的教学评价体系和质量保障机制。环境类专业以"现场工程师"培养为目标,构建了以能力为导向的人才培养模式。学校还通过"2+2""3+1"等方式联合培养人才,每年近2000名学生参与各种形式的学习,学生的应用能力和水平得到有效提升。

优秀生通识教育模式。近年来,学校强化通识教育,实施大类招生、专业培养模式。学生大一时期主要进行通识类课程为主的学习,一年后进行专业分流,以给学生多次选择的机会和多元发展的空间。各专业(大类)科学确定大类培养阶段与专业分流培养阶段的课程体系,完善"平台+模块"的人才培养模式,统一要求,分级教学,帮助学生夯实基础、拓宽口径。2013年,学校成立了家扬书院,对部分学有余力、有志学好学多的同学集中组班,加大通识教育分量,整合全校优质资源,探索优秀生培养新模式,第一年以通识教育为主,后三年以专业教育为主、兼顾通识教育。它以"三个1/3,三个100%"为主要目标("三个1/3"是指学生考研、出国、高端就业率分别占毕业生人数的1/3;"三个100%"是学生大学英语四级、体能测试、计算机通过率分别为100%),强化通识教育和自主学习,开展多样化的课程教学改革与考试方法改革,实施"双导师制",培养知识、能力、素质较高水平的优秀学生。从首届毕业生的统计分析来看,原有设定目标已基本达到。

"一二三四"课堂联动的思政教育模式。学校围绕应用型人才培养目标,把思想政治工作贯穿于学生学习、生活与实践的全过程,实现"全员、全过程、全方位"育人。优化第一课堂,纯正校园本色。在全国民办高校中较早成立马克思主义学院,切实加强思想政治理论课建设,深化思政实践课建设,从"大思政"的角度,创新与构建了大学生思想政治理论实践教育教学的框架体系,提高了思想政治理论实践教学的针对性和实践性。学校着力推进"课程思政"建设,深入分析学科专业特点,挖掘提炼各门课程所蕴含的德育元素和承载的德育功能,优化课程评价体系,把社会主义核心价值观贯穿于各门课程教学之中。学校坚持开展"优秀课堂"创建工作,连续7年坚持每天早上由校领导带队进行教学检查,学生"到课率"与"关注度"始终保持在较好状态。丰富第二课堂,增加培养容量。以社会主义核心价值观为引领,武装广大同学的思想,广泛开展文明校园建设。深入开展文明寝室建设,坚持每日升旗仪式,以"四季树人"为主线,繁荣校园文化;以"一院一品"为基础,丰富基层学院团学活动。拓展第三课堂,形成校园特色。大力开展创新创业教育,加强创业学院建设,推进

"一园四区"建设；持续开展"双百双进""五水共治"等为重点的社会实践活动；优化学雷锋志愿服务制度和党员志愿服务制度，推动志愿服务常态化和长效化；深化校地合作，推进"双十互联"。借力新媒体技术，打造校园亮色。适应网络化时代和学生学习生活新特点，着力建设"两微一端"为主要载体的网络教育课堂。

3. 实施"双轮驱动"，加强创新创业教育

结合国家"大众创业、万众创新"的要求，学校成立了由校长、书记任组长，分管副书记、副校长为副组长，有关行政处室和二级学院负责人等组成的创新创业领导小组，并成立了创业学院。构建了由校创新创业领导小组统领，学生处统一协调，教务处密切配合，创业学院组织实施，校院两级分工合作，课内课外"双轮驱动"的创新创业教育体系。

学校制定了《创新创业教育改革实施方案》《创业园区管理办法（试行）》《入驻创业产业园项目团队考核办法（试行）》等相关制度，明确职责，完善创新创业服务机制。学校修订完善人才培养方案，加强创新创业教育与专业教育的有机融合，开设面向全体学生的创新创业类通识课，规定学生必须完成2个学分的课程学习，要求本科生在校期间须完成4～8个创新实践学分。学校在行业学院的建设中，与相关企业共同进行师资培养、课程开发与实践教学方面的合作，以培养学生的创新创业能力。学校设立创业基金，选择有意向和孵化项目的学生入住大学生创业孵化园，先后建设了就业创业研究中心、就业创业指导站、大学生创业产业园、1984创吧等，形成了"一园四区"的实践基地布局。

近年来，学校构建了基础性创业教育、专业领域创业教育、创业培训"三位一体"的创新创业教育课程体系，开设有"大学生创新创业竞赛导论""KAB大学生创业基础""电子商务创业实务""创业管理实战"等26门创新创业课程；选派教师116人次参加创业咨询师等各类培训；37.5%的在校生参加了创新创业专题培训。2017年3月学校正式成为"大学生KAB创业教育基地"。

近年来，学校在各类创新创业赛事中收获颇丰。2016年，学校获杭州市大学生就业创业服务项目5项，政府资助14万元；在第八届浙江省职业规划和创业大赛中共有10个项目获奖；在第十届省"挑战杯"大学生创业大赛中，获铜奖3项；在第二届省"互联网＋"大学生创新创业大赛中，获"初创组"银奖1项；2017年，学校又有10余个项目在各类创新创业比赛中获奖，学校还被第五届中国杭州大学生创业大赛组委会授予"优秀组织奖"荣誉称号。

4. 升级管理系统，服务"一校两区"教学

围绕本科教学中心工作，学校加大教学管理信息化建设，相继建立了数据

中心、统一身份认证平台、统一门户平台、科研管理、学生管理等系统与平台,改造了财务管理、图书管理、设备与资产管理、人事管理、校园一卡通等系统,建设完成了各类管理信息系统130余个,实现了各部门业务管理的信息化,消除了"数据孤岛"现象。开通"浙江树人大学微信公众号"和"订阅号",开发30余个手机端应用,实现成绩、课表、校历、英语等级考试成绩等各种教学信息的实时查询,教学管理信息化水平不断提高。升级改造了正方教学管理信息系统和实践管理系统,基本满足了两校区教学管理、个性化改革的需要。

近年来,学校新建了新型教室、录播教室、在线课程制作工作坊、智能化教室、慕课教学平台。学校加强项目支持、政策倾斜,积极引导教师运用现代教育技术手段,进行教学方式方法改革。教师利用慕课、SPOC等各种形式进行教学改革的良好氛围初步形成。

(二)课堂教学

1. 修订教学大纲,内容对接产业需求

定期开展课程教学大纲的修订工作。大纲修订按照"符合培养目标与整体优化、以学生为本、突出应用、反映学科行业改革与创新"的原则,注重知识更新、整合优化,加强课程间与课程内知识点的逻辑衔接,注重课程内容与产业需求、职业标准的对接。学校明确教研室是课程建设的主体责任单位,具体负责课程教学大纲的修订工作,经教研室编制、学院审核批准后报教务处备案,并严格按照教学大纲实施教学。

不断深化应用性课程改革。学校着力在课程结构、课程内容以及课程实施三个基本方面进行应用性改造,推进课程体系、内容与产业需求、职业标准的对接融合,着力提升学生适用性和迁移性的应用能力。学校制定了《应用性课程基本标准(试行)》,提出了"两个1/2,两个1/3"的要求,把"应用性"贯穿课程目标、课程内容、教学方法以及课程评价等各个环节。截至目前,学校先后组织遴选了5批优秀应用性课程96门、应用性教材57部。

2. 更新方式方法,推进课堂教学创新

重视课程改革与课堂创新。学校先后实施了《课程改革三年行动计划》《课程改革与课堂创新三年行动计划》,围绕"一体两翼",积极推进教学方法改革,推广启发式、互动式、研讨式、案例式教学,在教学大纲中明确各种教学方法所占学时和安排。学校通过组织微课、慕课等各种形式的培训,组织"教学开放月"、青年教师公开观摩、说课比赛、教学技能比赛、教学培训等活动,积极为广大教师搭建了展示教学能力、交流教学经验的平台;以每年设立100多项教学改革项目为抓手,不断深化课堂教学改革。学校开展了以"场线结合"为核心

的大学英语分层教学、以"问题"为导向的计算机文化基础课程方法改革,推进体育俱乐部制。各专业结合实际也开展了案例教学、团队教学等教学方法改革。

推动应用型师资建设。实施"千人业师""百业培师"计划,推进校企合作教学方式改革。"千人业师"计划实施以来,每年聘请100名左右实践经验丰富的行业企业技术管理业师进入课堂,广泛开展教师与业师的协同教学。目前,累计有794人次业师参与662门课程的教学。在"百业培师"计划开展后,有近100位教师深入企业进行锻炼,既对社会需求、知识应用有了进一步了解,更增强了课程的应用性,改革了传统的教学方式方法。

积极引导学生自主学习。学校积极引导教师进行"翻转课堂"、微课、慕课等方面的教学,引导学生主动学习、独立思考。学校通过"自主建设"和"外部引进"相结合的方式,不断扩充网络教学资源,引进近100门次"尔雅"课程,平均每门课选课434人次,并组织线下辅导面授,以优质的课程资源吸引学生积极进行自主学习。"思政实践课"通过学生制定"成才规划"、课外实践、团队教学、朋辈辅导等形式,形成了课内外良性互动的机制;"大学体育"以体育俱乐部为载体,有效推进学生的自主学习与自主锻炼;"大学英语"使用自主学习平台,2015级、2016级分别有6108人次、5718人次参加了自主学习;家扬书院"网络通识课"引入世界名校网络课程资源,要求学生每学期完成10个学时的自主学习。

推进多样化的考试考核方式改革。学校根据不同课程的特点与改革的需要,加大过程性考核,引导学生积极参与课堂学习和讨论,加强学生作业管理,鼓励教师采用闭卷考试、开卷考试、大型作业、上机考试、技能测试、课程论文(设计)、调研报告等多样化的考核方式,以更科学、准确地对学生学习结果做出评价。2016年,全校有215门次课程进行上机考试、923门次采用各种形式的开卷考试、30门次课程采用口语考试。

3. 实施因材施教,满足学生个性需求

增强学生的学习选择性。学校不断增强学生的学习选择权,通过政策引导和鼓励基层教学组织,按专业性质、培养方向和难易程度进行分级开课,根据学生自身兴趣、学习能力、职业取向实施分层分类教学。2016—2017学年,学生选择性学习课程开课门次占比为26.9%。2017级本科生培养方案中各专业选修课学分比例平均为27.14%,比2014年提高了8%,各专业均达到20%以上。从2017年开始,学校全面实施学分制改革,从制度上构建满足学生在选课程、选教师、选专业方面的个性需求的工作机制。

推进分层分类教学。学校通过"大类培养、专业分流"、在培养方案中适当增加选择性课程、设置2个及以上专业方向、创设"虚拟班"及行业学院等途径,

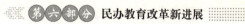

推进分层分类教学,满足学生的多样化和个性化发展需要。学校持续推进大学英语、高等数学、大学物理、计算机基础等公共基础课实施分层分类教学,此类课程占所有公共课程近40%的比例。

推进小班化教学。学校实施了《关于"大班上课小班讨论"的指导意见》,每门课安排不低于10%学时进行讨论,采取长课和短课有机结合的方式,提升学生课堂专注度与参与度,激发学生的学习主动性和学习兴趣。近年来,学校"大班上课小班讨论"的课程门数平均达到40%,小班化教学折合课时占比达到25.51%。2016—2017学年,学校小班化教学课程(30人以下)课时总数占比为21.64%。

放宽转专业条件。近3年,转专业人数从168人增加到232人,提高了38.1%,平均转成率达到96.77%,高于浙江省同类本科院校的平均转成率。在转专业学生中,成绩在后30%的学生转专业成功比为90.98%,占总转专业成功人数的18.47%。

(三)实践教学

1. 注重产教融合,完善实践教学体系

构建"递进式校企融合"的实践教学体系。学校形成了校内外交错、课内外联动、理论实践糅合、校政企融合的分层次、递进式实践教学体系,该体系由实践教学内容、实践教学队伍、实践教学平台和实践教学组织四个基本部分构成,采用"2+1+1"培养方式,第一、第二学年为专业基础实验阶段,第三学年为专业技能培养阶段,第四学年为项目综合实施技能培养阶段。根据职业应用能力需求,建立实验课程群、项目群,实现了校企共同组织、实施的"专业通识基础类实验、专业技能类实验、项目综合实施培养"阶梯式能力培养,深入推进实践教学改革。

提高实践学分比例。近年来,学校各专业实践教学(含课内实验实践)占总学分比例平均达到了30%以上,其中集中性实践教学环节学分占总学分比例为19.16%,建筑学、环境工程等专业超过了26%。学校持续实施"三学期制",充分利用暑期组织实践教学,每年有4000人次左右学生参与校内外80余个项目的实习、实训、调研和竞赛等,参与面日益扩大。

2. 打造"一体两翼",搭建实践教学平台

构建"一体两翼"的实践平台。学校制定了《教学实验室建设标准(试行)》《教学实践基地建设标准(试行)》,推进实验室和实践教学基地建设与管理的规范化。学校构建了以校内实践中心为主体、行业学院和校外实践基地为两翼的实践教学平台,初步形成了"校内实验实训中心情景化,校外实习实训基地教学

化"的良好局面。

推进教学实验室建设与开放共享。3年来,学校共投入3370万元建设实验室项目,生均仪器设备总值达到1.3万元,优化了实验教学条件。学校建有13个校内实验(实训)中心,以计算机教学实验中心、化学实验教学中心、信息与电子工程实验中心、城建工程实验中心4个省级实验教学示范中心为示范,积极推进开放共享。近年来,全校实验开出率达100%,含综合性、设计性项目的实验课程占总数的84%。学校设立实验开放项目和实验选修项目86项。

加强教学实践基地建设。目前,学校与杭州、义乌、桐庐、常山等地方政府建立了战略合作关系,与东忠集团、树兰医院等企事业单位建立了校外实践教学基地195个,其中国家级实践教育基地1个、省级实践教育基地2个、校级示范性实践教育基地8个。学校要求每个实践教学基地每年能接纳至少10名学生参加实习、至少1次聘请基地有关专家来校开展讲座、至少有1门专业课程的实习内容在实习基地上完成,不断提高基地的使用效率。

3.强化过程管理,监控实践教学质量

学校初步构建了"校全面兼顾,院重点把控,室具体落实"的三级实践教学管理机制。依据"过程监管,目标监控,多维评价"的原则,修订完善了《实习实训管理办法》《毕业设计(论文)管理办法》和《本科毕业设计(论文)抽检与质量评价管理办法》等制度,明晰责任,层层落实,实现对实践教学各个环节的目标、过程、评价的全面监管。学院根据"章制健全,过程落痕,职责清晰"的要求,对实习实践的过程环节进行重点把控。教研室(实验室)依据"项目组织有效,过程管理规范,实践评价明确"的要求,来落实校院两级的实践教学任务。

实现了实践环节的线上线下质量监控。学校引入第三方——"校友邦"线上实习管理平台,对实习环节实现全面的线上管理,掌握实习的动态过程。同时,督导组定期、不定期地对实习实训进行重点抽查,每学期选取若干实验实训课程进行全程跟踪;校院两级每年对毕业实习进行实地抽检,通过调研、座谈会等形式,听取实习单位、学生的反馈意见。学校通过严把选题、加强指导、加强监控以及严格评定四个环节强化毕业设计(论文)质量监控,每年对毕业设计(论文)质量组织抽检,严格将论文重复率控制在30%以内,并将论文抽查结果与学院二级教学考核挂钩。线下重点督查和线上全面管理有机结合,保证了对实践教学的全程跟踪、全面督查、不留死角,确保了实践教学的质量。

4.鼓励科技活动,提高创新实践能力

学校高度重视学生科技竞赛。先后制定了《大学生科技竞赛活动管理办法》《学生学术成果代替毕业设计(论文)暂行管理办法》《本科生创新实践学分指导意见》等文件,不断完善学生科技竞赛管理办法、考核激励制度。学校通过每年设立大学生科技竞赛重点资助项目、规定每个专业至少选择 1 项科技竞赛、每个学院每年至少举办 2 项学科竞赛等抓手,提升学生创新创业能力,全校 30% 以上的学生参与了各种学科竞赛,学生的参与度和受益面不断扩大。3 年来,全校学生获得学科竞赛省级一等奖 50 项,二等奖 130 项,三等奖 216 项,其他各类奖励 153 项,近 100 个项目入选各级大学生创新创业训练计划;获得"挑战杯"学术作品竞赛 67 项,其中二等奖 5 项,三等奖 7 项;获省大学生科技创新计划项目 94 项,外观设计专利 159 项。

学校不断完善学生科研与竞赛成果、创新创业优秀成果替代毕业设计(论文)的机制,鼓励学生创新发展。3 年来,有 202 名学生使用科研与竞赛成果、创新创业成果代替毕业设计(论文)。

(四)第二课堂

1. 完善育人体系,加强思想政治工作

学校高度重视思想政治工作,着力推进思想政治工作的领导机制协同、教育机制协同、服务引导机制协同、队伍建设机制协同,不断完善"树人"为核心的育人体系,形成了教书育人、管理育人、服务育人的长效机制,为学生自主化、高效化和个性化发展提供更广阔的空间。

育人体系建设重"保障"。学校通过党团活动、创新创业、志愿服务、素质拓展、社团活动等载体,不断完善第二课堂育人体系,从机构、制度、场地等方面加大建设。学校设有体育与艺术指导委员会、大学生素质拓展工作领导小组、大学生创新创业领导小组等机构;先后出台了《学生综合评价方案》《本科生创新实践学分指导意见》等制度;建有大学生活动中心 2 个,设有舞蹈房、器乐房、排练房等 5 个,学生社团活动室 10 间。近 3 年,学校投入 513.54 万元用于校园文化建设。

学生骨干培养重"文化"。在学生骨干队伍建设过程中,形成了以"开放、奉献、成长、快乐"为特征的组织文化、让学生拥有更多主题活动自主权的活动文化、以校团学联、校友联谊会为平台的学生干部成长接力文化、以"体验式课程、素质拓展课程、创新课程"为形式的学生干培养文化、以《校团学联学生考核条例》为机制的激励文化,进一步提升校团干部的工作效能,充分发挥学生骨干队伍在第二课堂中的示范带动作用。3 年来,校级学生干部中共有 36 人入党,36 人获得校级以上奖学金,共有 60 人获得 108 项校级以上荣誉。

2. 注重价值引领,突显校园文化育人

学校高度重视以"树人"为核心的校园文化建设,逐步形成以"春华、夏耕、

秋实、冬创"为主题的"四季树人"特色校园文化和"树人价值、树人有约、树人公益、树人十佳"四大系列品牌活动。

打造四大"树人"品牌。开展"树人价值"系列活动——以"价值引导"为核心，结合"95后"网络化突出的特征，将先进传统文化和现在互联网技术融合在一起，将学生思想教育融入日常生活，仅"为爱集福"社会主义核心价值观宣传、"我身边的中国制造"评选、"微信健走达人榜"活动就吸引了1万多人参与。开展"树人有约"系列活动——以"体验成长"为载体，通过访谈优秀校友、在校师生，让在校学生了解成长的酸甜苦辣，收获成长经验，3年来，共组织面对面系列访谈、述说成长系列访谈等访谈活动11场，2500余人参与。开展"树人公益"系列活动——以"培育公益心"为目标，开展"专业化、项目化"的学生志愿服务，培养甘于奉献的社会责任，3年来，累计开展主题志愿者服务活动771次，累计参加学生达18000人次，荣获省优秀志愿者2名，省志愿服务先进个人5名，省"两项计划"优秀志愿者3人、优秀项目专员1人，省优秀志愿服务项目1项。开展"树人十佳"系列活动——以"榜样引领"为导向，通过开展"十佳基层活力团支部""十佳优秀团员""十佳文明寝室"等评选活动，为各个层面树立典型，发挥榜样的示范引领作用，3年来，累计参与学生1.5万人次，其中，1个团支部获得全国高校践行社会主义核心价值观"示范团支部"，1个团支部入选"全国活力团支部"，1个寝室入选浙江省大学生"最美寝室"。各学院也根据自身特色，加强"一院一品"建设，初步形成"精英管理、阳光城建、快乐人文、先锋信息、绿色生环、品质现服、精品艺术、自信继教"等学院育人理念和文化实践。

积极扶持学生社团发展。学校制定了《学生社团管理办法》，规范社团成员素质拓展学分认定、社团星级评定等工作，通过学生社团管理中心、学院（部门）对学生社团进行双重管理和考核，从社员个人、社团整体、活动推进方面促进和激励社团发展。3年来，学校共组织社团活动330余场，超过35600人次学生参与相关活动。

大力开展社会实践。学校按照"受教育、长才干、做贡献"的要求，坚持"按需设项、据项组团、双向受益"的原则组织开展社会实践活动。3年来，全校共集中组织暑期社会实践队伍150多支，鼓励学生在生源地开展社会实践活动，社会实践的覆盖面超过80%，内容涉及助力"五水共治"、优秀文化寻访、留守儿童关爱、文化艺术服务、美丽浙江实践、优秀校友走访等多个方面。3年来，共有4支团队获得省级先进团队，1支团队荣获省级百优团队，1个基地被评为省级优秀实践基地，1支团队荣获2016年大中专学生"三下乡"社会实践"千校千项"遴选活动全国最具影响好项目，1支团队获得浙江日报暑期实践团评比活动二等奖,9位师生被评为省级社会实践先进个人。社会实践活动受到了《浙江日报》《青年时报》《杭州日报》在内的多家媒体的广泛关注和报道。

3. 体现服务导向,促进学生全面发展

实施精细化教育,实行"园区化管理"。负责一年级教育管理的各辅导员全部入驻公寓,实现了"工作、住宿、活动"在宿区,育人者与学生的零距离对接。构建园区学生自治组织,承担了宿区门厅值班、安全管理、卫生检查、学情登记、文体活动组织、晨读检查等工作,锻炼了新生自主管理、自主教育、自主服务的能力,增强了新生对园区的归属感和主人翁意识。开展园区文化建设,着力开展"以文化人"工作,在各个园区开辟了学生活动室,购置文化活动用品;根据园区学生的专业构成、学生组成的差异,打造各具特点的园区文化;组织开展由不同园区牵头的文化活动,如草坪音乐会、"清廉越湖、诚信树人"为主题的廉洁文化书签海报大赛等。

开展心理健康教育,提升学生心理素质。学校成立心理健康教育指导委员会,成立心理咨询中心,建立校—院—班三级心理教育体系,为心理困惑学生提供各类帮助。每年对新生开展心理普查,对存在心理问题的学生进行一对一的访谈,联合家长,会同精神科医生对严重心理问题的学生进行干预。同时,建立了心理健康教育的个人档案和信息库,定期跟踪访谈和风险防范;对突发心理问题的学生,均在第一时间进行了心理健康状况评估,安抚情绪,通知家长,转外就医。此外,学校心理健康教育中心定期举行心理沙龙,进行案例督导和技术探讨,进一步提高我校专兼职心理辅导员危机事件的应对能力。

广泛开展文体活动,寓教于乐。学校通过组织体育俱乐部、迎新文艺晚会、毕业文艺晚会、各类文体比赛等活动,确保"人人有项目,月月有比赛",不断陶冶学生情操,增强学生体质。近年来,学校在"国家学生体质健康标准"测试中平均合格率为91.16%,在全省排名逐年提升,2016年全省排名第26名。学校在省级及以上比赛中取得了一系列可喜成绩:全国学生定向锦标赛中获单项前八名20个、全国学生跆拳道锦标赛中获单项前八名5个、省第十四届大学生运动会中获团体总分和奖牌数第八名等。近年来,学校开展了舞蹈大赛、十佳歌手大赛、青春礼仪大赛、主持人大赛、合唱比赛、话剧展演等校级文艺活动138场,校园文艺活动精彩纷呈。学校先后荣获省大学生艺术节一等奖2项、二等奖6项、三等奖9项,3人获省大学生艺术节"优秀歌手称号"。

(五)开放教学

1. 拓展多种渠道,积极发展合作项目

学校紧紧围绕高级应用型人才培养的目标,先后与韩国、日本、白俄罗斯、加拿大、澳大利亚及我国台湾等 10 多个国家和地区的高校开展双学位联合教育、专业课程合作、学分互认、学术交流、科研协作等交流与合作。一是与日本活水女子大学、日本长崎国际大学、韩国釜山外国语大学开展"2.5＋2""2＋2"等双学位合作教学项目。二是与日本长崎国际大学、韩国建国大学及我国台湾正修科技大学等 11 所高校开展互派交换生项目，实行学分互认，学费互免。三是与斯里兰卡斯里贾亚瓦德纳普拉大学开展 MBA 联合培训项目，与我国澳门科技大学合作开展研究生保荐项目。3 年来，学校累计派出本科生赴外学习交流 46 批 295 人次、新签约院校 11 所。

参与"一带一路"拓展中白合作交流。近年来，学校与白俄罗斯国立大学建立了良好的合作关系，双方合作获批中白政府间科技合作项目 2 项、国家"高端外国专家项目"6 项、省科技厅"国际科技合作专项"1 项、省外国专家局外国专家引智项目 2 项；共同举办了两届"中白青年论坛"。近期，学校成功获批了教育部"白俄罗斯国别和区域研究中心"。

2. 完善培养机制，扩大国际学生规模

学校通过各类国际化平台，加强招生宣传，吸引国外境外学生来我校学习汉语和学历进修，近年来，学校已招收留学生 38 名，语言生 154 名，交换生 52 名，生源遍布 30 余个国家和地区。学校制定了《留学生本科学位授予条例》等，不断规范留学生管理；培育国际化专业 2 个（国际经济与贸易、环境工程）、开设双语／全英语授课课程（专业课程）16 门，制定了学历教育和汉语教学完整的培养方案，满足留学生就业和进一步深造的需求。学校根据外国学生的学习心理和学习背景，寓教于乐，改进汉语教学模式和教学方法；修缮留学生公寓，改善住宿条件，不断提升留学生的学习环境与学习效果。近年来，有 8 名优秀留学生获得省政府"来华留学生奖学金"。

民办教育分类管理的地方实践

2016 年 11 月 7 日《中华人民共和国民办教育促进法》三审通过,这为我国民办教育分类管理提供了法律依据,也为我国民办教育分类管理研究指明了新的方向。随后国务院与教育部又分别发布了《关于鼓励社会力量兴办教育促进民办教育健康发展的若干意见》及配套文件《民办学校分类登记实施细则》和《营利性民办学校监督管理实施细则》,对民办教育改革发展做出了全面部署,进一步建立健全了民办学校分类管理分类登记机制和监督管理机制,这标志着民办学校分类管理机制正式确立。新法确立了法律框架,把政策创新的空间下放给各级地方政府,在"一省一政"的原则下,由各地主管部门陆续出台相关地方配套政策。目前,安徽省、甘肃省、辽宁省、云南省、天津市等省市都已经公布了实施意见。本研究从文本分析的角度,对以上地区相关政策的几个核心问题进行梳理。

一是关于融资渠道的问题。投融资问题是相当长一段时间以来,民办教育政策关注的重点问题之一。为鼓励和吸引社会资金进入教育领域,各省市大都提出了拓宽办学筹资渠道的问题。其中比较普遍的是,各省市均提出要探索办理民办学校未来经营收入、知识产权质押贷款业务,提供银行贷款、信托、融资租赁等多样化的金融服务。支持社会资金和民办学校依法依规利用 BT(建设—移交)、BOT(建设—经营—移交)、企业债券、项目收益债、中期票据等融资工具投入学校项目建设。允许营利性民办学校以各种方式引入风险投资、战略投资,发行专项债券,通过资本市场进行规范融资。关于这个问题,辽宁省特别提出可以探索办理民办学校固定资产抵押和学费收费权质押及担保中心信用担保等贷款业务。

二是关于多元主体合作办学的问题。在推广合作办学问题上,各省市的认识基本一致,提出要推广政府和社会资本合作(PPP)模式,各级财政对采取 PPP 模式建设运营的教育领域项目,通过财政奖励、运营补贴、投资补贴、融资费用补贴等方式鼓励社会资本参与教育基础设施建设和运营管理、提供专业化服务。各地可利用闲置的国有资产,鼓励有实力的企业和民间资本参与举办混合所有制职业院校,允许以资本、知识、技术、管理等要素参与办学并享有相应权利。鼓励营利性民办学校建立股权激励机制。

三是关于用地政策。民办学校用地按照科教用地管理,但从鼓励非营利性民办学校发展的角度,各地基本实施差别化的用地政策。各省均规定,非营利性民办学校享受公办学校同等政策，按划拨等方式供应土地。营利性民办学校按国家相应的政策供给土地。只有一个意向用地者的，可按协议方式供地。安徽省、甘肃省等地方规定，土地使用权人申请改变全部或者部分土地用途的，政府应当将申请改变用途的土地收回，按时价定价，重新依法供应。湖北省规定，以划拨方式供地需变更出让方式的，要对土地价值进行评估，补缴土地出让价款。社会力量利用闲置的厂房、医院、学校、商业设施等存量土地和用房资源进行整合改造后用于办学的，五年内可暂不办理土地用途和使用权人变更手续。持续经营满五年后，经批准可采取协议出让方式，办理用地手续。江苏省规定，对现有民办学校登记为营利性的，应将其名下的划拨用地转为有偿使用用地，在不改变土地用途情况下，可按协议方式供地。

四是关于税收政策。民办学校享受税收优惠政策是各省市的共识，而且非营利性教育机构参照公办学校进行所得税减免的待遇得到了明确及重申。各地也大多规定，对企业办的各类学校、幼儿园自用的房产、土地，免征房产税、城镇土地使用税。出资人以不动产用于办学，原有不动产过户到民办学校名下且不属于买卖或交换行为的，免除办理过户手续中的行政事业性收费。捐资建设校舍及开展表彰资助等活动的冠名依法尊重捐赠人意愿。民办学校用电、用水、用气、用热，执行与公办学校相同的价格政策。但在具体的免税环节上，甘肃、天津规定，对企业支持教育事业的公益性捐赠支出，按照税法有关规定，在年度利润总额12%以内的部分，准予在计算应纳税所得额时扣除。辽宁省规定，对企业通过公益性社会团体或者县级以上政府及其部门，用于支持教育事业的公益性捐赠支出，在年度利润总额12%以内的部分，准予在计算企业所得税应纳税所得额时扣除；超过年度利润总额12%的部分，准予结转以后3年内在计算企业所得税应纳税所得额时扣除。江苏省规定，非营利性民办学校承受土地、房屋权属用于教学的，免征契税。从事学历教育的民办学校，对经有关部门审核批准收取的学费、住宿费等免征增值税。民办学校中的一般纳税人，提供非学历教育服务，可选择适用简易计税方法按照3%征收率计算缴纳增值税。对从事学历教育的营利性民办学校提供的教育服务免征增值税。

五是关于过渡期的问题。过渡期是许多省市在分类管理的征求意见稿中普遍重视的问题，但从目前公布的《实施意见》来看，许多地区并未提及。云南省规定，2016年11月7日前批准设立的民办学校设置过渡期，到2021年11月7日前全部实现分类登记，过渡期内暂未进行非营利性或营利性登记的民办学校要尽快完成登记准备工作。2016年11月7日至2017年8月31日批准设立的民办学校，要尽快进行分类登记。2017年9月1日及之后批准设立的民办学校，在批准设立时要明确学校的非营利性或营利性类型。

　　六是关于学校退出机制。学校退出问题的实质是财产处置问题。大多数省市规定，2016 年 11 月 7 日前设立的民办学校，选择登记为非营利性民办学校的，终止时，民办学校的财产依法清偿后有剩余的，按照国家有关规定给予出资者相应的补偿或者奖励，其余财产继续用于其他非营利性学校办学；选择登记为营利性民办学校的，应当进行财务清算，依法明确财产权属，终止时，民办学校的财产依法清偿后有剩余的，依照《中华人民共和国公司法》有关规定处理，可按照股东的出资比例或持有的股份比例分配。2016 年 11 月 7 日后设立的民办学校终止时，财产处置按照有关规定和学校章程处理。并且指出，各相关部门要结合实际，制定具体办法，健全民办学校退出机制，依法保护师生权益，防范国有资产流失，保证有序退出，维护社会稳定。天津市的实施意见还强调，2016 年 11 月 7 日前设立的民办学校选择登记为非营利性民办学校的，终止时，民办学校的财产依法清偿后有剩余的，根据出资者的申请，综合考虑其在 2017 年 9 月 1 日前的出资、取得合理回报的情况以及办学效益等因素，从学校剩余财产中给予出资者相应的补偿或奖励，其余财产继续用于其他非营利性学校办学。湖北省规定，选择登记为非营利性民办学校的，终止时，举办者在 2017 年 9 月 1 日前的出资可纳入补偿或奖励范围，清偿后的剩余资产可按不高于经确认的出资额返还举办者，仍有结余的，可视情况给予举办者学校净资产（扣除国有资产、捐赠、土地房产增值部分）15% 的奖励。上海市规定，现有学校选择登记为非营利性民办学校后终止，或者未及选择直接终止，妥善安置受教育者和教职工并且规范开展相关工作的，根据出资者的申请，由主管部门会同相关职能部门综合考虑其在 2017 年 9 月 1 日前的出资、取得合理回报的情况以及办学效益等因素，从学校依法清偿后的剩余财产中给予出资者相应的补偿或奖励。补偿与奖励从学校剩余财产中的货币资金提取；货币资金不足的，从将其他资产依法转让后获得的货币资金中提取。补偿金额＝（出资金额＋折算利息）－（合理回报＋折算利息）；奖励金额＝年度学费收入 ×（0.1× 检查合格次数－0.5× 检查不合格次数）。

　　七是关于财政扶持的问题。加大财政投入力度是各省市政策的共同点，在具体的扶持方式上，一般也规定要建立健全政府补贴制度，明确补贴的项目、对象、标准、用途。完善政府购买服务的标准和程序，建立绩效评价制度，制定向民办学校购买就读学位、课程教材、科研成果、职业培训、政策咨询等教育服务的具体政策措施。设立民办教育发展基金，支持成立相应的基金会，组织开展各类有利于民办教育事业发展的活动。安徽省还规定，民办义务教育阶段学校同等享受义务教育生均公用经费基准定额补助政策，民办学校在获取生均公用经费补助后，要等额减收在校学生学费。陕西省提出，省级财政继续设立民办高等教育发展专项资金,每年安排 4 亿元,用于支持非营利性民办高校内涵发展。市区根据实际自主设立民办教育发展专项资金,由区市教育行政主管部门统筹使用,用于支持非营利性民办学校发展。民办中小学(含中职)和幼儿园享受同类公办学校生均公用经费补助政策。义务教育阶段民办学校学生全面享受"两免一补"政策。海南省提出,政府对非营利性民办学校给予一定补助,补助标准参照海南省公办学校生均公用经费标准,并结合学校招生、收支等情况确定。政府委托民办学校承担义务教育任务的,应当根据接收学生人数、当地物价等情况给予补贴,补贴标准应当能够基本补偿民办学校所付出的成本。政府对民办学校基本建设和设备购置贷款给予一定比例的贴息,对社会力量承担基本建设任务并引进优质高等教育资源到海南省办学的,给予一定比例贷款贴息和租金补贴。

八是关于现代学校制度建设。各省市规定,民办学校要依法制定章程,按照章程管理学校。健全董事会(理事会)和监事(会)制度,董事会(理事会)和监事(会)成员依据学校章程规定的权限和程序共同参与学校的办学和管理。董事会(理事会)应当优化人员构成,由举办者或者其代表、校长、党组织负责人、教职工代表等共同组成。监事会中应当有党组织领导班子成员。探索实行独立董事(理事)、监事制度。健全党组织参与决策制度,积极推进"双向进入、交叉任职",学校党组织领导班子成员通过法定程序进入学校决策机构和行政管理机构,党员校长、副校长等行政机构成员可按照党的有关规定进入党组织领导班子。学校党组织要支持学校决策机构和校长依法行使职权,督促其依法治教、规范管理。完善校长选聘机制,依法保障校长行使管理权。民办学校校长应熟悉教育及相关法律法规,具有 5 年以上教育管理经验和良好办学业绩,个人信用状况良好。较之民办学校的过度化家族管理现象,这几个省市都鲜明地提出了关键管理岗位要实行亲属回避制度。

民办学历教育拥抱资本行业市场

2017年1月26日,睿见教育作为猴年最后一只挂牌股票,成功登陆港股,收报价格1.69元,虽然较发售价1.7元下跌0.01元,表现并不理想,但至少成功证明民办中小学在港股上市没有障碍。之后,宇华教育、民生教育、新高教集团也在港股上市,也还有一批教育公司排队等待在中国香港地区上市。博实乐教育、红黄蓝也在美国股市成功交易。此外,在A股经营教育业务的上市公司也超过了50家。民办教育越来越引起资本市场的关注,而民办教育集团的成功上市也瞬间壮大了股市中的民办教育队伍。所以,2017年被认为是内地教育集团的上市大年,民办学历教育集团因其超大的经营规模更加引起了社会的关注。

一、部分民办学历教育集团的基本情况

(一)睿见教育

睿见教育是华南地区最大的经营高端小学和中学的民办教育机构,该集团旗下的学校涵盖了小学、初中以及高中各个学龄段,坐拥6家学校,近3.2万名学生,其中4所学校位于广东,另外两所分别位于辽宁、山东。睿见教育还分别与四川广安及广东云浮订立合作协议,计划在这两个城市开设新学校,目标学生容量均为7000余人。2014年、2015年及2016年8月31日止,睿见教育的总收入分别为4.51亿元、5.69亿元和7.01亿元,复合年增长率为15.8%,毛利率接近50%,净利率为20%~30%。值得注意的是,从毛利率、经调整净利润率等数项财务数据的对比来看,睿见教育正被其同行企业另一家港股上市民营教育集团枫叶教育反超。2014年至2015年,睿见教育的毛利率、经调整净利润率均领先于枫叶教育。前者毛利率分别为46.8%、49.1%,后者为43.5%、45.7%;前者经调整净利润率分别为26.3%、30.4%;后者分别为23.6%、28.5%。但2016年睿见教育的上述两项数据均落后于枫叶教育,毛利率为47.1%,较同期的枫叶教育低1.3%;经调整净利率为26.5%,较同期的枫叶教育低10.1%。此外,近3年,睿见教育的总资产回报率均低于枫叶教育。2014财年至2016财年,睿见教育的总资产回报率为3.4%、6.1%及6.3%;枫叶教育则为6.3%、6.6%及9.3%。而根据弗若斯特沙利文报告,睿见教育所处的国内民办中小学教育行业高度分散,也没有任何学校占据较大的市场份额。以

睿见教育的主场广东为例,该市场竞争者众多,以至于市场前五大参与者仅占约9.1%的市场份额。市场分散的好处在于不能一家独大,仍有较大的市场份额增长空间。

通过睿见教育国际控股有限公司的公报可见,截至2017年9月1日,集团的总招生人数达41180名,与2016年9月1日相比增加了29.5%。增长的部分原因为固有学校学生人数的15.4%自然增长以及因收购华南师范大学粤东实验学校(揭阳学校)所造成的14.1%增长。年内,学费及住宿费收入增加22.0%,增至6.71亿元,占总收入的68.5%。每名学生的平均学费及住宿费增长6.1%,增至21114元。其中,高中生的学费及住宿费同比增幅最为明显,同比增长9.9%至22115元。中小学生的学费及住宿费分别同比增长6.6%和2.9%,至19110元。年内,集团收入同比增长39.7%,至人民币9.79亿元。收入增加主要由于整体招生人数上升、若干学校提高了新生的学费及住宿费以及因提供额外配套服务而导致配套服务使用率大幅提升所致。整体毛利亦由人民币3.30亿元增加至人民币4.50亿元,同比增长36.2%。扣除所有一次性和非现金项目后,核心净利润增长33.8%至2.49亿元。

(二)宇华教育

2017年2月28日,一度被称作国内最大民办教育集团的宇华教育在港交所挂牌上市,首发价格为2.05港元,当日盘中一度涨逾一成,最高至2.27港元,截至收盘报2.09港元,涨1.95%。宇华教育成立于2001年,可以说是当时国内最大的民办教育集团。一是宇华教育提供了从幼儿园至大学的全方位教育。现有8所幼儿园、16所小初高中学校和1所大学,合计25所学校,分布在郑州、开封、焦作等河南9个地市,业务重心是中国登记人口最多的省份——河南。该集团的唯一一所大学是郑州工商学院,所以其主营业务并非民办高等教育。集团旗下的K12学校都以"宇华"为品牌,旗下的中学12年间培养出12名省、市高考状元,200多名学生考入清华、北大等一流名校。二是宇华教育是国内当前办学规模巨大的教育集团,约有4.8万名在校学生。郑州工商学院在校学生约为2.5万名,K12民办学校共有约2.3万名学生就读,在国内民办教育行业市场占有重要份额。同期,郑州工商学院大学学士学位课程收取的学费为1.3万~1.5万元,而河南省民办大学学士学位课程每名学生的平均学费约为1.08万元。除大学学费没有变化之外,宇华教育其他阶段的学费最近4年基本每个学年都会上调一次,上调幅度在10%左右。2016/2017学年,宇华教育的高中学费为2.05万~3.55万元,初中学费为1.3万~3.55万元,小学学费为1.5万~3.9万元。

生源数量高,学费涨幅大,宇华教育近 3 年业绩表现自然不差。通过宇华教育资讯看到,2014—2016 年,宇华教育的收入分别约为 5.99 亿元、6.98 亿元、7.81 亿元;经调整纯利润分别为 2.08 亿元、2.45 亿元及 3.22 亿元;毛利率分别为 44.5%、45.6% 及 52.0%;经调整纯利率分别为 34.7%、35.1% 及 41.2%。从毛利率、经调整净利率等数项财务数据的对比来看,宇华教育的盈利能力明显优于睿见教育、枫叶教育。以 2016 财年为例,宇华教育的毛利率为 52%,睿见教育为 47.1%,枫叶教育为 48.4%;宇华教育的经调整纯利率为 41.2%,睿见教育为 26.5%,枫叶教育为 36.6%;宇华教育的经调整资产回报率为 15.9%,睿见教育为 7.6%,枫叶教育为 9.4%。通过光大证券 2017 年 11 月 24 日提供的海外公司研究简报可以看到,宇华教育全年实现营收 8.45 亿元,同比增长 8.3%;期权及上市费用等调整后净利润 4.3 亿元,同比增长 33.5%,收入及利润的增长主要是由于学校招生人数及学费增加所致。公司经调整后毛利率为 54.5%,较去年同期增长 2.5%;经调整后净利率为 50.8%,较去年同期增长 9.6%。毛利率及调整后净利率的进一步提升,主要由于学校使用率的提升带来的经营杠杆及公司上市后偿还贷款导致财务费用降低所致。

(三)民生教育

2017 年 3 月 22 日,民生教育集团在中国香港联交所上市,这是内地第一个登陆我国香港主板市场的民办高等教育集团。民生教育挂牌首日股价升势强劲,半日最高价 1.70 港元,较招股价 1.38 港元高约 23%,中午收市报 1.58 港元,半日成交金额达 5.24 亿港元。从当天看,民办高等教育集团在股市上也是有较强的关注度。到 2016 年 6 月 30 日,民生教育集团拥有重庆人文科技学院、重庆工商大学派斯学院、重庆应用技术职业学院、内蒙古丰州职业学院 4 所高等院校,主要提供大学学历教育,包括本科学历教育、大专教育。除上述学校外,集团于 2015 年投资我国香港能仁专上学院,成为学院两大股东之一;2016 年创办的山东省乐陵民生职业中等专业学校将于 2018 年 9 月开始招生,并通过委托管理经营公立中等职业教育学校乐陵市职业中等专业学校。公司现持有新加坡培根国际学院 25.6% 的股份,并可根据合同追加投资提高股权比例至 50.1%。2017 年 8 月 30 日,拟出资 1 亿元收购安徽蓝天飞行学院、安徽信息学校各 51% 的股权,各方已订立框架协议;8 月 31 日,出资 5 亿元收购安徽文达信息工程学院 51% 的权益;11 月 6 日,民生教育公布关于增资并取得重庆电信职业学院 51% 举办者权益而签订的增资协议。根据民生教育发布的公告,考虑到目标学校位于重庆,可以与本集团在重庆的 3 所高等院校形成协同效益,签订增资协议有助于集团进一步拓展中国西部的学校网络。此外,本次上市民生教育引入两家基石投资者,分别为国际金融公司及华侨城母公司华昌集团。国际金融公司将认购 2500 万美元的股份,而华昌将认购 3.32 亿股股份,约占全球发售的 8.3%。

招股书显示,民生教育 2014 年营收 4.03 亿元,净利润 1.96 亿元;2015 年营收 4.26 亿元,净利润 2.13 亿元;2016 年 1 月至 10 月营收 3.47 亿元,净利润 1.76 亿元。民生教育主要收入来源是收取学生的学费和住宿费,学费收入占收益总额的 92.6%、92.7% 及 93.0%,住宿费收入分别占收益总额的 77.4%、7.3% 及 7.0%。其中,来自重庆人文科技学院的收入最高,占总收入比重超过65%。从在校学生数量也可以看出重庆人文科技学院的贡献。截至 2016 年 10 月 31 日,民生教育拥有的学校共有 32685 名在校学生,共聘请 1090 名教师。重庆人文科技学院在校学生 18753 名,教师 629 名;重庆工商大学派斯学院在校学生 9937 名,教师 269 名;重庆应用技术职业学院在校学生 2376 名,教师 119 名教师;内蒙古丰州职业学院(青城分院)在校学生 1619 名,教师 73 名。所以,提高学费和住宿费往往是提高收入的重要方式。在业务策略方面,民生教育表示:要寻找合适的收购目标或合作伙伴,拓宽学校网络覆盖;持续扩充现有学校的业务营运,将收益来源多元化;继续巩固校企合作业务模式;扩大服务种类及优化定价;继续提升教师质素。从民生教育的公报来看,截至 2017 年 6 月 30 日,毛利由截至 2016 年 6 月 30 日止 6 个月的约 63.5% 增长至截至 2017 年 6 月 30 日止 6 个月的约 65.2%,这主要是由于招生人数及学校利用率上升。其他收入及收益由截至 2016 年 6 月 30 日止 6 个月的 3310 万元增加约 104.5% 至截至 2017 年 6 月 30 日止 6 个月的约 6770 万元。增长主要原因一是由于用于日常开支的重庆当地政府补助增加,导致政府补助由递延收益转拨至损益;二是未动用上市所得款项应占有的银行存款利息收入增加,因可供出售投资及投资存款的平均结余减少所导致的可供出售投资及投资存款投资收入下降而被部分抵销。截至 2017 年 6 月 30 日止 6 个月的核心净溢利较 2016 年同期增加 2700 万元,增幅为 18.0%。核心净利润率由截至 2016 年 6 月 30 日止 6 个月的 61.6% 上升至截至 2017 年 6 月 30 日止 6 个月的 69.3%。

(四)新高教集团

2017 年 4 月 19 日,中国新高教集团有限公司在中国香港联交所主板上市。目前,新高教集团通过 VIE 架构在云南省及贵州省经营两所民办高等院校,分别为云南工商学院和贵州工商职业学院。此外,新高教集团还通过投资、新建的方式布局国内外高校。2016 年新高教集团 3.8 亿元收购并后续建设东北地

区的哈尔滨华德学院；累计投资 6.2 亿元在华中地区收购的民族学院科技学院新校园已自 2016 年 8 月开始使用；2014 年 8 月集团计划在兰州市投资 4.6 亿元设立西北工商职业学院，现已获得甘肃省教育厅批准，今年开始施工；2016 年 7 月公司提交申请于美国加利福尼亚州成立民办高等教育机构，计划投资 1 亿元。

新高教集团的主要收入来源于学生学费和住宿费，2016 年云南工商学院生均学费约 10800 元，生均住宿费约 860 元；2016 年贵州工商职业学院生均学费约 8600 元，生均住宿费约 1130 元。2017 年，云南工商学院及贵州工商职业学院在校生人数增加至 39226 人，较 2016/2017 学年的 33462 人，增加约 17.2%。在学人数达到 46460 人，较去年同期 29716 人的水平大幅增加 56.3%，主要受益于纳入计算东北地区学校与华中地区学校的在学人数 12998 人。2014—2016 年集团营业收入分别为 2.07 亿元、2.74 亿元、3.41 亿元；净利润分别为 8130 万元、1.04 亿元及 1.12 亿元；净利润率分别为 39.4%、37.9%、32.8%。新高教集团的中期报告显示，由于云南工商学院的学费调整和云南及贵州学校在校生人数显著增长所带动，2017 年集团收入及其他收益为人民币 2.66 亿元，较 2016 年同期增加 34.4%。毛利率由 2016 年同期的 56.3%，增加至 57.1%。扣除上市费用的核心净利润为 1.28 亿元，同比增长 52.3%。其他收益及增益共得 5320 万元，较 2016 年猛增 174.2%。另外，2017 年上半年新高教新增向东北地区学校及华中地区学校收取的独家技术服务费，2017 年上半年分别取得收益 1650 万元与 340 万元，利润增厚明显。

（五）中教控股

2017 年 8 月 31 日，中国教育集团控股公司（简称"中教控股"）向中国香港证券交易委员会提交了 IPO 申请文件，预计 12 月 15 日在港交所挂牌。中教控股是一家民办教育集团，旗下经营着 3 所民办学校，即江西科技学院、广东白云学院及白云技师学院，集团的实际控股人是江西科技学院的举办人于果与广东白云学院的举办人谢可滔。目前他们已签署一致行动人协议，分别将自己学校 50% 的权益转移给对方，共持有已发行股本 75% 的权益。中教控股是采取了 VIE 的思路，间接控股境内的外商独资企业——华教教育科技（江西）有限公司（简称"华教教育"），华教教育与 3 所学校签订业务合作协议，通过协议的方式控制境内学校，提供技术、管理、知识产权许可服务等，境内学校则须为此支付费用。如此一来，境内学校的绝大部分经济利益将以支付服务费的方式拨至华教教育，从而间接转至计划在中国香港上市的中教控股，实现股东分红。

招股书显示，截至 2017 年 6 月 30 日，中教控股旗下 3 所高校在校生人数为

75225 人，教师人数为 3520 人。这样，中教控股实质上成为当前最大的民办教育集团。招股书还披露了中国教育集团近 3 年的营收，2014 年、2015 年、2016 年、2017 年上半年的营收分别为 8.219 亿元、8.46 亿元、8.613 亿元、4.054 亿元，其纯利润分别为 3.094 亿元、3.619 亿元、4.234 亿元、1.93 亿元。学费和住宿费是主要收入来源，2014—2017 年上半年，学费均占到总收入的 90% 以上。根据预期，3 家机构合并之后，规模非常可观，收入可能会超过 8.6 亿元，利润超过 4 亿元，净利润率接近 50%，所以盈利能力会非常可观。

二、民办学历教育涌入资本市场的实质

（一）民办学历教育涌入资本市场主要源于自身的发展需求

我国民办教育是改革开放后发展起来的，改革开放为民办教育的发展提供了宽松的环境。民办教育最初往往是从缺少资金、设备、师资的条件下发展起来的，当前许多民办学校办学规模虽然很大，但设备条件依旧不足，许多学校与一般的公办学校相比，还缺少竞争力。所以，在竞争与生存的条件下，资本是民办学校发展的重要需求。而民营经济为民办教育的发展提供了重要的物质基础和发展需求，民办学历教育涌入资本市场源于这种需求。宏观方面，上市有利于吸引更多社会资源进入教育领域。正如吴华教授所说："对于在境外上市的教育机构而言，是拿国外的钱发展中国的教育。同时，上市还有利于学校与国外教育资源对接、合作，加快国内教育与世界的接轨，何乐不为？""上市将为民办教育带来新的机遇。"对学校本身而言，上市意味着可以融资，获得更多资金，从而增加教学投入、扩张品牌。

当前的民办学校不仅需要在民办教育领域内部进行竞争，还需要与公办学校进行竞争。若要在竞争中胜出，民办学校必须塑造竞争品牌。近来，在线教育在资本市场遇冷，一些资本转向收购实体或品牌，尤其关注民办学校。对于民办学校来说，若想持续吸引更多资金，必须更加重视教育质量及集团品牌，因而绝对不能在教学投入上打折扣。早在 2010 年便选择上市的学大教育集团创始人金鑫认为，上市融资使教育机构各方面的条件得到提升，推动了公司的发展。民办教育已经经过了 30 多年的发展，部分教育公司确实具备了一定的影响力和登陆资本市场的条件，这时登陆资本市场、提升品牌实力也成为教育企业的强烈需求。

（二）政策解禁是民办学历教育涌入资本市场的重要原因

我国民办教育的基本特征是投资办学，而投资是有利益需求的。但与民间办学相关的法律政策规定，"任何组织和个人不得以营利为目的举办学校和其

他教育机构",这就直接扼杀了民营资本的进入。1997年的《社会力量办学条件》规定,"国家对社会力量办学实行积极鼓励、大力支持、正确引导、加强管理的方针"。这开启了社会力量民间资本办学的序幕,但"社会力量举办教育机构,不得以营利为目的"的规定,依然限制了民办学校的融资。2003年的《民办教育促进法》规定民办教育事业是公益性事业,但民办学校并不能在工商部门登记为法人。在修法之前,学历类民办学校在国内仍然是民办非企业单位,不属于公司性质的经营性资产,无法通过IPO的形式登陆资本市场;而且早期投资教育行业的多是外资风投,而外商投资产业指导目录中对教育行业设立了禁入规定,对已经投入的资本在上市过程中将要如何自处做出了规定,使得内地民办教育公司在A股上市难度加大;加上民办教育公司作为上市主体需要一个监管机构,而民办教育处在教育部、工商局的多头管理下,有些细分领域还涉及民政、劳动保障与人力资源等部门,关系错综复杂。所以大部分学历类民办学校都通过VIE架构的形式登陆我国港股和美股资本市场。虽然我们可以看到,在民办学历教育上市之前,已经有不少经营教育业务的公司上市,像A股市场的山西金叶、博通股份、新南洋、三一重工、罗牛山、赛为智能、科大讯飞、国脉科技、新华文轩等,但少有以学历教育集团上市的。

在2015年1月7日召开的国务院常务会议上,通过了对《教育法》《高等教育法》《民办教育促进法》进行一揽子修改的修正案草案。值得一提的是,草案中增加了"明确对民办学校实行分类管理,允许兴办营利性民办学校"的条文。对此,分析人士表示,该条文是对2014年10月29日国务院常务会议要求重点推进六大消费领域中的"提升教育文体消费,完善民办学校收费政策,扩大中外合资办学"的政策延续,表明了管理层发展、完善民办学校的态度与决心。此外,民办教育的营利性被"正名"将大大提升资本市场上的上市教育企业估值,同时融资能力的变强也为行业整体发展助力,预计后续该领域将持续释放政策红利。2016年的《民办教育促进法》修正案规定,民办学校的举办者可以自主选择设立非营利性或者营利性民办学校。非营利性民办学校的举办者不得取得办学收益,学校的办学结余全部用于办学。营利性民办学校的举办者可以取得办学收益,学校的办学结余依照《公司法》等有关法律、行政法规的规定处理。民办学校取得办学许可证后,进行法人登记,登记机关应当依法予以处理。这标志着法律承认了民办学校及教育机构的法律地位,投资者可以自主选择设立非营利性或者营利性的民办学校。修法后,选择营利性的民办教育机构主体可以直接上市,节省了交易成本,也有利于提高效率、减少资源耗费、降低风险。法律彻底扫清了民营资本进入资本市场的法律障碍,所以,民营资本真正拥抱学历教育是随着法律的解禁而逐步进入的。

三、民办学历教育涌入资本市场的风险隐忧

（一）民办学历教育面临的政策风险

应该说，新政将为民办高等教育行业带来巨大的发展空间和自由度。随着各地实施细则陆续出台，教育资产证券化、行业内的兼并重组都将加速，新政策对高等教育的长期利好将逐渐体现。但法律规定不得设立实施义务教育的营利性民办学校。上市集团是营利性的，而设立实施义务教育阶段又是非营利性机构的重要职责。为了做高利润率，投资者可能会通过减少投入来达到吸引投资的目的。所以，从终极目的来看，上市和教育质量是有冲突的。在当前港股上市的教育板块里，有几个是开展义务阶段教育的，在法律实施后，这些义务教育阶段学校要么申请成为非营利性学校，要么停止办学。这样，相关教育集团可能会面临一定的政策风险。当然，这种风险的影响到底有多大，主要看义务教育阶段业务所占的比重。因而，相关负责人也慎谈这个问题。

许多省份对分类管理设置一定的过渡期限。教育是个慢行业，资本市场又要求业绩的增长，即使集团出现每年20%～30%的增长可能都不会在股价上有非常明显的体现，所以过渡期限之内民办教育发展还存在着很多的不确定性；实施细则尚未出台，具体的法律环境也有一定的不确定性，非营利性学校会受到多大程度的监管以及营利性民办学校会面临多大程度的税负与补贴还未知，所以许多教育集团将面临一定的政策风险。

（二）民办学历教育面临的资金风险

由于政府财政性经费的限制以及国家教育战略的影响，国家不可能均力负担各级教育或各地教育。所以，市场必然将在国家的教育版图中发挥重要作用，那么教育机构通过上市吸引更多资本便是方式之一，几家学历教育集团的上市就是一个信号。但从前文分析来看，民办学历教育集团的收入来源是学费和住宿费。为了达到收入上涨的目的，上市民办学历教育集团大多采取了几种方式，一是学费上涨，二是学校并购以及扩大规模，抑或这两者结合。

王烽认为，民办学校学费受当地经济水平、市场竞争制约，很难大幅度上涨。而且，一般情况下，学费并不能覆盖学生的培养成本，尤其是高等教育。"全日制学历教育成本较高，靠学费获利，空间不大。"民办学校的盈利模式和酒店非常相似，重资产投下去，之后靠收取学费获得相对稳定的现金流收入。招生的增加和学费的增长，对学校的声誉有一定的要求，一个名气响亮的学校，会更容易吸引到更多学生。但学校声誉因为某种问题受到了影响，可能就会因为生源造成严重的财务问题。上市民办学历教育集团都走上了并购扩张的道路，因

为只有并购、扩张才能有更多的学费收入，产生更广的现金流。扩张本身并没有错，但扩张必须有适宜的办学条件、规范的管理，否则办学资质将难以达到要求。民办学历教育集团必须要软硬件、教师管理、教学管理、学生管理等各个方面实现协同效应和标准化的管理，否则没有质量的扩张必然会影响现金流，甚至会带来自身的动荡。

（三）民办学历教育机构面临的管理风险

上市不是学校发展的必要阶段，大资本运作与教育自身的规律有着一些不可调和的矛盾。但一旦选择了上市，民办学历教育集团就要做好管理，这种管理一是学校的整体布局管理，二是规范管理。

上市之后，市场竞争会越来越激烈，如果形成差异化优势，将是参与者必须要面临的问题。当前的几家教育集团表现出了一定的盈利能力，这与它们有一个良好的布局相关。宇华教育将业务的重心定位于为中国登记人口最多的省份提供全方位的教育，民生教育将主要目标定位于西部的高等教育，新高教定位于中西部与东北部的高等教育。如果布局相对集中也有利于形成区域协同效益，如果布局过于分散，就意味着同行多、竞争压力大，随时将面临价格受压、经营利润降低、市场份额流失、资本开支增加等风险考验。上市之后必须加强外部与内部的规范管理，否则易导致监管缺失。管理部门能够驾驭得住风险，就能驾驭得住资本市场带来的变动；教育机构能够加强运营的规范化管理，就能使业务工作细致，增强竞争能力，否则民办教育集团将面临管理风险。

附录　山东省民办教育大事记

2011 年

1 月 17 日,山东省教育厅根据《山东省人民政府关于公布省级保留的行政许可事项、非行政许可审批事项和取消、下放的行政审批的决定》(2010 年 12 月 16 日省政府令第 230 号)公布保留行政许可事项 8 项,其中包括民办非学历高等教育机构筹设、设立、分立、合并、终止审批,以及民办学校以捐赠者姓名或者名称作为校名审批(不含民办高等学历教育和山东省劳动和社会保障厅批准的民办学校)两个项目。

1 月 18 日,山东省安排部署学前教育三年行动计划编制工作,以构建"广覆盖、保基本、有质量"的学前教育公共服务体系为目标,科学编制和实施学前教育三年行动计划,推进"政府主导、公办为主、民办补充"的办园体制改革,加大幼儿园建设力度和幼儿教师队伍建设力度,努力为更多的儿童提供更好的接受学前教育的机会。

2 月 23 日,山东省教育厅、山东省发展改革委等 5 部门联合印发了《山东省教育体制改革推进计划(2011—2015 年)》(鲁教计字〔2011〕4 号)提出了"十二五"期间全省教育事业体制机制改革的工作重点和思路,力争"十二五"期间重点在 4 个方面取得新突破,其中一个重要方面是在办学体制改革上,通过深化公办非义务教育学校多元化办学改革、改善民办教育发展环境、提高中外合作办学水平等,进一步完善以政府办学为主、社会广泛参与、公办教育和民办教育共同发展的多元化办学格局,为教育事业发展注入活力。

同日,山东省教育厅、山东省财政厅等 8 部门联合印发《山东省学前教育普及计划(2011—2015 年)》(鲁教基字〔2011〕6 号),提出鼓励、支持社会力量举办学前教育,为适龄儿童提供公平的学前教育机会,保障幼儿健康快乐成长。

同日,中共山东省委组织部、山东省教育厅等 5 部门联合印发《山东省素质教育推进计划(2011—2015 年)》(鲁教基字〔2011〕7 号)。

同日,中共山东省委组织部、山东省教育厅等 5 部门联合印发《山东省高素质教师队伍建设计划(2011—2015 年)》(鲁教师字〔2011〕3 号),提出将民办学校教师培训工作开展情况列入办学资质年审检查内容,鼓励企事业单位、社会团体和公民个人捐资支持教师队伍建设。

3月4日,济南市政协领导、市妇联领导一行27人到山东英才学院视察指导工作,调研济南市民办高等教育发展。

3月9日,《山东省人民政府学位委员会 山东省教育厅关于加强学位授予质量督查管理工作的意见》(鲁学位〔2011〕2号)印发。

3月15日,《关于进一步做好公办高考补习学校撤销工作的通知》(鲁教基函〔2011〕7号)提出要支持鼓励规范的民办教育机构举办高考补习,各级教育行政部门要依照有关法律法规加强对民办教育机构的监管。

3月16日至17日,全省职业教育基础能力建设计划部署暨2011年度全省职业教育与成人教育工作会议在泰安市召开。会议对山东省2011年职业教育、成人教育和民办教育工作以及职业教育教研工作、科研工作进行了具体安排部署。

4月6日,山东省教育厅《关于公布莱芜职业技术学院等8所高职院校人才培养工作评估结论的通知》(鲁教高字〔2011〕5号)印发,公布了潍坊工商学院等8所院校评估结论为"通过"。

4月7日,《教育部关于同意中国海洋大学青岛学院转设为青岛工学院的通知》(教发函〔2011〕79号)、《教育部关于同意在山东协和职业技术学院基础上建立山东协和学院的通知》(教发函〔2011〕91号)、《教育部关于同意在青岛黄海职业学院基础上建立青岛黄海学院的通知》(教发函〔2011〕92号)印发。

4月8日,《关于规范高等学校服务性收费和代收费的通知》(鲁价费发〔2011〕47号)规定高校服务性收费和代收费收入由高校财务部门统一收取,公办高校代收费使用省财政厅统一印制的票据,民办高校收费使用税务票据。

4月26日,山东省教育厅副厅长在2011年全省招生考试工作暨招生考试先进集体先进个人表彰会议上的讲话强调近年来扶持民办高校、高职院校发展,制定了《山东省高等院校在校生参加高等教育自学考试部分本科专业考试工作方案》,推出"过程性考核",鼓励在校生参加高等教育自学考试,促进了学校发展,稳定了自考生源。

5月10日,"山东省教育体制改革推进计划(2011—2015年)"座谈会在省教育厅会议室召开。会议提出在办学体制改革上,通过深化公办非义务教育学校多元化办学改革、改善民办教育发展环境、提高中外合作办学水平等,进一步完善以政府办学为主、社会广泛参与、公办教育和民办教育共同发展的多元化办学格局,为教育事业发展注入活力。

5月11日,山东英才学院和济南试金集团有限公司签订合作协议,试金集团所属的高级技工学校整体并入山东英才学院，这是山东省第一起技工学校被兼并的案例，山东英才学院也借此迈出应用型发展的坚实一步。

5月13日，《山东省人民政府学位委员会关于公布2011年新增学士学位授予专业的通知》（鲁学位〔2011〕6号）印发，青岛滨海学院新增电气工程及自动化、土木工程、工程管理、广告学、艺术设计、金属材料工程6个专业，烟台南山学院新增材料成型及控制工程、纺织工程、电气工程及自动化、日语、物流管理5个专业。

5月14日，全国围棋甲级联赛首次走进了青岛恒星职业技术学院，去年联赛的新科冠军本轮对阵围甲的"七冠王"，世界冠军和九段高手第一次汇集民办高校，吸引了新浪、搜狐等众多媒体前来采访和报道。

5月22日，山东协和学院举行升本揭牌庆典。

同日，山东省物价局、山东省财政厅、山东省教育厅联合印发《山东省大中专院校学生公寓收费管理办法》（鲁价费发〔2011〕64号）。

6月5日，青岛黄海学院举行升本揭牌庆典。

6月28日，《山东省教育厅山东省财政厅关于公布山东省"十二五"高等学校科研创新平台的通知》（鲁教科字〔2011〕8号）印发，山东万杰医学院的生物医学工程技术实验室被评为山东省"十二五"高校重点实验室。

7月19日，山东省委政策研究室领导到山东英才学院进行调研形成调研报告，并将调研报告呈送省里主要领导参阅，充分肯定了山东英才学院在学生就业方面所做的工作。中共山东省委主办的《山东通讯》杂志2011年第13期刊载了介绍山东英才学院就业工作的专题报告。

8月1日，《关于印发〈山东省乡镇（街道）中心幼儿园认定评估标准（试行）〉的通知》（鲁教基字〔2011〕15号）印发。

9月7日，全省民办高校首个党外知识分子联谊会在山东协和学院成立。

9月22日，以山东交通学院党委副书记张祖斌为组长的山东省高校毕业生就业工作检查评估专家组一行4人到山东凯文科技职业学院检查指导毕业生就业工作。

9月30日，《关于严格控制普通中小学校规模和班额的意见》（鲁教基字〔2011〕17号）印发，提出各级教育主管部门要依法加强对民办中小学校招生方式、招生范围等办学行为的监管，维护良好的教育秩序。

10月12日，青岛滨海学院建校19周年庆典大会隆重举行。

同日，青岛工学院揭牌仪式暨2011级新生开学典礼在运动场隆重举行。

同日，青岛耀中国际学校在黄岛举行"开学典礼暨校舍启用典礼"。

10月28日，山东省民办教育协会在德州市举行。山东省教育厅党组成员、

总督学徐曙光,山东省教育厅副巡视员刘士祥等领导出席了会议。

11月4日,《关于评选学前教育先进县(市、区)的通知》(鲁教基字〔2011〕18号)印发,规定基本条件之一是建立了"政府主导,公办为主,民办补充"的办园体制。

11月8日,全国政协教科文卫体委员会副主任赵沁平、张秋俭,全国政协教科文卫体委员会办公室巡视员张文珊等全国政协领导,在省政协副主任倪胜希的陪同下到山东英才学院调研民办教育的发展情况。

12月1日,山东凯文科技职业学院隆重举行省级企业实习实训基地揭牌仪式。

12月5日,山东省参事田建国、刘君钦、王福泰、董志祥等一行5人到山东省教育厅调研民办高等教育发展情况。山东省教育厅党组成员、总督学徐曙光主持座谈会并介绍相关情况。

12月24日,全国高等教育自学考试指导委员会在人民大会堂隆重举行全国继续教育工作会议暨高等教育自学考试制度建立30周年纪念大会。在本次会议上,全国高等教育自学考试指导委员会表彰了高等教育自学考试先进集体和先进工作者,山东英才学院获得"全国高等教育自学考试先进集体"称号,是山东省获此殊荣的唯一民办高校。

12月26日,《山东省教育厅关于公布2011年山东省人才培养模式创新实验区建设项目的通知》(鲁教高字〔2011〕23号)印发,山东英才学院杨文负责的学前"全语言"教育人才培养模式创新实验区入选。

12月30日,《关于公布2011年度山东省高等学校特色专业建设点名单的通知》(鲁教高字〔2011〕21号)印发,山东英才学院、山东万杰医学院等7所民办本科学校的7个专业入选;烟台大学文经学院、山东科技大学泰山科技学院等6所独立学院的6个专业入选;山东圣翰财贸职业学院、山东外国语职业学院、山东外事翻译职业学院等13所民办专科学校的13个专业入选。

2012 年

3月26日,山东省教育厅拟定了《山东省普通中小学素质教育督导评估实施方案》,分为普通高中、初中、小学3个评估指标体系,每个指标体系分为办学思想、制度建设、办学行为、德育工作、教学工作和办学成效6个方面。

4月1日,山东省教育厅、山东省发展改革委、山东省财政厅、山东省人力资源社会保障厅、山东省物价局联合发布《关于进一步做好普通高中改制学校清理规范工作的通知》(鲁教基字〔2012〕11号),要求2012年8月底前完成普通高中改制学校清理规范工作。

4月11日,山东省教育厅印发《山东省教育厅关于进一步加强中小学德育工作的意见》(鲁教基字〔2012〕13号)。

4月16日,山东省政府研究室、山东省教育厅在济南召开会议,正式启动2012年度省政府重大调研课题——"全省民办高等教育调研"工作。

5月11日,山东省民办教育协会高等教育专业委员会成立大会在山东协和学院举行。盛振文当选为山东省民办教育协会高等教育专业委员会主任委员。

5月14日至17日,教育部基础教育二司司长郑富芝率调研组一行6人对山东省普通高中教育工作进行了专题调研,先后实地调研了山东省实验中学、济南外国语学校、昌乐二中、潍坊七中、潍坊一中5所学校。

5月29日,山东省人民政府学位委员会发布《山东省人民政府学位委员会关于批准山东英才学院 山东万杰医学院 潍坊科技学院等三所高等学校列为学士学位授予单位的通知》(鲁学位〔2012〕4号)。

6月18日,山东省人民政府学位委员会发布《山东省人民政府学位委员会关于公布2012年新增学士学位授予专业的通知》(鲁学位〔2012〕9号),其中青岛滨海学院新增工业工程、对外汉语、广播电视新闻学、动画4个专业,烟台南山学院新增工程管理、工业设计、音乐表演3个专业。

6月19日,山东省人民政府学位委员会公布,山东省12所独立学院获得学士学位授予权。

8月20日,山东省教育厅召开厅长办公会,对民办教师、代课教师及落实教师编制、教育管理体制改革推进工作、教育宣传工作等问题进行了研究。

8月23日,山东省人民政府发布《山东省人民政府关于2012年教育工作专项督导情况的通报》(鲁政字〔2012〕180号)。

8月24日,山东省教育厅与山东省物价局、山东财政厅联合印发《关于贯彻落实国家发展改革委 教育部 财政部〈幼儿园收费管理暂行办法〉有关问题的通知》(鲁价费发〔2012〕93号)。

9月6日,山东省教育厅发布《关于公布2012年度山东省高等学校特色专业建设点名单的通知》(鲁教高字〔2012〕10号),其中,5所民办学校(烟台大学文经学院、山东科技大学泰山科技学院、山东圣翰财贸职业学院、山东华宇职业技术学院、山东外事翻译职业学院)的5个专业被评为2012年度"山东省高等学校特色专业建设点"。

10月12日,山东省教育厅发布《山东省教育厅关于公布2012年山东省高等学校实验教学示范中心建设单位名单的通知》(鲁教高字〔2012〕12号),其中,潍坊科技学院设施园艺实验教学中心、青岛滨海学院经济管理实验教学中心被评为2012年山东省高等学校实验教学示范中心建设单位。

10月22日，山东省教育厅根据《关于开展第二届幼儿园特色教育活动展评的通知》（鲁教基处函〔2012〕11号）要求，在申报的140个活动中评选出一等奖10个、二等奖25个、三等奖35个。其中，"山东银座英才幼儿园——用爱经营幼儿园保研管理"项目荣获二等奖。

10月24日至25日，山东省学前教育发展论坛在东营市举办。

10月29日，山东省教育厅、山东省财政厅、山东省物价局联合发布《关于开展普惠性民办幼儿园认定工作的通知》（鲁教基字〔2012〕30号），规定了普惠性民办幼儿园的条件、申报认定程序和监督保障措施等。

10月30日，山东省民办教育协会培训教育专业委员会成立大会在大智学校举行。

11月5日，山东省人民政府颁布《山东省对违规从事普通中小学办学行为责任追究办法》（山东省人民政府令第255号）。

12月4日，山东省人民政府印发《山东省人民政府关于加快建设适应经济社会发展的现在职业教育体系的意见》（鲁教发〔2012〕49号）。

12月18日，山东省民办高校首届青年教师教学大赛在山东协和学院举行。

12月31日，山东省教育厅发布《山东省教育厅关于公布烟台汽车工程职业学院等8所高职院校人才培养工作评估结论的通知》（鲁教高字〔2012〕19号），确定烟台汽车工程职业学院、山东丝绸纺织职业学院、山东力明科技职业学院、山东圣翰财贸职业学院、聊城职业技术学院、烟台工程职业技术学院、山东城市建设职业学院、山东司法警官职业学院8所院校评估结论为"通过"。

同日，山东省教育厅、山东省发展和改革委员会、山东省财政厅、山东省人力资源和社会保障厅联合印发《山东省非营利性民办职业院校认定管理办法（试行）》，要求各市教育局、发展改革委、财政局、人力资源社会保障局认真贯彻执行。

2013 年

1月26日，山东省教育厅发布《2012年全省中小学"教学示范学校"评估验收结果公示公告》，济南外国语学校开元国际分校、青岛市崂山区华楼海尔希望小学、昌乐育才双语学校、五莲县育才小学（公办民助）、平原县龙门明德小学名列其中。

3月4日，山东省教育厅发布《关于同意山东劳动职业技术学院等11所院校试行单独招生的批复》（鲁教学发〔2013〕1号），同意山东劳动职业技术学院、青岛酒店管理职业技术学院等11所院校自2013年起进行单独招生试点工作。

4月8日至10日，山东省委常委、常务副省长孙伟带领省直有关部门负责人先后考察了临朐职教中心、寿光工贸职专、寿光职教中心、泰丰集团、山东墨龙石油机械股份有限公司、潍坊科技学院等，就建立现代职业教育体系重大课题进行专题调研。

6月4日，山东省教育厅联合山东省经济和信息化委员会共同发布《山东省职业教育集团管理办法的通知》（鲁教职字〔2013〕13号），公布《山东省职业教育集团管理办法》。

6月8日，全国职院技能大赛高职组中餐主题宴会设计大赛在山东旅游职业学院举行。

6月9日，山东省民办教育协会组织全省民办学校优秀教师评选活动。

6月18日，潍坊市人民政府印发《潍坊市政府关于进一步加快发展民办教育的意见》（潍政发〔2013〕17号）。

6月19日，山东省中小学、幼儿园安全工作视频会议在济南召开。

6月21日，山东省人民政府学位委员会发布《山东省人民政府学位委员会关于公布2013年新增学士学位授予专业的通知》（鲁学位〔2013〕4号），其中，6所民办高校新增24个专业，12所独立学院新增24个专业。

7月11日，山东省教育厅发布《关于组织开展第八届山东省高等学校教学名师评选表彰工作的通知》（鲁教高字〔2013〕11号）。

8月26日，山东省教育厅、山东省财政厅、山东省物价局联合发布《关于印发山东省示范性幼儿园办园标准的通知》（鲁教基发〔2013〕3号），公布《山东省省级示范性幼儿园办园标准》。

8月29日，山东省物价局、山东省财政厅、山东省教育厅联合发布《关于山东省高等教育收费改革试点的意见》（鲁价费发〔2013〕93号），放开民办高校收费管理，学费标准由学校自主制定。

9月10日，山东省委常委、常务副省长孙伟到山东英才学院走访慰问教师，并召开职业教育与民办教育座谈会。

9月24日，山东省人民政府办公厅印发《关于贯彻落实鲁政发〔2012〕49号文件推进现代职业教育体系建设的实施意见》（鲁教办字〔2013〕126号）。

9月29日，教育部副部长李卫红一行10人到山东英才学院就民办高等教育发展情况进行调研。

10月8日，山东省教育厅党组成员、副厅长王坦会见由我国台湾台塑集团长庚大学校长包家驹先生率领的明德项目工作组一行，就如何加快推进"明德小学品牌建设工程"的实施等内容进行了沟通和洽谈。

10月12日，山东省教育厅发布关于《山东省实施〈学校教职工代表大会规定〉办法》的通知，18日印发《山东省实施〈学校教职工代表大会规定〉办法》。

10月23日,山东省机构编制委员会办公室、山东省教育厅、山东省财政厅、山东省人力资源和社会保障厅联合印发《山东省中等职业学校机构编制标准》(鲁编办发〔2013〕11号)。

10月31日,山东省教育厅联合山东省发展和改革委员会、山东省人力资源和社会保障厅、山东省机构编制委员会办公室、山东省财政厅共同发布《关于编制各社区市职业教育发展规划的指导意见》(鲁发改社会〔2013〕424号)。

11月13日,山东省教育厅、山东省人力资源和社会保障厅联合发布《关于印发高等职业教育与技师教育合作培养试点实施方案的通知》(鲁教职发〔2013〕3号),公布《高等职业教育与技师教育合作培养试点实施方案》。

11月19日,山东省教育厅发布《关于开展山东省民办本科高等教育特色名校建设工作的通知》(鲁教高字〔2013〕16号),启动山东省民办本科高等教育特色名校建设工作。

12月24日,山东省民办高校民主管理建设推进会议暨民办高校工会干部培训班在济南召开。

12月26日,山东省人力资源和社会保障厅、山东省教育厅共同印发《山东省中等职业学校教师公开招聘实施办法(试行)》《山东省高等职业学校教师公开招聘实施办法(试行)》的通知。

12月27日,山东省人力资源和社会保障厅、山东省教育厅共同印发《山东省中等职业学校教师水平评价基本标准条件(试行)》的通知(鲁人社发〔2013〕46号)。

同日,山东省人力资源和社会保障厅、山东省教育厅共同印发《山东省高等职业学校教师水平评价基本标准条件(试行)》的通知(鲁人社发〔2013〕45号)。

12月31日,山东省教育厅等6部门联合印发《山东省高等职业学校专业兼职教师管理办法(试行)》和《山东省中等职业学校专业兼职教师管理办法(试行)》的通知(鲁教人发〔2013〕8号)。

同日,山东省教育厅、山东省发展和改革委员会、山东省财政厅、山东省人力资源和社会保障厅共同印发《山东省非营利性民办职业院校认定管理办法(试行)》(鲁教职发〔2013〕8号)。

2014 年

1月30日,山东省人民政府发布第272号政府令《山东省学前教育规定》,其中第十五条及第十八条明确规定"县级以上人民政府应当鼓励社会力量以多种形式举办学前教育机构,扶持民办学前教育机构发展。民办学前教育机构在税费减免、登记注册、分类定级、职称评审、教师培训、表彰奖励等方面与公办学前教育机构享有同等地位和权利"，"民办学前教育机构应当办理《中华人民共和国民办学校办学许可证》和《民办非企业单位登记证书》"，为民办学前教育的健康发展奠定了制度基础。

2月24日，山东省民办本科高等教育特色名校立项建设单位评审结果出炉。省教育厅、财政厅通过组织开展对独立设置的民办本科高等教育特色名校立项建设单位进行遴选工作，经过专家评审，确立了民办本科高等教育特色名校立项建设单位4所，包括：省财政经费支持的立项建设单位2所（以学校代码为序），即山东英才学院（13006）、山东协和学院（13324）；自筹经费建设的立项建设单位2所，即山东万杰医学院（10825）、青岛滨海学院（10868）。

4月，积极配合做好省委常委2014年度重大调研课题"动员社会力量办医办学"有关工作。加大对社会力量办学支持力度，安排8100万元支持民办本科高校专业建设。落实非营利性民办职业院校认定管理办法，在青岛、潍坊、德州市积极稳妥地开展了非营利性民办职业院校教师社会保障与公办学校教师同等待遇试点工作。

4月28日，青岛市人民政府印发《青岛市人民政府关于加快发展民办教育的意见》（青政发〔2014〕10号），对民办学校实行分类管理，建立民办学校营利性、非营利性分类管理机制；鼓励探索多元化投资办学模式；推进民办教育投融资体制改革；加大公共资源对民办教育的扶持力度；加强民办学校师资队伍建设。

6月初，济南市历下区制定《历下区民办教育机构办学水平督导评估实施方案》《历下区民办教育机构办学水平督导评估标准》《历下区民办教育机构协作组工作职责》《历下区民办教育机构设立办事指南》《历下区民办教育机构变更事项审批流程》等规章制度，针对存在问题，对督导重点进行部署。6月底完成了对152所民办学校的办学水平督导评估。对现场检查发现财务管理不规范、专职教师师资力量薄弱、教学场地条件较差的学校下达整改通知，责令2所不合格学校（济南市博航培训学校、济南市珍妮英语培训学校）终止办学，通报5所因特殊原因暂时不能营业的学校暂停办学。

8月22日，为进一步规范我省高校招生秩序、保障学生的合法权益、维护民办教育的良好形象，对非学历民办高等教育机构年检结果进行集中发布公告。出台了《关于进一步规范民办高校招生行为的通知》（鲁教学字〔2014〕14号），严肃查处了部分民办高校的违规办学行为。召开了全省民办高校党建工作联络员、督导专员工作会议，完成了民办高校党建工作联络员、督导专员换届工作。召开了全省民办高等教育工作会议，进一步规范民办高校办学行为，提高教育教学质量。

9月14日,济南市政府印发了《济南市人民政府关于加快发展民办中小学(幼儿园)教育的意见》(济政发〔2014〕18号)。该意见的出台进一步规范了济南市民办教育的管理,加大了对民办中小学(幼儿园)教育发展的支持力度,在创新办学体制机制、提高社会力量办学积极性、保障民办中小学(幼儿园)教师和受教育者权益等方面均取得一定突破。

10月9日,根据《山东省教育厅山东省财政厅关于民办本科高校优势特色专业支持计划的实施意见》(鲁教高发〔2014〕1号)要求,经研究决定,对山东万杰医学院、青岛滨海学院、烟台南山学院、潍坊科技学院、山东英才学院、青岛黄海学院、山东协和学院、青岛工学院8所民办本科高校的19个本科专业予以支持,每个专业资助建设经费200万元。

10月30日,山东省教育厅印发《山东省普通高等学校本科教学工作审核评估实施方案》(鲁教高字〔2014〕21号)就山东省本科高校教学工作审核评估的实施办法和专家工作细则等做出了规定,配合教育部完成了对山东英才学院、青岛工学院两所新建民办本科院校的合格评估工作,通过评估,促进新建院校进一步规范办学行为和提高办学质量。

2015 年

1月8日,教育部公布国家级实验教学示范中心名单,山东协和学院护理学实验教学示范中心被评为国家级实验教学示范中心。

1月30日,山东省教育厅联合省编办、省发改委、省财政厅、省人社厅、省国土厅、省住建厅印发《山东省第二期学前教育三年行动计划(2015—2017年)》,重点做好发展公办幼儿园、扶持普惠性民办幼儿园、幼儿园标准化建设工程、保障弱势群体接受学前教育、完善幼儿园管理和保教质量监管机制等工作。

2月6日,山东省教育厅厅长左敏在2015年全省教育工作会议上的讲话中指出2014年山东省职业教育改革发展取得新突破,加大了对社会力量办学的支持,安排8100万元、6000万元专项资金支持民办职业院校和民办本科高校专业建设。

同日,山东省职业教育工作电视会议在济南召开,山东省委常委、常务副省长孙伟出席会议并讲话。会议指出支持社会力量兴办职业教育,进一步允许以资本、知识、技术、管理等要素投资职业教育并享有相应权益,完善财政贴息贷款等政策,健全民办职业院校融资机制,完善民办职业教育收费管理制度,形成由市场决定的价格形成机制。2015年,在山东省全省推广非营利性民办职业院校教师与公办学校教师享受同样社会保障待遇试点经验。

2月9日,山东省财政厅、教育厅联合下发《关于建立以改革和绩效为导向的高等职业院校生均拨款制度的意见》，指出要加强对民办高职院校的规范管理和科学引导，制定完善相关政策，积极探索通过政府补贴、购买服务等多种形式，鼓励企业和社会力量参与举办职业教育，促进民办高职教育发展。

3月3日，《山东省关于普通高中学校生均公用经费拨款标准有关问题的通知》出台，规定普通高中生均公用经费最低拨款标准为每生每年900元，各地原拨款标准高于省定标准的，不得降低标准。鼓励各地参照公办标准对非营利性民办学校拨款。

3月16日，由山东省教育厅主办、齐鲁师范学院承办的"2015年山东省明德小学品牌建设工程项目校长研修班"在济南开班。"明德小学"项目启动以来，共新建和改造259所贫困地区农村小学，涉及17个市的74个县区，在校生人数达14万人。

3月17日，山东省委副书记、省长郭树清到山东英才学院调研，强调要从多方面加大对民办高校的支持指导力度，促进民办教育健康发展。山东省委常委、常务副省长孙伟，省政府秘书长菅峰，省直有关部门负责人参加调研活动。

同日，山东省政府召开民办院校改革发展座谈会，听取了部分民办院校负责人工作汇报，提出了认真贯彻落实民办教育促进法，动员社会力量办学，促进民办院校提高质量、办出特色的要求，研究确定了支持民办院校发展的具体事项。

3月20日，山东省教育厅等4部门印发《山东省民办普通中小学校（幼儿园）分类认定办法（试行）》，探索民办学校按营利性和非营利性分类改革。

3月24日，山东省教育厅下发《关于对民办本科高校进行帮扶发展的通知》（鲁教高字〔2015〕3号），确定30多所公办高校帮扶10所民办高校。

4月7日，山东省人力资源和社会保障厅、山东省教育厅联合下发《关于民办高校职称评审有关问题的通知》（鲁人社字〔2015〕198号）。

4月22日，教育部批准万杰医学院更名为齐鲁医药学院。

4月30日，山东省创业创新学院正式成立，依据省市主管部门制定的培训计划和培训任务，对各类创业者、小微企业管理人员、创业基地工作人员进行有针对性的培训，建设高水平应用型、创业型、创新型人才队伍，推动"大众创业、万众创新"，打造经济发展新引擎。

5月4日，山东省下达2015年学前教育转移支付资金6.81亿元，支持各地发展学前教育。其中，民办幼儿园发展奖补资金2.2亿元，用于通过政府购买服务、奖励等方式，支持普惠性民办幼儿园发展，统筹用于幼儿园改善办园条件、购置玩教具等。

同日，山东省教育厅、山东省财政厅下发《关于公布2015年民办本科高校优势特色专业支持计划获资助专业名单的通知》,投入 4000 万元支持 12 所民办本科高校 20 个特色优势专业建设,每专业安排 200 万元,鼓励和引导民办本科高校在人才培养模式、课程体系、教育教学方法创新、实验实训条件、"双师型"教师队伍建设等方面进行应用型人才培养改革和探索,提升民办本科高校人才培养能力。

5 月 15 日,山东省民办高等教育工作会议在济南召开。山东省教育厅党组成员、副厅长宋承祥,教育厅党组成员、总督学徐曙光出席会议并讲话。36 所与会民办高校负责人代表本校签署了《规范化办学行为承诺书》;7 所驻济公办高校和 7 所驻济民办高校负责人代表公、民办高校签署了对口帮扶协议。

5 月 20 日,山东现代学院揭牌仪式在济南举行,山东现代学院系本科层次的民办普通高校,主要培养区域经济社会发展所需要的应用型、技术技能型人才,在校生规模暂定为 10000 人。

5 月 22 日,根据《山东省新增学士学位授予单位审批办法》,新增青岛黄海学院为学士学位授予单位,其相关专业列为学士学位授予专业。同年,增列山东协和学院、北京电影学院现代创意媒体学院为学士学位授予单位。

5 月 28 日,山东省教育厅发布 2015 年具有普通高等学历教育招生资格高校名单,普通本科高校 56 所,其中民办学校 12 所;独立学院 11 所;高职(专科)院校 71 所,其中民办学校 12 所;分校办学点 1 所。

6 月 29 日,山东省财政厅等 6 部门联合下发《关于对民办教育、文化、卫生、体育养老新上项目实施贷款贴息的通知》,对各级各类民办学校(含民办幼儿园和社会资本举办的独立学院,不含民办培训机构)新上基本建设、设备购置、房屋租赁项目从银行类金融机构取得的实际贷款,按照中国人民银行一年期贷款基准利率给予财政贴息,期限为 1～3 年。

7 月 8 日,山东省民办高等学校座谈会在济南召开,就进一步规范民办高等学校招生行为进行安排部署,并就支持民办高校发展征求意见建议。山东省教育厅党组成员、总督学徐曙光出席并发表讲话。

7 月 8 日至 10 日,山东省教育事业发展"十三五"规划工作基础教育、高等教育、职业教育、民办教育、继续教育 5 个专题座谈会在济南召开。

8 月 26 日,山东省教育厅发布省教计字〔2015〕5 号文件,正式批复日照市在山东日照海事专修学院的基础上筹建山东日照航海工程职业学院(民办),实施三年制专科高等职业技术教育。

10 月 15 日,济南大学泉城学院语言文字工作及普通话培训测试站工作通过评估认定。

11 月 4 日,山东省教育厅发布《关于减免中小学校舍建设有关收费的通知》，公布对山东省中小学校舍建设有关 24 项收费进行全免，12 项收费减免。减免收费的政策适用于山东省全省城镇和农村、公立和民办、教育系统和非教育系统的所有中小学校（含幼儿园）。

11 月 13 日，山东省教育厅联合财政厅下发《关于公布 2015 年职业教育教学改革研究立项项目的通知》，1000 万元经费支持职教改革研究。其中，山东英才学院、山东华宇工学院、山东凯文科技职业学院、山东力明科技职业学院、山东万杰医学院、山东协和学院等民办学校获得立项。

11 月 21 日至 23 日，第二届山东高校辅导员职业能力大赛在济南举行。山东省委高校工委副书记黄琦出席颁奖典礼并讲话。烟台南山大学王文婷、泰山科技学院王衍国、烟台大学文经学院王晓黎等获得三等奖，山东凯文科技职业学院丁厚光、山东英才学院徐斐斐、山东协和学院滕伟军等获得优秀奖。

11 月 26 日，山东省专家组到烟台黄金职业学院进行建校评估。烟台黄金职业学院顺利通过建校评估。

12 月 28 日，山东省人民政府办公厅发布《关于开展非营利性民办学校教师养老保险与公办学校教师同等待遇试点工作的指导意见的通知》（鲁政办发〔2015〕57 号），转发《关于开展非营利性民办学校教师养老保险与公办学校教师同等待遇试点工作的指导意见的通知》。

12 月 29 日，《山东省学前教育机构登记注册管理办法》发布。

2016 年

1 月 4 日，山东招金集团有限公司投资举办的烟台黄金职业学院（办学地点在招远）正式成立，山东省民办高等学校达 39 所。

1 月 21 日，青岛黄海学院博物馆取得民营非企业单位注册登记证（民政字第 B03573 号），并陆续在相关主管部门完成全部登记注册手续。同时山东省文物局已批复同意成立青岛黄海学院博物馆，这是山东省内继山东大学后审批的第二个高校博物馆，也是全省目前唯一的民办高校博物馆。

1 月 24 日，山东省十二届人大五次会议召开，省长郭树清作《政府工作报告》。报告中对"十二五"时期山东省教育发展成就给予了充分肯定，对"十三五"时期和 2016 年山东省教育工作主要发展预期目标进行了安排部署，其中提到要完善机关事业单位养老保险制度，开展非营利性民办学校教师社会保障与公办学校教师同等待遇试点。

1 月 28 日，山东省政府出台《关于贯彻国发〔2015〕67 号文件进一步完善城乡义务教育经费保障机制的通知》（鲁政发〔2016〕1 号），提到民办学校学生免除学杂费标准按照山东省财政厅、教育厅确定的生均公用经费基准定额执行。

1月29日,山东省教育厅印发《关于评选中等职业学校省级三好学生优秀学生干部和先进班集体的通知》(鲁教职字〔2016〕4号),提出各市教育局负责辖区内中等职业学校(含高职院校中职班和民办中等职业学校)省级三好学生、优秀学生干部和先进班集体的评选推荐工作。

2月23日,教育部办公厅发布《关于批准清华大学自动化实验教学中心等100个国家级实验教学示范中心的通知》,山东英才学院学前教育实验教学中心获批"国家级实验教学示范中心"。

3月2日,山东省人民政府印发《山东省国民经济和社会发展第十三个五年规划纲要》(鲁政发〔2016〕5号),全面阐述了"十三五"时期山东省的发展战略、奋斗目标、重点任务和重要举措。其中,明确提出,推进教育现代化,支持民办教育加快发展。

3月4日,中共中央政治局常委、国务院副总理张高丽来到北京会议中心,与参加全国政协十二届四次会议的教育界别委员共同讨论教育发展问题,听取委员建议和意见。山东英才学院董事长杨文作为全国民办高校的唯一代表向张高丽副总理等领导做了汇报。

3月9日,山东省教育厅对于《山东省城乡居住区配套幼儿园规划建设及管理使用的若干意见》解读,提到配套幼儿园应优先办成公办幼儿园,也可由教育部门无偿委托有资质的幼儿教育专业机构、社会团体、公益机构、个人等举办普惠性民办幼儿园,普惠性幼儿园要实行政府定价或指导价,严禁举办高收费幼儿园。机构编制部门要按照规定核定公办幼儿园机构和人员编制,财政等部门将幼儿园列入同级财政预算,并对普惠性民办幼儿园予以扶持。

同日,山东省人民政府《关于山东省深化考试招生制度改革实施方案的通知》(鲁政发〔2016〕7号)印发,提出规范民办学校招生,由设区市统筹义务教育阶段民办学校招生政策。

3月14日,《山东海事职业学院混合所有制办学实践案例》在国家教育发展研究中心《研究动态》刊发,引发高层关注。

3月30日,《2016年民办本科高校优势特色专业支持计划资金分配方案》发布,按照《山东省教育厅山东省财政厅关于民办本科高校优势特色专业支持计划的实施意见》(鲁教高发〔2014〕1号),对烟台南山学院飞行器动力工程专业等20个民办本科高校专业予以支持。

4月7日,英国女王大学中国区特使、中国校区副院长等一行4人到山东英才学院考察访问。英国女王大学是英国历史最悠久的10所大学之一,在我国的合作伙伴均为"985""211"院校,山东英才学院是与之合作的唯一一家民办高校。

4月22日，山东省委办公厅、山东省政府办公厅《关于推进高等教育综合改革的意见》发布，提出建立健全民办高校党组织，设立党的基层委员会，推动建立向民办高校委派党委书记制度。民办高校党委作为学校的政治核心，要加强对学校的政治领导和思想领导，落实社会主义核心价值观和社会主义民主法制教育，对学校的发展规划、人事安排、财务预算、基本建设、招生收费等重大事项参与研究讨论，提出意见建议，保证学校坚持正确的办学方向。

4月28日，全国人大常委会法工委行政法室主任袁杰、行政法室副处长张涛在省人大常委会法工委副主任张利等陪同下，到山东省教育厅调研民办教育基本情况，听取对《民办教育促进法》修正案草案二次审议稿的意见，党组成员、副厅长王坦出席座谈会。

5月11日，由教育部应用技术大学（学院）联盟发起，山东英才学院牵头成立的应用技术大学（学院）联盟学前教育专业协作会成立暨第一次会员大会在山东英才学院召开。

6月17日，2014年度山东省成人高等教育特色课程第二批验收合格名单公示，烟台南山学院的"企业战略管理"和山东协和学院的"服务营销"入选。

6月20日，山东省成人高等教育（继续教育）数字化课程遴选结果公示，烟台南山学院的"C语言程序设计"入选精品课程名单，山东英才学院、烟台南山学院、山东外国语职业学院、山东外事翻译职业学院的11门课程入选优质课程名单。

7月4日，山东省教育厅、山东省财政厅追加2016年城乡义务教育经费保障机制转移支付资金15.26亿元，核定2016年总额50.85亿元（2015年已提前下达35.59亿元）。其中，对城乡义务教育学校（含民办学校）按照不低于基准定额的标准补助公用经费。

7月13日，山东省委常委、统战部部长吴翠云，省委统战部副部长、办公室主任张静，省委统战部八处处长陈琰，省委统战部二处调研员王广生，省委统战部八处副处长吴斌等一行6人莅临山东英才学院，就民办高校和新社会阶层统战工作开展调研。

8月12日，由中国民办教育协会举办的全国民办高校创新创业教育示范学校评选结果揭晓，山东凯文科技职业学院荣获成果孵化奖。

8月23日，经教育部批准，山东英才学院入选中美应用技术教育"双百计划"首批试点院校，是入选的14所高校中唯一的民办高校。

8月25日，烟台南山学院艺术设计系在济南国际会展中心参展山东省第六届文化产业博览交易会。山东省共有包括山东大学、山东科技大学在内的11所高校参展，烟台南山学院是唯一一所参展的民办本科高校。

8月30日,《山东省依法治教实施规划(2016—2020年)》印发,明确提出22项举措,全面推进依法治教,着力提升教育治理能力和治理体系现代化。这是山东省第一个以教育法治建设为主题的五年规划。

9月8日,山东省人力资源和社会保障厅、山东省财政厅下发《关于公布2016年度省级创业示范平台名单的通知》,烟台南山学院成功获批"省级大学生创业示范平台",成为全省本年度唯一获批的民办高校。

9月10日,山东师范大学基础教育集团合作共建的首所高中——山东师范大学平度高级实验中学落成典礼在平度市举行。平度市委副书记、市长庄增大在致辞中表示,山东师范大学平度实验高中的落成丰富了平度市的教育体系,有力地促进了当地民办教育的发展,有效缓解了当地人民群众快速增长的教育需求和优质教育资源相对稀缺的矛盾,是平度市在民办教育领域的积极尝试。

9月20日,九三学社中央副主席、中国工程院院士丛斌一行到山东外事翻译职业学院调研。九三学社山东省委办公室主任孙钢,威海市委常委、统战部部长高旭光及学院党政领导等陪同调研。

10月19日,青岛黄海学院举行建校20周年办学成果汇报会,隆重庆祝建校20周年。

10月21日,共青团济南市委下发《关于命名表彰2015年度济南市青年文明号和继续认定济南市青年文明号的决定》,山东凯文职院学生资助管理中心获得济南市"青年文明号"称号。这是驻济高校中唯一获此殊荣的民办高职院校。

11月8日至10日,山东省民办教育管理培训会议在潍坊市潍城区顺利召开。来自全省17地市的中等民办学校(幼儿园)、民办高校、独立学院负责人以及各市教育局民办教育课负责人等150余人参加了本次会议。山东省教育厅副厅长王坦同志出席会议并讲话。

11月10日,由中国民办教育协会指导,中国民办教育协会高等教育专业委员会主办的"全国民办高校2016年质量提升暨创新创业教育示范学校经验交流大会"在山东英才学院隆重召开。来自全国23个省市、自治区的100余所高校、科研院所、教育机构的220余位代表参加了会议,交流创新创业教育质量提升的经验,探讨推进民办高校持续健康发展的有效途径。

11月12日至13日,"大数据驱动的教育变革"国际学术研讨会暨首届中国教育大数据发展论坛在孔子故里山东曲阜隆重举行。此次论坛由曲阜师范大学(中国教育大数据研究院)主办,共邀请到300余位该领域的海内外权威和知名专家学者参加。4个分论坛分别以"大数据与教育改革""大数据与学习变革""大数据与教师专业发展""大数据与民办教育"为主题。

11月23日，青岛滨海学院附属医院正式破土动工。医院将按照三级甲等综合性医院标准，打造集医疗、教学、科研于一体的公益非营利性大型医疗机构，建成后将成为青岛西海岸新区首家民办公益性三甲医院，也是山东省首家军民融合医院。

11月20日至24日，由山东省委高校工委主办，山东高校辅导员工作研究及培训基地（山东建筑大学）承办的全省民办高校党建和思想政治工作培训班在济南顺利举行，来自全省34所民办高校的98名学生工作分管领导、一线辅导员参加了培训。

12月7日至8日，全国高校思想政治工作会议在北京召开，中共中央总书记、国家主席、中央军委主席习近平出席会议并发表重要讲话。中共山东省委副书记龚正，山东省委常委、常务副省长孙伟，山东省委常委、宣传部部长孙守刚，山东省委常委、组织部部长杨东奇，山东省教育厅厅长左敏；山东大学党委书记李守信，山东大学校长张荣，中国海洋大学党委书记鞠传进，中国石油大学党委书记刘珂，山东英才学院党委书记、院长夏季亭等10人作为山东代表参加会议。

12月9日，由山东省民办教育协会高等教育专业委员会主办，山东华宇工学院承办的山东省民办高校第五届青年教师教学大赛在山东华宇工学院举行。山东省教育厅民办教育与继续教育处处长梅亚宁莅临现场指导工作。

12月23日，教育部在吉林省长春市吉林大学举行"2016年全国高校实践育人暨创新创业现场推进会"，表彰获得2016年"全国高校实践育人创新创业基地"称号的单位。山东英才学院与北京大学、同济大学等一同入选全国41所高校主导型实践育人创新创业基地，是此次全国入选的唯一的民办高校，也是山东省唯一入选的本科高校。

后　记

《山东省民办教育发展报告(2011—2016)》是山东省教育厅 2017 年招标项目的研究成果。按照项目要求,我们组建了编制委员会、项目团队,编制了切实可行的研究方案和实施计划。方案符合国家法律法规和山东省有关政策,研究方向和主要内容突出民办教育特点,能够为我省民办教育发展建言献策。项目组按规定完成编撰框架,确定研究主题,明确任务分工;在撰写过程中,注重报告的学术性、前瞻性和可参考性。同时,建立了完善的项目研究组织管理机制,实地调研、数据挖掘和整理分析均坚持科学性、先进性和协同性,确保了编制项目的有序推进。

报告通过对山东省教育事业发展统计资料(2012—2017 年)和教育厅网站、各地市教育部门网站、统计局网站的有关数据和学术资料进行统计分析,并在深入相关地市教育局、民办学校开展实地调研的基础上,经过半年多的时间编撰而成。

山东省教育厅王坦副厅长参与了报告编撰方案的总体策划,民办教育与继续教育处梅亚宁处长、赵远征副处长、张继梁科长和山东英才学院夏季亭院长、帅相志副院长负责总体设计,山东英才学院民办高等教育研究院石猛、肖俊茹、王蕾、蔡云、左媛媛、侯文雪、郭云卿、杨炜、刘蕾、周国庆等同志承担了报告的撰写任务。山东英才学院夏季亭院长、帅相志副院长、民办高等教育研究院石猛院长负责统稿工作。

本书在编撰的过程中得到了山东省教育厅、青岛市教育局等相关领导的支持。青岛工学院、青岛建国职业学校、青岛海山学校、潍坊美加国际学校、潍坊光正实验学校、潍坊文华小学、济南启明星幼儿园、济南童林堡幼儿园等民办学校和机构提供了大力协助。在此,一并表示诚挚的感谢!

写作过程中,由于时间比较仓促、占有资料不够全面,报告在编撰过程中更多地着眼于现状描述、问题梳理,理论分析的深度和对策建议有待深化,个别内容与观点的梳理提炼也难免存在不全面、不准确的问题,敬请专家、学者和同行不吝赐教,这将成为今后参编人员提升编制和研究水平的重要指导和参考。